Nosotras que nos queremos tanto

Marcela Serrano

Nosotras que nos queremos tanto

NOSOTRAS QUE NOS QUEREMOS TANTO
© 1996, Marcela Serrano

De esta edición:
© D. R.1997, Aguilar, Altea, Taurus,
Alfaguara, S.A. de C.V.
Av. Universidad 767, Col. del Valle
México, 03100, D.F.
Teléfono 688 8966

- Ediciones Santillana S.A.
  Carrera 13 N° 63-39, Piso 12. Bogotá.
- Santillana S.A.
  Juan Bravo 38. 28006, Madrid.
- Santillana S.A., Avda. San Felipe 731. Lima.
- Editorial Santillana S.A.
  4ª, entre 5ª y 6ª, transversal. Caracas 106. Caracas.
- Editorial Santillana Inc.
  P.O. Box 5462 Hato Rey, Puerto Rico, 00919.
- Santillana Publishing Company Inc.
  901 W. Walnut St., Compton, Ca. 90220-5109. USA.
- Ediciones Santillana S.A.(ROU)
  Boulevar España 2418, Bajo. Montevideo.
- Aguilar, Altea, Taurus, Alfaguara, S.A.
  Beazley 3860, 1437. Buenos Aires.
- Aguilar Chilena de Ediciones Ltda.
  Pedro de Valdivia 942. Santiago.
- Santillana de Costa Rica, S.A.
  Av. 10 (entre calles 35 y 37)
  Los Yoses, San José, C.R.

Primera edición en Alfaguara: diciembre de 1996
Primera edición en México: mayo de 1997

ISBN: 968-19-0369-2

Diseño:
Proyecto de Enric Satué
© Ilustraciones de cubierta: Margarita Maira

Impreso en México

A mi madre,
la escritora Elisa Serrano

Dicen que estoy enferma.

No sé muy bien por qué estoy en esta clínica. Me trajo Magda aquella noche, pensando que había intentado suicidarme. Traté de explicarle al día siguiente que no era mi intención. Magda no entiende que yo sólo estaba cansada. Por eso perdí el conocimiento. Igual podría haberme llevado a un hospital cualquiera. Pero no me creen. Dicen que la mezcla de tranquilizantes y alcohol puede ser letal. Y que yo lo sabía.

Estoy bien aquí. Todo es muy gris y se entona conmigo misma. Las mujeres de las otras piezas —las divisé hoy en la mañana— están peor que yo. Una lloraba, otra vomitaba. Vi brazos y piernas colgando de camas y me pregunté si no estarían muertas. Al menos las piezas y sábanas están limpias. Por el tipo de vegetación que diviso, sospecho que estamos cerca de la cordillera, en la parte alta de la ciudad. Ni siquiera he preguntado ni me importa. Tuve una sola confrontación con la enfermera: trató de quitarme los cigarrillos. Aquella cajetilla que imploré a Magda, que virtualmente arranqué de su cartera. Eso no se lo acepté y le dije claramente que me iría de inmediato si me la confiscaba. Lo raro es que me hizo caso. Si trata con sicóticos, debe estar habituada a la agresividad. Le puse la misma voz de mando que usaba mi madre con los inquilinos y surtió efecto. No me dejarán sin fumar, es para lo único que me queda voluntad.

He pasado todo el día sola en esta pieza: oscurece y se siente la desolación. Pero me da lo mismo. Quiero tanto descansar. Sería bonito que el médico diagnosticara una cura de sueño. Se lo pediré, quizás acceda. Y podría despertar en Las Mellizas, y decir como Scarlett O'Hara: «Mañana es otro día».

1

Ésa no es mi voz. Es la voz de María.

Yo me llamo Ana.

Soy la mayor. Es la razón que inventé para contar estas historias.

Arreglo la casa. Tengo el lago al frente. Pareciera estar en una isla, aunque en realidad es una península. Pero la idea de isla me seduce. Tan sólo puedo acceder al pueblo por agua. Hay un bote a remo en el pequeño muelle de la casa, pero lo uso poco. Prefiero la lancha a motor que va al pueblo recorriendo todas las casas grandes de la orilla una vez al día. La maneja Manuel, ex pescador y gran conocedor de la zona. Ser su amiga es clave. De ello depende recibir un telegrama a tiempo o comer salmón en vez de merluza. Él está tan entusiasmado como yo por la llegada de mis amigas. No sabe que además de entusiasmo, siento un poco de miedo. Han pasado tantas cosas. Ya nos hemos puesto de acuerdo. Me llevará en lancha hasta el pueblo donde tengo la camioneta y de allí manejaré al aeropuerto de Puerto Montt a recogerlas. Calculo que estaremos de vuelta a la hora de comida.

Todo está listo. Carmen, que vive a cien metros y cuida esta casa en invierno, ayudándome a mí en el verano, ha amasado el pan y hecho quesillo. Un par de gallinas ya se han asado en el horno a leña. El vino, como siempre, es abundante. Seguramente María traerá whisky desde Santiago. Aquí no se encuentra y a mí no me hace falta. El vino me acerca a la tierra y eso me gusta.

La casa es toda de madera blanca, con techo de alerce. Miles de tejuelas ordenadas y grises. Hay un gran corredor y desde allí se domina la vista al lago. Las sillas de mimbre que lo amueblan son mecedoras. Las tardes meciéndose en ellas pueden ser eternas si uno fija los ojos en el agua verde.

La casa tiene dos pisos. En la planta baja hay una gran cocina y su enorme mesa de roble —rosado y cepillado— hace las veces de comedor. Al lado, la sala de estar es casi innecesaria. La vida entera transcurre en la cocina. Allí está el calor cuando el lago enfría el aire al anochecer. Allí, en esa gran mesa, transcurre casi todo mi tiempo del estar adentro. Es donde como, donde pico las cebollas, donde plancho los pantalones, donde converso con la Carmen y donde ahora escribo. Los canastos cuelgan de todos lados y grandes ollones negros conviven en el suelo, al lado de la leña. La cocina misma es negra y antigua, siempre con un poco de polvo, y de ese fierro fuerte de antes. Las vigas en el techo están al descubierto y no me alarmo con las infaltables telarañas que diviso desde mi asiento.

Aquí mismo hace dos veranos oí a mi hija María Alicia hablarme de lo importante que era que sus hijos tuvieran recuerdos de infancia ligados a las casas de antaño, a corredores, pasillos, techos altos y viejas cocinas. «¿Te has fijado, mamá, cuando uno lee las entrevistas de los personajes famosos de este país, que todos hablan de infancias con olores, texturas y anécdotas ligadas a casas y lugares como éste? No pueden mis pobres hijos, el día de mañana, hablar de casas pareadas, nanas que se van a las seis de la tarde y comidas congeladas. Nunca llegarán a ser importantes con recuerdos así.»

Subiendo las escaleras se llega a los dormitorios. Son tres. Dos de ellos, casi iguales, tienen dos camas separadas por un velador, una silla y un ropero. Éstos llevan enormes espejos donde uno puede mirarse de cuerpo entero, cosa que les producirá placer a mis invitadas.

En el pasillo que recoge las cuatro puertas —la cuarta es la del baño— hay una gran cómoda, de diseño y olor antiguo, que guarda la «ropa blanca»: sábanas y toallas, todavía con olor al carbón de la plancha. La nota de sofisticación de los arrendadores reside en el color guinda y verde oliva de la ropa de cama. Algunas incluso tienen un pequeño borde de raso. Me imagino a la señora Wilson, hace muchos años, yendo de compras en Nueva York y trayendo de Lord and Taylor estas exquisiteces que deben haber sido la última moda. Ella no soñaría entonces que más tarde empobrecería, que la viudez la obligaría a compartir esta casa con desconocidos. Ella se tiene que haber imaginado a sus hijas cubiertas hasta la barbilla con guinda y raso, mientras ella misma amaba en verde oliva. ¿Adónde irán los sueños de todas las señoras Wilson, todos aquellos que no se cumplieron?

El tercer dormitorio —el mío— es, como en toda casa que se respete, el dormitorio matrimonial. Que yo duerma sola en esa gran cama hoy día, no significa que fue pensado para una mujer sin marido. «Por Dios, Ana —me diría Sara enojada—, ¿cuándo han contemplado los arquitectos el espacio para una mujer sola? A pesar de todas las que somos, no parecemos ser una variable para el mercado.» La presencia del hombre de la casa y sus respectivos privilegios se adivinan tras la arquitectura y la decoración. De partida, es la única pieza que mira directamente al lago y por ello cuenta con su propio balcón. La altura da toda la perspectiva necesaria para que el lago te invada. La sala es espaciosa, hay cómodas, tocador y hasta un escritorio, donde el dueño de casa trabajaría, pues está el supuesto que ALGO haría además de descansar y que no usaría para ese algo la mesa de la cocina.

El baño es enorme y en el centro de él, la tina con sus cuatro patas simulando cabezas de león. Lo mejor es darse un baño caliente con espumas en este gran recipiente del cuerpo, luego de un paseo húmedo por el bosque. A sus pies hay un brasero. Lo prendo cuando me baño de noche. A veces apago la luz para poder mirarlo, con sus leves amarillos anaranjados. Un gran aparador de raulí descansa en un muro. Eso sí es darle importancia al cuarto de baño, entregarle la belleza del raulí. Sus muchos cajones y espejos se ven bastante desnudos. Imagino el goce que este mueble produciría a una mujer vanidosa, llenándolo de frascos de distintos tipos. Quizás entre las cuatro logremos vestirlo un poco. Dudo que venga mucho maquillaje en sus equipajes. Pero al menos cuento con la Colonia Inglesa de Sara, el Paco Rabanne de Isabel y algún Guerlain de María.

Ésta es la casa.

Y aquí estoy yo. Tengo cincuenta y dos años. Un marido estudioso, profesor eterno de la universidad, que decidió tardíamente irse a doctorar a Alemania, siempre en el área de letras, y hoy pasará frío en Heidelberg mientras yo gozo de este esperado veraneo. Tengo tres hijos, dos hombres y una mujer. También tengo tres nietos. Fui profesora por muchos años, y mi tema fue siempre la literatura. Me casé muy joven y aún amo a mi marido. Soy monógama de contextura y establezco relaciones casi maternales con los hombres.

Nunca he sido rica e intuyo que ya no lo seré. Hoy vivo acomodadamente, aunque mi infancia fue más bien difícil. También lo fueron los primeros años de mi matrimonio. La suma de dos profesores no da para enriquecerse, como ustedes saben. Pero aun así me di ciertos lujos, como por ejemplo, sacar un Master of Arts en Estados Unidos, ya casada y madre de familia. Isabel me lo ha preguntado tantas veces, ¿cómo dejé a los niños por un año? Pues lo hice y sobreviví. Vengo de la clase media, aquella que podría llamarse «media-media». O sea, ahí. Ni un atisbo que llevara a confusiones. Poca apariencia y mucha austeridad. Funciono bien en condiciones difíciles. Será porque nada me ha sido fácil. No tengo ningún drama, de esos novelescos, a mis espaldas. Mirada desde afuera, mi vida podría parecer gris. Pero no lo es. Estoy siempre atenta. No seré una vieja petrificada. Y hoy escribo porque aún a mi edad, quiero aceptar todo nuevo desafío. Por nada del mundo me congelaré a retozar en lo que ya formé, o hice. Me interesan miles de cosas. Quizás la literatura y este raro fenómeno de mi género son las que más.

No soy bonita ni fea. Ni alta ni baja. Ni gorda ni flaca. Ni muy oscura ni muy clara. Mi apariencia tiene directa relación con mi ser profundo. Ni estridente ni invisible. Una suerte de equilibrio fluye de mí. María diría que eso es terriblemente aburrido. Espero que el tiempo le diga a ella lo contrario. Mi gran conquista es la serenidad. Y eso me resulta bastante.

Quizás se me podría acusar de ser más bien espectadora que gestora de los acontecimientos. Mi defensa consistiría en que los reales gestores son muy pocos, y en que la capacidad de observar —ni siquiera de analizar— está muy mermada hoy en día, cuando todos quieren ser protagonistas. Yo no soy protagonista de estas páginas, si es que existe claramente alguna. Aquí sólo hay mujeres, cualquiera de ellas. Somos tan parecidas todas, es tanto lo que nos hermana. Podríamos decir que cuento una, dos o tres historias, pero que da lo mismo. En el fondo, tenemos todas —más o menos— la misma historia que contar.

2

Entonces...

Estaba contando que estoy sola, en esta casa y en este lago lejano y verde al sur de Chile. Es la cuarta temporada que la arriendo. Las tres veces anteriores vine con Juan y los niños. Incluso con nietos la última vez. Creo que fue una gran idea haber vuelto sola. Dudé de hacerlo. Pero el año terriblemente agitado que pasó, la ausencia de mi marido y la promesa de mis amigas que vendrían, me envalentonó. María insistió en que éste puede ser el último verano que estemos las cuatro juntas. Es cierto. No es que alguna se vaya a morir, ni nada dramático. Pero es claro que esta compacta sociedad que formamos llega a su fin. La democracia ya llegó. Y siempre supimos que ello nos dispersaría. Como si el Instituto hubiese sido el cobijo en estos años malos. No importa. Yo me quedaré. Y quisiera abrirle personalmente las puertas a la que vuelva. De repente intuyo que el mundo del nuevo gobierno no las tendrá por demasiado tiempo. Tarde o temprano querrán volver a sentirse en casa. A mí, trabajar en el gobierno no me interesa. Ni en éste ni en otro. Para ser más exacta, es el trabajo público el que dejó de interesarme. (Sólo pude comprobarlo cuando, años atrás, me obligaron a salir de él.) Ahora quiero mi independencia y ganarme la vida en el mundo privado, con la libertad —y dolor de cabeza— que sólo da el ser dueño de su propio lugar de trabajo. En mi caso, investigando, en el silencio de mis libros. No cambio el olor de la biblioteca del Instituto por ningún cambio de guardia. Sospecho que el ruido exterior no me haría bien. Pero claro, yo estoy en otro momento vital que ellas. Los años no son en vano. Y apoyo el entusiasmo con que van a partir al mundo público. Creo que las vitalidades de cada una serán todo un aporte. Pero si descubren que no es ese su camino, quisiera tener la casa abierta para recibirlas.

Hace diez años las vi por primera vez. Era una helada mañana de julio cuando asistí a la primera reunión. Anteriormente tuve varias conversaciones con mi amiga Dora, antigua compañera de universidad. Llegaba de Europa con un buen proyecto bajo el brazo y no tardó mucho en convencerme de venir con ella. No es que en esos años hubiese mucho espacio para desarrollar un trabajo intelectual de cierto nivel. Necesitaba alguien con experiencia académica para dirigir un departamento en este nuevo Instituto de Investigaciones. Yo la tenía de sobra, por mis largos años en la universidad.

La casa era grande y acogedora, en la parte baja de Providencia en la ciudad de Santiago. Todavía se hacían trabajos en ella y el frío se colaba por todos lados. Cuando llegué, la reunión ya había empezado. Me turbó un poco interrumpir la conversación que ya llevaba un cauce. Había mucho humo en la sala y olor a estufa de parafina. Seis personas participaban alrededor de la mesa. Sólo dos, ambas mujeres, me resultaron desconocidas. Dora hizo las presentaciones del caso en forma rápida, yo apenas reparé en nombres, y siguió hablando del proyecto en general. Supuse que más tarde vendría lo específico del porqué de cada uno allí. Y mientras escuchaba, me puse a mirar de soslayo a estas dos nuevas caras. Me impresionaron por su juventud. Ninguna parecía haber pasado los treinta. Noté que ellas también me miraban. El resto de la concurrencia eran hombres. Tratábamos de entender quiénes éramos, ya que nuestra presencia allí significaba que nuestros destinos estaban a punto de ligarse. La desconfianza en esos años —fines de los setenta— era parte de la idiosincrasia nacional. Nos habíamos acostumbrado a hablar poco de nosotros mismos y a buscar códigos en el otro para obtener respuestas a preguntas que no se hacían.

A mi derecha, la única que no fumaba ni tomaba café estaba embarazada. Ello me hizo acogerla interiormente. ¡Y en esa pieza irrespirable! (Entonces no se había puesto de moda la ecología y los derechos de los no fumadores no existían.) Me la imaginé con aquellas náuseas matinales, o con la acidez a toda hora y me pillé agradeciendo a la vida el haber pasado ya esa etapa. Ella jugaba con su argolla de oro. Noté sus manos. Eran largas y bonitas, pero ásperas. Sus uñas, sin barniz alguno, tenían un corte severo. No, no eran manos ociosas. Su pelo era rubio oscuro, largo y abundante. Llevaba el clásico «no peinado», con una partidura al lado izquierdo y un mechón rebelde que caía sobre el ojo derecho, con el que ella jugaba cuando soltaba el anillo. Los ojos, entre verdes y azules, no llevaban maquillaje. Tampoco parecían necesitarlo. Eran dulces. Seguramente su cara estaba hinchada por el embarazo, pero aún así su belleza era evidente. Nada de ella molestaba. Nada tampoco atraía poderosamente salvo su luminosidad. Su voz, las pocas veces que la usó, era suave y un poco tímida. Supuse que se sonrojaría con facilidad, con ese cutis tan blanco. Estaba cubierta por un abrigo beige de pelo de camello y corte clásico. En el cuello, un collar de perlas. Era el único adorno. No llevaba aros ni anillos, salvo su argolla, que claramente no era un adorno para ella. —Vamos, se dijo María cuando la conoció, tenemos aquí el modelito convencional en todo su esplendor—. Se llamaba Isabel. Cuando dijeron que provenía de la Universidad Católica, me pareció obvio. ¿De dónde más? Su fuerte era la educación. Había estudiado pedagogía y luego de aprobar un magister, ahora cursaba un doctorado. La responsabilidad emanaba de ella.

Fue la primera en retirarse. Titubeó muchas veces antes de hacerlo, miró el reloj otras tantas. En un momento retuve su mirada. Me recordó vagamente algún animalito acosado, una vez que su caza era inminente. En esos ojos había una fuerte dosis de presión y una inmediata respuesta de disculpa frente a ella. Pero supe que la disculpa era débil y la presión ganaba. Me dejó perpleja, sin imaginarme cuánto me acostumbraría con el tiempo a ello.

Cuando se retiró, me concentré en la otra mujer joven, ahora a mi izquierda. Deduje que entre ellas tampoco se conocían.

Nada en ella era espectacular. Se podría decir que era corriente en el sentido de alguien ya visto, con sensación de familiaridad. Si me la hubiese encontrado en el extranjero, habría sabido de inmediato que era chilena. Y no sabría explicar por qué. Ese pelo oscuro, ni crespo ni liso, ni largo ni corto, se podría repetir al infinito entre nuestras mujeres. Los ojos también oscuros no alcanzaban a ser negros. Eran ojos expresivos. Y alertas. Su mirada era seria y a la vez confiable. Cuando Dora hablaba, ella no pestañeaba, parecía tan concentrada. Apuesto que es el tipo de mujer que lleva bien a cabo lo que emprende, pensé. Cuando Dora dijo algo divertido, a ella se le rieron los ojos enteros, formando varias delgadas arrugas a sus costados. En algún momento se paró a buscar un cenicero. También su porte era clásico de estas tierras. Calculé que llegaba justo al metro sesenta. No era delgada. La imaginé gozadora para comer y probablemente, como yo, se torturaba por ello. De seguro pasaba la mitad de la vida a dieta, sin ser del todo gorda. Vestía pantalones de cotelé azul marino, y sobre ellos, un grueso sweater tejido a mano como los que tejen las abuelitas. Su único toque de coquetería era un pañuelo rosado al cuello, de esos hindúes. Recordé la cartera de fino cuero de la joven embarazada al ver la ancha bolsa de lana con dibujos andinos que colgaba de la silla. No pude dejar de comparar. Entonces me detuve también en sus manos. Eran gruesas, fuertes y desnudas.

Esta mujer se llamaba Sara.

Era ingeniero civil. Su trabajo estaría ligado a la parte financiera y administrativa. Isabel y yo estaríamos en el área académica. Dora comentó entonces que el Departamento de Comunicaciones, al que ella le asignaba mucha importancia, comenzaría a funcionar sin cabeza visible. Lo presidiría alguien ligado al periodismo que aún no residía en Chile. No presté atención al tema, de manera que no supe que también allí habría una mujer.

3

Las vi de lejos, queridamente reconocibles.

Con poco equipaje, caminaban por la losa estos tres cuerpos, dando la impresión de que si no hubiesen sido adultas, brincarían. Miraban alternadamente hacia el cielo, ¿la fascinación del azul descontaminado? y hacia la gente que esperaba a los pasajeros. El viento las soplaba, sólo una cabellera siguiendo su compás. «Mi última oportunidad de pelo largo, antes de caer en el mal gusto», había sentenciado María al cumplir treinta y siete.

Se acercaban al edificio del aeropuerto Tepual. Sara era la primera, con su andar resuelto y un poco brusco, su pelo oscuro corto y desordenado en sus ondulaciones. Cargaba en su mano derecha un viejo maletín y en su mano izquierda, un paquete rectangular cubierto con papel de diario. Parecía bajar de un tren más que de un avión. Me maravilló una vez más la falta de atención que Sara prestaba a las apariencias.

La seguía Isabel, caminando con sus típicos pasos cortos, cuidadosos y coquetos. Vestía entera de mezclilla y llevaba en las manos un clásico necessaire. Ello y la juvenil cola de caballo que sujetaba su pelo rubio me hizo recordar a las universitarias norteamericanas del Ivy League.

La última era María. En cualquier lugar del mundo yo reconocería ese caminar: la pelvis adelante, como si fuese su proa, con hombros y piernas bamboleándose detrás. Con ambas manos libres trataba de pelearle al viento que insistía en taparle los ojos mezclando su largo pelo castaño con sus pañuelos del cuello. Colgaba de un hombro un pesado bolso de lona negra. Parecía la más alta, pero en rigor medía lo mismo que Isabel, sólo que una usaba siempre taco bajo, y la otra nunca. Cuando divisé la gamuza clara, casi la escuché diciéndome «Mira, Ana, yo uso la ropa para sentirla yo misma. No me atengo a lo que se debe usar, sino a lo que el cuerpo me pide». Dios mío, pensé, ¿tendremos que ser necesariamente tan distintas nosotras cuatro?

Al encontrarnos, ya con la risa encima, nos abrazamos mucho.

—¡Parece mentira que estemos aquí! —Sara no me soltaba la cintura ceñida por su abrazo. Respiró profundo, como si quisiera beberse este aire seco del sur.

—Sí, parece mentira. ¡Por fin! ¡A mil kilómetros de distancia! ¡Sin hijos, sin marido, sin empleadas, sin CASA! —Isabel alzó la voz en una especie de grito.

No es que fuera un grito aliviado: era el alivio en sí mismo.

—Ni que fuéramos ministros de estado —rió María—. Lo que nos ha costado llegar. Tantas dificultades para coordinarnos...

Subimos a la camioneta, todas hablando al mismo tiempo. Preguntas iban y venían.

—Vamos por parte: Ana, tú primero —Isabel organizó el diálogo—. ¿Estás bien? ¿Te hace mucha falta Juan?

—Estoy mejor que nunca. Juan siempre me hace falta. Pero esta soledad es un bálsamo.

—¿Echas de menos a tus hijos? ¿Te habría gustado que te acompañaran?

—No esta vez, Isabel. Creo que toda madre merece vacaciones. Además, ya están tan grandes.

—¿No te asusta la noche?

—En absoluto.

—¿Y quién hace las tareas masculinas?

—A estas alturas, ¿cuáles son ésas, Isabel? —miré su cara por el espejo retrovisor.

—¿Tienes ayuda doméstica? —quiso saber Sara.

—Toda la necesaria. Entre Carmen, la cuidadora, y Manuel, el de la lancha, estoy cubierta.

—¿Tienes vecinos? —ésta fue María.

—Una sola casa accesible. Parece que llegan luego, por ahora está vacía.

—No me digas, María, que estás pensando en hacer vida social —dijo Sara con espanto.

—Tonta, pensaba en Ana, no en mí. Se podría haber encaprichado con un lugareño...

Reí con ganas, reprochándola:

—¡María, María!

—No pierde las esperanzas de pervertirte —acotó Isabel, con cara de haber sido ya víctima de eso.

—Pero, Ana, con este paisaje, en esta soledad. ¿cómo no te ha surgido algún deseo loco, por pequeño que sea? —María no se resignaba.

—Ana está en otra —contestó Sara por mí—. Y nos va a decir que a su edad eso no pasa.

—Entonces yo me cortaré las venas antes de cumplir cincuenta.

Y así seguimos.

Lo que más les gustó fue Manuel y su lancha. O más bien, la dificultad de llegar por tierra a la casa.

—¡Esto es una verdadera aventura! —gritaba Isabel contra el viento.

—Si hubiese tormenta en el lago, ¿quedaríamos

atrapadas? —le preguntó María a Manuel. Él asintió y esto las llenó de júbilo.

—¡Que explote la tormenta y dure hasta marzo!

Isabel alcanzó a ensombrecerse.

—¡Los niños, Dios mío!

—Los niños están en Algarrobo con Hernán. ¿Qué te preocupa?

—Y tú, Sara —acusó Isabel—, ¿no te angustiarías por Roberta? —la única hija de Sara casi nunca era un motivo de angustia para su madre. Su desaprensión al respecto era envidiable. Era capaz de separarse de ella sin que la piel la hiciera gritar como a Isabel.

—Roberta gozaría con el cuento de la tormenta cuando se lo contara. Además, no le di fecha de regreso muy precisa.

—Tampoco la necesita si está en Valdivia —recordó María, cuyas fantasías de familia achoclonada despertaban al tratarse de la casa materna de Sara.

Pero igual Isabel se instaló lo más cerca que pudo de Manuel y sutilmente averiguaba las condiciones climáticas de la zona.

En un momento en que María miraba el verde del agua, me acerqué a su oído:

—¿Has tenido noticias?

Sus ojos se ensombrecieron.

—No —punto. Fue toda la respuesta.

Ya una vez hecho el turismo de la casa y habiendo recibido todas las exclamaciones esperadas, pasaron a instalarse. Isabel y Sara compartirían una de las piezas con las camas pareadas. María se quedaría con el dormitorio contiguo. Ella, siempre mañosa, quería dormir sola.

—Ni siquiera resisto a un marido en la misma pieza, ¿por qué a una de ustedes?

No demoraron más de quince minutos en desempacar. Gozaron abriendo los grandes roperos. Divisé bluyines, poleras largas, trajes de baño, zapatillas. Cuando subí las escaleras para buscarlas, vi que los veladores tenían libros encima y que el aparador de raulí efectivamente se había vestido. Cremas, bronceadores, desodorantes de marcas distintas, peinetas y escobillas daban vida a ese baño grande.

La casa estaba del todo habitada.

Isabel bajó con dos grandes cajas de lata floreadas: chocolates finos y toffees. ¿Cómo esperar otra cosa de ella? Sara abrió el paquete que traía —el del papel de diario— en medio de la alfombra del living. Era un enorme arrollado, que María miró con disgusto, y una botella del guindado que hacían sus tías. María depositó al lado dos botellas de Johnny Walker.

—Me encanta esta personalidad de rica que ha tomado María desde que ES rica —dijo Sara cuando vio los Etiqueta Negra y una gran caja blanca que contenía distintos tipos de queso. Primaban los Gruyère y los Parmesanos.

—Quise traerte Brie, Ana, pensando en cuánto te gusta, pero, ¿te has fijado que siempre está a punto de derretirse en los supermercados?

Depositamos nuestros tesoros en la gran mesa de roble. Descorché el vino que nos esperaba entibiándose cerca de la cocina y lo vertí en las cuatro copas. Casi con solemnidad extendí a cada una la suya. Al levantar la mía, creí sintetizar todos los brindis.

—¡Por nosotras!

Nos miramos con cierta emoción. Después de todo, no se encuentran en cada esquina cuatro mujeres que se quieran. Hicimos chocar nuestras copas en silencio. Entonces María, siempre reacia a los sentimientos evidentes, interrumpió:

—¡Por nuestra nueva democracia!

—¡Por la nueva era! —dijo Sara.

—¡Por las mujeres del mundo! —agregué riendo—. Y por nosotras cuatro, dignas representantes de ellas.

4

También han pasado diez años desde esa mañana de primavera. Ya no era el julio helado, el aire era suave en septiembre. El Instituto como tal funcionaba oficialmente hacía un mes. Los contratos se habían extendido a unas quince personas, hombres en su mayoría, y cada uno sacaba adelante su labor, sin demasiado tiempo para alternar humana o socialmente con el del lado y en general se respiraba un clima de cordialidad.

Recuerdo con nitidez aquella mañana. Eran alrededor de las once cuando decidí bajar a la cocina del primer piso a hacerme un café. En el hall central me detuvo la secretaria, pidiéndome que por favor me quedara un rato cerca de su escritorio mientras ella hacía una rápida diligencia. Con mi café en la mano, aproveché para dar una ojeada al diario del día. Empezaba a concentrarme en la Sexta Cumbre de Países No Alineados y pensaba en las complicaciones domésticas de que se reunieran en un mismo lugar cincuenta y cuatro Jefes de Estado o de Gobierno, cuando vi que alguien caminaba desde la puerta del jardín hacia el hall. Miraba hacia todos lados, como quien llega a un lugar por primera vez.

Era una mujer muy joven, casi una chiquilla. Caminaba con displicencia, dando la impresión de que su cuerpo estaba más allá de su control y que esto no le importaba en absoluto. Había algo muy desafiante en ese cuerpo. Esa mujer llenaba los espacios que ocupaba

y parecía saberlo, con indiferencia. Era más bien alta, y
«bien despachada», como diría Vargas Llosa. Buenos
huesos, habría dicho mi marido. Y para seguir parafra-
seando, Corín Tellado habría descrito su colorido como el de la miel. Toda ella, ojos, pelo, tez, toda miel.

Su ropa era bastante estrafalaria. Bajo su largo
blusón de algodón morado sobresalían tres faldas de
largos distintos, formando un degradé del lila al morado obispo. Alrededor del cuello se trenzaban entre
ellos al menos tres distintos pañuelos. Bajo la última de
las faldas, a pesar de que casi rozaba el suelo, se veían
unas grandes botas de gamuza, pesadas y aparentemente duras, dándole un toque francamente varonil.

Me divirtió su figura y la miré sin pudor, como
si para ello estuviese ahí. O sea, no pude dejar de pensar
que yo tendría que nacer de nuevo para vestirme así.

—Perdón, ¿me puede usted indicar cuál es la
oficina de Dora?

Aterricé ante su voz que me apremiaba.

—Ésa es su oficina, pero ella no está en este
momento.

—¿No está? Pero... ¿cómo?

Ella no esperaba esa respuesta y miró a su alrededor visiblemente contrariada.

—¿Puedo ayudarla? Si necesita a Dora, quizás
yo podría adelantar algo.

Me miró dubitativa, como si le apeteciera ser so-
corrida. Pero rápidamente cambió de opinión. Su mirada me recorrió con cierta dureza antes de responder.

—No. Es a Dora a quien necesito.

—Tendrá que esperarla, entonces.

—La esperaré en su oficina.

Allí sus ojos parecieron perdidos. Qué cantidad de expresiones podían dar esos ojos en fracciones

de segundo. Ojos de calidoscopio. Cuando noté que su boca se cerraba taimada y aparecía un algo de abandono en ella, brotó espontáneamente en mí el instinto de madre. Cuando iba a acogerla, ella volvió a endurecerse. Caminó resuelta a la puerta que le había indicado hacía un momento. Entonces bajó la escalera uno de mis compañeros de trabajo, un joven economista. La vio y se detuvo como encantado. Quiso hablarle y seguramente no se le ocurrió qué decir. Parecía un bobo, mirándola a pesar de sí mismo. Ella apenas reparó en su presencia. Abrió la puerta de la oficina de Dora. Debí haberla detenido y preguntarle quién era. Nadie entraba a la oficina de la directora por su cuenta. Pero algo en ella me lo impidió. Me sentí amilanada y la dejé hacer. Cerró la puerta tras de sí y yo volví a mi diario, pero sin demasiada concentración. Es que, aunque no lo comprendí conscientemente, esta mujer de las muchas faldas me había intrigado.

Había algo en su gestualidad y su forma de hablar que me resultaba familiar. Pero, ¿de dónde? Una persona como ella estaba tan lejos del circuito de alguien como yo. Y de repente aparecieron, desde el olvido, muchas voces parecidas, con sus caras limpias y claras, todas atentas, mirándome. Ya, recordé: mis alumnas de Filosofía en ese colegio particular de niñas en el barrio alto. ¡Todas tan parecidas! Cualquiera de ellas podría ser su hermana. ¿Creerían que disfrazándose con trapos artesanales la semejanza pasaría inadvertida? Algún vago resentimiento me recorrió, algún recuerdo de alguna humillación ya desvanecida en el tiempo.

Volví a preguntarme quién sería y qué relación podría tener Dora con ella, o más bien, con una persona así. De súbito, me imaginé siendo observada por ella, cuando lo más conspicuo de uno resalta ante uno mismo según el tipo de mirada del observador. O según el estereotipo que uno, con toda arbitrariedad, le asigna a éste. Y ante esos ojos, los míos —a pesar del honor de saberlos serenos— pasaban a ser estáticos, comunes. Tan aburridos en su quietud. Esta señora —que era yo— de simple falda negra y chaleco muy abotonado, ni sofisticada ni original, de edad incierta, de extracción evidentemente distinta; esta señora poco llamativa, sencillamente no tenía atractivo alguno. Qué rabia da cuando otros ojos pueden, por su propia banalidad, convertir tus logros en un subproducto de ellos o en su vulgarización. Entonces, en vez de irradiar una cierta sabiduría, pareces ramplona. La sobriedad se convierte en falta de imaginación. Y la humildad pasa a ser indefensión.

Ciertamente era bella. Pero no era una belleza típica ni clásica. Lo que tenía esta mujer era un aura de atracción. Sí, más que bella era eso: tremendamente atractiva. Podía imponerse por presencia pura. Pero parecía arrogante y, sin exagerar, dura. ¿Sería sólo producto de mi imaginación, de mis permanentes ganas de rescatar al género humano, que percibí en ella el abandono? Quizás era esa boca taimada lo que podía salvarla. Me pareció ridículo, pero cierto.

Bueno, basta, Ana, me dije a mí misma, reprimiendo mi fantasía novelesca. Podía estar horas imaginando la personalidad del hombre que esa mañana se había sentado al lado mío en el Metro. Si dejo fluir esta fantasía mía, soy capaz de construir una verdadera historia de alguien a quien no conozco ni me importa. Sin embargo, cedí a la tentación y empecé a imaginármela en su propio contexto.

Lo más probable es que viviera en una casa de esas un poco hippies pero de buen gusto, con hamacas en el living, exóticos colgajos en los muros y plantas en el baño. ¿Sería en Bellavista o en El Arrayán? Con olor a incienso, no cabe duda. No debe estar casada, es muy joven. Tendrá un hombre estable, con mucho pelo y mucha barba, pero con ojos azules y olorosito. Bello, eso se da por descontado. No la veo contaminándose con la fealdad. Quizás se dedicaban juntos al teatro, o a la poesía. Pero no tendrían profesiones liberales. ¿Cómo se mantendrían? A veces por su propio trabajo, pero el papá pasaría dinero. La casa sería regalo de la mamá rica de uno de los dos. Y lo contestatario no les entorpecería el sentido práctico del día a día.

Desperté de mis cavilaciones cuando regresó la secretaria y me vi obligada a subir al segundo piso a seguir mi trabajo. Isabel me esperaba en mi oficina para hacer un informe. En él estábamos imbuidas cuando, una hora más tarde, nos llamó Dora por el citófono.

—¿Estás con Isabel? Las necesito a ambas. Quiero presentarles a alguien.

Isabel y yo nos miramos con una sombra de queja. Estábamos ocupadas y no nos apetecía bajar las escaleras para ser presentadas a nadie. Pero entonces no éramos amigas aún, y ante el mandato de Dora, bajamos sin hacer comentarios. En ese mismo momento Sara, viniendo de su propia oficina que estaba en otra ala de la casa, se dirigía a la oficina principal.

Entramos las tres. Dora, detrás de su gran escritorio, parecía animada, súbitamente estimulada. En el sillón, al frente, estaba sentada esta mujer de mis fantasías, a quien yo ya había olvidado. Y sentí que los ojos de Dora brillaban como los del joven economista. Como si ella le hiciera el favor de adornarle este espacio con su persona.

—¿Recuerdan que les hablé de una periodista

que estaba en Londres y que regresaría a hacerse cargo del Departamento de Comunicaciones?

Mientras, ella nos miraba. Inspeccionó con sus ojos a cada una de nosotras sin decir palabra. No había mayor simpatía en ellos, más bien, expresaban una moderada resignación. Cuántas veces nos reiríamos de esa escena en el futuro.

—¡Por fin ha llegado para trabajar con nosotros! Aquí la tienen.

Se paró de su escritorio, tomó a la joven mujer por los hombros y con orgullo dijo:

—Ésta es María.

5

—¡Qué lamentable, yo, que era la vanguardia misma! ¿Han visto nada tan anticuado como una fumadora amante de las pieles y buena para la cama? —pregunta María mientras enciende un cigarrillo.

Hemos terminado de comer, los quesos y el arrollado ya han desaparecido. Isabel y María están sentadas en el suelo, sobre la alfombra de la sala de estar, y tienen una gran chacota entre ellas. Han puesto la música a todo volumen y la botella de Johnny Walker ya va en la mitad. Sara y yo participamos de lejos, tomándonos el guindado en la comodidad del sillón.

—Todos mis placeres han pasado a ser asquerosos vicios. Y todo por culpa del Sida y la ecología.

—Lo único que falta es que te hagas vegetariana y venga una epidemia de cólera —le responde Isabel.

Aprovecho el diálogo entre ellas para preguntarle a Sara en voz baja:

—¿Cómo está María? Dime la verdad.

—No lo sé, Ana. No lo sé.

—Tu voz no parece muy alentadora...

—Cuidado, no quisiera que nos escuchara.

Y como si hubiese ocurrido, nos llama:

—Hey, ustedes dos. ¿Quieren participar? Olvidamos hacer un brindis.

—¿Cuál?

Mirando a Isabel, levanta su vaso y responde.

—Brindo por las mujeres del mundo, pero esta vez, ¡sólo por las desdichadas!

María nació hace treinta y siete años, en Santiago de Chile, en aquel espacio físico y social donde todo arribista quisiera nacer. Su familia puede rastrearse largamente en los árboles genealógicos del país y cuenta con al menos dos Presidentes de la República en línea directa.

Hija de abogado de profesión y agricultor por herencia, nunca supo de privaciones ni inseguridades. Su madre, la señora Marita, era una mujer muy bella. Venía de una familia que, siendo antiguamente muy adinerada, había menguado por el despilfarro llegando a extremos a la altura de su juventud. Su matrimonio con don Joaquín, padre de María, por tal razón fue muy bien recibido. La familia materna se sentía muy aristocrática y la paterna, muy rica. Buena combinación. El padre trabajó bien el dinero heredado, multiplicándolo. Era único hijo hombre, muy esforzado, de aquellos que creen que el trabajo lo es todo o casi todo. La madre, a su vez, pensaba que la religión lo era todo, o casi todo. Su relación con la Iglesia era activa. Por nada habría infringido uno de sus mandatos. Se atenía muy estrictamente a la formalidad de sus exigencias, llegando al extremo del puritanismo en ocasiones. Esta pareja se casó joven y con una buena dosis de cariño entre ellos. Don Joaquín era más inteligente que ella, pero era menos mundano y poseía menos encanto. No era un hombre buenmozo, en el sentido literal. La belleza era la fuerza de ella. Pero la bondad sí la conocía bien. Vivía entre el campo y la ciudad, amaba sus tierras del sur y en Santiago atendía un par de empresas.

Vivían en una gran casa en El Golf, pero allí hubo siempre notas de sobriedad. La señora Marita consideraba de muy mal gusto demostrar el dinero que tenían, y a él le parecía poco justo. Tenían una vida llena de comodidades, pero todo con cierto límite. Los autos nunca fueron ostentosos, no había chofer ni mozo, sólo las empleadas. Como los ricos de antes. Les gustaba la política y la entendían como parte de la cultura general. Eran relativamente progresistas para su medio. Venían ambos de familias conservadoras y luego, con el nacimiento de la Falange, se fueron situando más al centro. Ambos abuelos habían intervenido activamente en el quehacer nacional. Uno, el paterno, desde la senaturía de la provincia de Ñuble y el otro desde ministerios y embajadas.

De esta pareja nacieron tres hijas mujeres: Magda, María y Soledad.

Las «niñitas», como solía referirse a ellas su madre, estaban destinadas a cumplir un brillante itinerario: la educación básica y media en un buen colegio particular, católico y de habla inglesa. La educación superior —era bueno que la tuvieran, no necesariamente que ejercieran— sería en la Universidad Católica. Ojalá una pedagogía o algo relacionado al concepto de servir al prójimo (pero sin rebajarse, no Enfermería). Esto les daría una base intelectual y cultural que les ayudaría a batírselas bien en cualquier circunstancia. Podrían elegir entre los mejores hombres de la sociedad para desposarse, pues también contaban entre sus atributos con una buena dote. Serían socialmente cotizadas, no les faltaría *savoir faire* en la vida mundana y terminarían siendo importantes apoyos para las carreras de sus maridos. Heredarían la belleza y sociabilidad de su madre, la inteligencia y disciplina de su padre. La elegancia era un don de todas las mujeres de la familia y con ella sabrían conquistar el espacio que les correspondía. Casi por sangre, habría acotado la abuela. Ojalá los maridos fuesen abogados, médicos o ingenieros. Había algunas prohibiciones, pero mínimas. No deberían casarse con un ex cura, con un sociólogo o con un funcionario de Relaciones Exteriores. Se miraría con muy buenos ojos que alguno resaltara en la política, hubo tantos en la historia de la familia. Quizás otro sería embajador: ¡qué bien harían ese papel las niñitas! Y si alguno entendía de agricultura, bienvenido sería para hacerse cargo de las tierras familiares en el futuro.

Pero también las niñitas debían ser buenas. Amar a su prójimo como a sí mismas. Nunca ostentarían riqueza pues ello no era piadoso, aunque de paso, eso también era característica de los nuevos ricos y considerado «siútico» en la familia. La caridad debería estar siempre presente y cada una elegiría su manera de hacer el bien según su situación en el mundo. (Doña Marita cargaba con una serie de protegidos, por lo cual nunca faltó una mano extra en la casa.) Serían los bastiones de sus familias, sabiendo situarse siempre en segundo lugar, sin opacar a los maridos ni haciéndoles ver cuánta fuerza tenían.

El matrimonio y la maternidad las realizaría de tal manera que no cabrían en sus vidas las turbulencias del espíritu ni el desasosiego. Y si por alguna circunstancia de la vida —nadie puede ignorar su posibilidad— los matrimonios les deportaran dolor, la maternidad lo sublimaría. Debían estar muy atentas a la elección del esposo, pues tendrían sólo uno. Para ello, la señora Marita era liberal: que tuviesen mucho tiempo y libertad en la edad de pretender, pues no se podía elegir bien sin conocimiento en la materia. Así, ella era enemiga de los pololeos largos que le quitasen tiempo a las niñitas para salir y conocer. Ojalá tuviesen varios admiradores cada una, fuesen a muchas fiestas, alternaran lo más posible. No sería culpa de sus padres si llegaban a equivocarse, evitando reproches para el día de mañana.

Mientras las niñitas eran chicas y todos vivían en perfecta armonía, la madre miraba con complacencia a sus retoños y sentía que su afán por ellas sería altamente recompensado. Su única inquietud parecía ser un elemento que no pudo planificar: la belleza. De las tres hijas, sólo una pareció heredarla.

Desde su más tierna infancia, María había sobresalido por ella. Su color de miel, todo en perfecta monocromía, le daba una singular hermosura. Los ojos —enormes— eran de mil expresiones. La boca ancha y generosa pronosticaba sensualidad. Su cuerpo cumplía con todos los requisitos de la proporción. Su rostro ovalado, de pómulos anchos, era un dibujo bien hecho. Doña Marita la analizaba: ni una sola línea que en ella se acentuase con el tiempo podría deformarla.

Magda, la mayor, salió más oscura de lo que su madre consideraba decente. Tenía mucho pelo —envidia posterior de muchas—, pero al nacer, en la clínica, ella se avergonzaba cuando las visitas comentaban a esta criatura tan peluda. A pesar de que las bocas grandes eran un rasgo de familia, aquí la nota se había exagerado. Los ojos eran vivos e inteligentes, unos lindos ojos, pero negros. En alguna cavilación nocturna, la señora Marita se preguntó si no habría algún antecesor sospechoso en la familia de su marido. Quizás algún mulato, muchos años atrás. Tampoco Magda era alta y su contextura era robusta. Tendría tendencia a engordar, más encima. Lo que la madre no contempló entonces fue la tenacidad de su hija Magda, y habría estado complacida al ver cómo ésta, a punta de esfuerzo, se convertiría más tarde en una mujer estupenda. Nunca sería bella, pero estupenda, sí.

La menor, Soledad, no resultó ni tan oscura ni tan robusta como su hermana mayor, pero definitivamente no pintaba para ser una belleza. Sus rasgos eran regulares, más bien pálida y su pelo castaño era liso y poco abundante, nunca serviría para una publicidad de shampoo.

Su cuerpo era compacto y armonioso, pero no tenía esa gracilidad de su segunda hermana. No sabía usarlo ni le preocupaba. Ya de chica había que perseguirla por la casa para peinarla y las veces que se le vistió para fiestas, ella terminaba literalmente debajo de la cama chillando mientras se agarraba de las patas de ésta para no salir. De adolescente nunca se interesó en los maquillajes ni en la ropa. Se vestía con los desechos de sus hermanas y el tema la dejaba indiferente. Le había hecho prometer a María que, cuando fuesen adultas y ella se viera en la obligación de vestirse como Dios manda, su hermana pasaría por su casa cada mañana y le dejaría lista la «toilette» para el día, como decía mamá. También Soledad, como Magda, desarrolló una gran tenacidad. Pero su madre, en este caso, no se vería recompensada por ella.

Muy temprano en el camino, Magda se apoderó de la inteligencia y Soledad de la bondad. María pareció quedarse sin repertorio. Ella era linda por naturaleza, era lo único que le resultaba propio sin esfuerzo alguno. Era gozadora y sensual y esto contrastaba con la dura disciplina de sus hermanas. María guarda, entre los recuerdos de la niñez, una conversación de su abuela paterna con una de sus tías en la cocina del fundo familiar:

—Magda y Soledad son igualitas a su padre. Heredaron su tesón y su cerebro. ¡Cómo tan chicas y ya se nota lo empeñosas que son! No importa que no sean unas linduras, nadie en nuestra familia lo ha sido y ni falta que nos ha hecho. En cambio, María es igualita a su madre: tonta y bonita.

Tonta y bonita. Esa frase eternamente en la mente de María.

Pero también hubo otras definiciones.

Veraneaban todos los años en el fundo de la familia en el sur. En la provincia de Ñuble, el río Itata bordeaba este campo grande y agreste. La tierra era inmensa, la tierra era seca. Entonces los grandes fundos se llamaban haciendas. La vida era severa en aquellos lugares. Ni siquiera la casa patronal gozaba de luz eléctrica. A falta de refrigerador, la carne se enfriaba en el pozo, colgada de un largo cordel que la hacía descender hasta un centímetro antes del agua. Las lámparas a parafina sustituían a las ampolletas. Lámparas Aladino, les llamaban, esbeltas y majestuosas, de talle muy blanco, en el dormitorio de sus padres. A ellas les entregaban faroles, exactos a los que vieron de grandes en las películas del Oeste. Siguiendo esa escala, a las empleadas les tocaban sólo velas, instaladas en candelabros de greda. El agua se calentaba cada mañana con leña en un gran tambor, que conectaba por la tierra con la tina. En el baño siempre hubo un leve olor a humo.

También la cocina era a leña y la madre y las «mamas» pasaban largas horas revolviendo el manjar blanco y el dulce de mora, que las propias niñitas —de canasto en mano— recogían de las zarzas. No hablo de principios de siglo. Hasta el año mil novecientos setenta y dos, última vez que María pisó esas tierras, no se conocían ni los interruptores ni los balones a gas.

La hacienda se llamaba Las Mellizas. Dos pequeñas lagunas, exactas entre ellas en las afueras de las casas patronales, le dieron ese nombre.

Casi toda la provincia de Ñuble había estado en manos de la familia paterna. El abuelo fue senador del lugar, amo y señor. Cuando las niñitas nacieron, sólo tres fundos se conservaban. Cada quiebra familiar, cada pariente excéntrico significó un fundo menos. Hoy ya no queda nada. Los nietos de don Joaquín no tendrían ningún contacto con la tierra, por más que esto afligiera a sus madres.

Cada verano partían todos a Las Mellizas, sabiendo que allí les esperaban dos meses de trillas —a caballo por cierto—, de río, de noches muy limpias, de cabalgar a toda hora, de pan amasado, mantequilla blanca, tortillas al rescoldo y corderos asados al palo. También libros, silencio, risas nocturnas, secretos compartidos.

Los campesinos —entonces todavía llamados inquilinos— las acogían y las cuidaban. Se sentían muy queridas por ellos. (Fue mucho más tarde que lo dudarían por primera vez.) Cruzaban un potrero corriendo para abrirles una tranca. Salían de la pulpería del pueblo si ellas llegaban, para atenderlas de inmediato. Las tortillas eran sacadas de las brasas y la harina tostada de los tarros cuando se detenían en una casa a descansar los caballos. Desde su punto de vista —el de ellas— convivían en perfecta paz. Llegaban los canastos en la mañana: los huevos de don Marcelino, el pollo de la señora Ruberlinda, las frutas de los Arévalo. A veces las hierbas de doña Carmela.

Doña Carmela era una autoridad en esos campos. Era la curandera, la partera, la adivina. La bruja, en buenas cuentas. Nunca se logró establecer su edad. Era muy vieja, pero a partir de un cierto punto no envejeció más. O así resultaba a los ojos de las patroncitas como las llamaban por allá. Podía haber tenido ochenta años o cien y los llevaba indiferentemente en el cuerpo. Vivía sola en una choza camino al río. Se acudía a ella para todo. Cada caída del caballo, cada fiebre o peste era tratada por ella y sus hierbas.

Doña Carmela quería a las niñitas. Casi las vio nacer. La conoció de meses a cada una. Todos los veranos pasaba atardeceres con ellas al lado del brasero. Eran un atento auditorio para sus inverosímiles relatos. Ellas se fascinaban con sus historias de bandidos y pájaros. Un día, cuando ya las patronas entraban en la adolescencia, fueron llamadas por esta vieja.

Las recibió como siempre, sentada al lado del brasero. Tenía en su mano la baraja española, o naipe chileno como le dicen en el sur.

—Los palos son cuatro y ustedes son tres.

Se miraron entre ellas sin entender.

—Los palos son las pintas de la baraja.

Extendió las cartas. Separó cuatro de ellas.

—El oro tendrán que buscarlo afuera.

Le entregó el basto a Magda. La copa a María. La espada a Soledad. Y las hermanas guardaron cada una su carta, y se atuvieron a ella para siempre.

6

—¿A alguna de ustedes le habría gustado ser Padre de la Patria?

—A mí, si hubiesen existido Madres de la Patria —contesta María.

—¿De qué hablas, Sara?

—Pensaba en Bernardo O'Higgins. ¡Fatal destino el de los héroes!

Nos mecíamos en las sillas del corredor. Era nuestra primera noche en la casa del lago. Recibíamos gustosas el aire nocturno. Habíamos logrado aplacar las ondas adolescentes de música a todo volumen y risas sin sentido. Buscábamos robarle paz a la noche antes de retirarnos a dormir. Si estábamos cansadas, no lo percibíamos. Primaba sobre ello el que este paisaje pudiese contenernos a las cuatro, las cuatro juntas. Me alarmé de la cantidad de veces que María e Isabel habían rellenado sus vasos, pero no me pareció oportuno comentarlo. Ya habría tiempo para eso. Después de todo, ¿no habían planteado ellas mismas que el lago les serviría de sanatorio? Pero, al mirarlas, pensé en las flores marchitas. Y también pensé, así debe ser el desplome. El vigor de la voz de Sara, parada contra la baranda del balcón, resultaba estimulante.

—Él, y otros padres de América, compartiendo el anhelo de la Patria Grande. Piensen que no sólo lucharon por la libertad de sus comarcas, sino por el entorno mayor.

—¿Cuál entorno?

—Lo latinoamericano.

—¿Y qué tiene ello de fatal? —preguntó Isabel distraída.

—Que la historia le tenía reservado puro desgarro y dolor. ¿Se imaginan lo que sintió al partir forzadamente del país que había independizado, para pasar los últimos veinte años de su vida en el exilio?

—No es al único a quién este país ha maltratado —acotó María—. Pero no hablemos de cosas serias, Sara. Estamos de vacaciones.

Sara casi no la escucha.

—Les regalo un pensamiento, chiquillas, para que duerman tranquilas: lo mejor es ser común y corriente. Que ninguna se sienta disminuida por no haber sido héroe... verse obligado a morir soñando con la tierra a la que nunca regresó...

Ésa es Sara.

Sara.

Cuando la conocí ese día en la reunión con Dora, ella iba a cumplir treinta y dos años. Tenía una hija —Roberta—, una buena profesión —la Ingeniería Civil— y una familia en provincia. Sara nació, se crió y vivió siempre entre puras mujeres.

Su padre abandonó a su madre el mes anterior a su nacimiento, en la ciudad de Valdivia. No se le volvió a ver. Siete años después se supo de su muerte, y como ya había pasado a la categoría de personaje inexistente, esto no cambió el destino de nadie.

Doña Lucy, su madre, era una joven ingenua,

sin mayor sentido de la trascendencia, aunque fuese
nacida en las orillas del río Calle-Calle. Cuando fue
abandonada, con recientes veinte años en el cuerpo,
volvió a su hogar materno y allí se quedó para siempre.
Nunca vislumbró que podía reincidir en el matrimonio, que un hombre podía ser diferente de otro. No.
Ella decidió que todos los hombres eran unos traidores
y punto. Le gustaba lo conocido. La palabra RIESGO le
ponía los pelos de punta. Volvió a la casa donde nació
y su ciudad natal bordeaba, para ella, las fronteras del
mundo. Le bastaba, si es que no le sobraba. Ni siquiera
la capital le atraía y solía considerar —con justa razón— que ninguna ciudad tenía la belleza de la suya.
Como no alcanzó a terminar su educación —había dejado el liceo a medio camino—, el trabajar fuera de la
casa fue descartado. Tenía habilidad para la máquina
de coser y esa fue y es hasta hoy su fuente de trabajo.
Hacía vestidos y ropa de casa a sus parientes —que
eran muchos— y a sus vecinos. Luego llegaron los amigos de éstos y así fue conformando su clientela. Parte
del paisaje de la casa grande y antigua de la abuela era
doña Lucy, su máquina a pedales y su gran canasto de
mimbre lleno de telas. En verano, bajo el corredor
principal. Y en invierno, al lado de la salamandra en la
iluminada galería. En el mes de noviembre de cada
año se hacía el traslado de la pesada máquina, desde la
galería al corredor principal. Y en marzo volvía a su anterior lugar, con mucha ceremonia. Desde allí doña
Lucy hacía su vida social. Ella veía a todo el mundo y sabía todo lo que pasaba, sin moverse de su silla. Tenía
varias hermanas y todas vivían en aquella casa. Las dos
mayores fueron solteronas de siempre. Como decía Sara, nacieron solteronas. No tuvieron ningún destino al
que pelearle. La menor trató de librarse de aquella

suerte yéndose a trabajar a Osorno como profesora de catecismo en una escuela primaria. Pero algo anduvo mal y a los dos años estuvo de vuelta. Nunca se supo qué pasó con esta tía Elvira, pero adquirió cierto respeto por parte de sus hermanas. Al fin y al cabo, algo de mundo había recorrido y sus pupilas debían retener algún paisaje desconocido para ellas. Y así, las cuatro hermanas, la madre y una hermana de ésta, soltera también, llamada Rosa, vivían en la casa de la calle General Lagos.

El abuelo murió a los sesenta, cansado de aquel matriarcado y de no haber logrado hacer retumbar su voz en aquellos pasillos. Él era más bien irrelevante para los habitantes de esa casa. Ni siquiera era un proveedor sobresaliente. La risa, la intimidad y la entretención eran propiedad de ellas. La abuela había heredado esa casa y tía Rosa unos huertos en los campos cercanos que proporcionaban todo el alimento básico. Él trabajaba en Ferrocarriles y su sueldo era bajo. A nadie se le ocurrió, menos a él, que podría haber cambiado de empleo. Pero no necesitaba mucho dinero esta familia. El dogma era pasarlo bien; vivir con lo básico, pero gozar la vida. Y la vida no se gozaba trabajando pesado. Nadie lo hacía y todos parecían felices. Si doña Lucy empezó con las costuras, fue porque tuvo una hija a la que tendría que educar. Casi todas sus ganancias fueron depositadas en una libreta de ahorro del Banco del Estado, que la familia abrió al nacer Sara. Ésta no se tocó hasta el día en que Sara entró a la universidad. Huelga decir que no sólo doña Lucy depositaba ahí dinero, sino todas las tías, en la medida de sus posibilidades. Era una familia sobria pero gozadora que no sospechaba el significado de la palabra acumulación. De presentarse una emergencia, harían un conciliábulo familiar y buscarían una fórmula de salida. El tema no las desvelaba. El gasto mensual más elevado era el de la carnicería. Los huertos de tía Rosa tenían muy pocos animales y éstos no se comían; sólo aportaban gallinas. Faltaban el cerdo, el vacuno y el cordero. La leña también era un gasto importante: las estufas debían estar siempre prendidas en esos largos inviernos del sur. Pero entonces nuestro sur era generoso y ambas cosas —leña y carne— se conseguían con facilidad. La abuela, a la muerte de su marido, pasó a aportar su pensión de viudez de Ferrocarriles y Elvira, su sueldo como profesora en una escuela cercana. Las dos hermanas mayores, Elsa y Adela, hacían mermeladas y ganaban más con eso que con un sueldo de profesora. Aprovechaban los ciruelos del patio y los manzanos y membrillos del huerto de tía Rosa.

Cuando las cuentas subían mucho o algún arreglo a la casa —ya bastante antigua— resultaba muy caro, habilitaban el último dormitorio del corredor, con un baño chico al lado que no se usaba, y lo entregaban en pensión. O sea, hacían lo mismo que tantas familias de clase media en la ciudad: incrementar los ingresos gracias a la vida que la universidad daba al lugar. Cuando se aburrían del pensionista, ellas, con mucho tacto, lo instalaban en casa de algún pariente que también daba pensión. Así no se comprometían con extraños para el plazo de un año entero.

Y allí creció Sara, rodeada de estas mujeres.

La llegada de Sara al mundo, y luego a la casa materna, fue bienvenida y celebrada. Pasó a ser la mascota de todas ellas. Y, a medida que fue creciendo, fue su juventud la ráfaga que lo inundó todo. Para doña Lucy la tarea de criarla no fue tan pesada. Había tantas mamás disponibles. Una la regaloneaba, otra la ayudaba con las tareas, otra le hacía las trenzas y la abuela la disciplinaba. Siempre creyeron que la niña debía comer mucho para ser sana. Y aunque los conceptos de alimentación eran más bien rudimentarios, todas se concentraban en que Sara comiese bien. Esto le dio una consistencia a su cuerpo más sólida de la que ella habría elegido. Con una infancia como aquélla, nadie puede apuntar a Sara por su glotonería. Tales mimos recaen actualmente sobre Roberta, pero como sólo duran lo que las vacaciones, Sara las deja hacer.

Sara no reclama hoy el no haber conocido afecto. Puede reclamar contra la ausencia de afecto masculino, eso sí, pero afecto tuvo en abundancia. Y cuando veo sus manos gruesas, tan fuertes, listas para acariciar y abrazar, reconozco en ellas todas esas manos de mujeres del sur, mujeres gruesas también, bondadosas, que no han conocido ni la pedantería ni la frialdad. Tampoco conocieron otras cosas buenas de la vida, pero a veces me pregunto si les haría falta. Al final, ¿dónde está el goce genuino? A la madre de María había que ponerla de pie en la Quinta Avenida de Nueva York para producir en ella lo que a doña Lucy con un simple paseo por la calle Picarte. Es entonces que uno se reconcilia, en lo profundo, con la no sofisticación de Sara.

Un día, tía Elvira me contó que el padre de Sara —de quien nunca se hablaba— era un hombre ilustrado. Que había estudiado en la universidad y que habría sido un profesional si no hubiese sido por este matrimonio loco que luego lo había hecho escapar. Entonces, cuando Sara demostró interés en los estudios, las tías se pusieron en estado de alerta. ¡La herencia! Las pobrecitas habían llegado a pensar que ser estudioso era sinónimo de futuras irresponsabilidades.

Ya cuando Sara avisó que seguiría una carrera, las tías se aterraron. ¿Para qué?, era la pregunta que se hacían de todo corazón.

Sara reía. Nunca las tomó en serio, a pesar de todo lo que las quería. Pero es que Sara nació con la suerte de no tomar muy en serio la opinión de nadie frente a las decisiones tomadas por ella misma.

Y entró a la Universidad Austral a estudiar Agronomía. Al año decidió que no le bastaba y se fue a Santiago para seguir Ingeniería Civil. A fines del año setenta y tres estaba a punto de terminar la carrera. Una de las cosas que nunca le perdonó a su atribulada vida sentimental fue no haber podido recibirse entonces. Tuvo que hacerlo años después, pasando por engorrosos exámenes y convalidaciones, en una universidad que ya no era la suya.

El año que Sara salió del colegio fue uno de esos difíciles para la familia y se arrendó la pieza última del corredor. El estudiante de Veterinaria que llegó a la casa fue el primer amor de Sara. Tenían la misma edad, ambos comenzaban la vida universitaria, con todo el cambio de mundo que ello significaba. Él provenía de Curicó, de una familia que sólo difería de ésta porque había hombres, pero muy parecida en su idiosincrasia. Todo en él producía en Sara una sensación de comodidad y seguridad. Por último, el lugar de pololeo era su propia casa. Las tías le tomaron cariño a Ismael —así se llamaba— y a poco andar pasó a formar parte de la familia. Y cuando Sara partió a Santiago, él se quedó viviendo en la calle General Lagos.

Con Ismael comenzaron muchas cosas nuevas. Las más importantes, el sexo y la política. Entre los cafecitos del casino, ésta hizo su despertar en la joven pareja. Las luchas universitarias de entonces marcaron para siempre la mirada de Sara, que hasta entonces no había reparado mayormente en el entorno nacional.

Su familia no se interesaba más que otras de su clase en el tema. A la hora de los quiubos votaban por el centro, a veces por los radicales y otras por la Democracia Cristiana. La derecha no les hacía sentido, intuyendo que no ganarían nada con ella. Con la izquierda tampoco. La ciudad misma se inclinaba bastante hacia esas posiciones y ellas las miraban con tolerancia pero con ajenidad. Se entretenían —como todo el país— con las elecciones. Pero entre una y otra se les olvidaba el tema. Digamos que no era una familia de cultura política vasta. No así la de Ismael. Sus padres eran más comprometidos con el quehacer del país. Un primo hermano de éste, llamado Francisco, era dirigente nacional de la izquierda y por ser la familia muy unida, Ismael había tenido acceso a largas conversaciones con él. El nombre de este primo salía seguido en las conversaciones y siempre estaba presente la promesa de que Sara le sería algún día presentada. Era, como decía Ismael con candor, la única persona importante que él conocía.

Sara sintió que el mundo era más grande, mucho más de lo que ella avizoraba, y quiso saber de él. Leían mucho. Discutían. Asistían a cuanto foro o discusión había por esos lugares. Cuando venían los dirigentes nacionales, Ismael y Sara se hacían espacio en primera fila, ávidos por entenderlo todo. Luego caminaban entre esos árboles de la Isla Teja, se sentaban al lado de una laguna que Sara llamaba «mis nenúfares» —por las plantas y flores que flotaban en ella— y se explicaban mutuamente las deducciones a las que llegaban. Tampoco se perdían las funciones de teatro, cine-arte y todo lo que pudiera empaparlos de la mirada que los llevara más allá de la provincia.

Cuando llegó el otoño, cuando esos bosques cercanos al Calle-Calle acaparan todos los dorados de la tierra, Sara entró una noche a la pieza de Ismael, habiendo cruzado en puntillas el largo corredor, y lisa y llanamente se metió en su cama.

—Nunca he visto un hombre desnudo —se quejó muy seria—. No quiero ser como mis tías.

Esto a Ismael le divirtió y se sacó la ropa lentamente, dejando que Sara lo examinara. Cuando hubo concluido, la desvistió a ella.

Como todas las cosas importantes de Sara, esta también fue hecha sin aspavientos. Perdió su virginidad con el calor de la salamandra y del cuerpo de un hombre que la amaba.

7

Sólo por ser el primer día, me levanto temprano para
prepararles el desayuno. Bajo a la cocina. Debiera ha-
bérmelo imaginado: Isabel se me ha adelantado. La
encuentro al lado de la tetera esperando que hierva el
agua. Ya se ha duchado y vestido. Se ve fresca. Ni huellas de todo el whisky y el vino de la noche anterior.

—Sara y María dormirán hasta el mediodía,
no lo dudes. Tomemos desayuno nosotras.

Sus manos diestras preparan todo mientras yo
tuesto el pan. En pocos minutos estamos sentadas a la
mesa. Es entonces, observándola de cerca, que noto
sus ojeras.

—No me mires, Ana. Debo estar horrible.

—Sólo las ojeras...

—Estoy tomando mucho.

—¿Y eso te preocupa?

—Claro que me preocupa. Desde que todo
aquello empezó, no he podido parar de tomar. ¿Cómo
respondo a todo lo que debo responder sin el trago
que me ayude? A la vez, mi vida entera depende del
control. ¡No puedo, no puedo perderlo!

Isabel se levanta todos los días a las seis de la mañana, invierno o verano. A pesar de que en su casa hay dos mujeres contratadas para el servicio, es ella quien —luego de encender el cálefont y darse la ducha matinal— va metiendo a los niños uno a uno al baño, les pasa toallas secas y les prepara la ropa. Terminado el quinto, va a la cocina, hierve el agua y pone la mesa. Bate huevos, tuesta el pan, mezcla leche con cereales, hace jugo de naranjas. Cuando el desayuno está listo y los ha traído a todos a la mesa, son recién las siete y cuarto. A esa hora aparece la cocinera, que sólo se preocupa de volver a llenar una taza de café o un vaso de leche. Entonces discute con Isabel el menú del día. A las siete y media aparece la niñera que va de inmediato a hacer los dormitorios para empezar como a las diez el lavado y el planchado. Veinte para las ocho, Isabel reparte las colaciones en cada mochila y va a calentar el motor del auto. A las ocho en punto deja a los niños en la puerta del colegio y diez minutos después está sentada en su oficina, empezando a trabajar.

Un día corriente de Isabel: ella deja la oficina cerca de las dos, corre a casa a almorzar con los niños. No se tiende ni diez minutos en la cama luego del café, pues debe inmediatamente empezar a repartir niños para cubrir las diarias y múltiples actividades extraprogramáticas de cada uno de ellos. Entre el colegio, el estadio, la academia, el tenis, la clase de danza, el laboratorio de química, de nuevo el tenis, el taller de música, todos con distintos horarios de entrada y salida, sus tardes son vertiginosas. Ella no se queja. Al contrario, estimula a sus hijos en estas actividades, con la remota esperanza de que algún día sean profesionales serios y dedicados como su madre, y que sus vocaciones les den todas las satisfacciones que le ha dado la suya. Entre la

entrada de uno y la salida de otro, lleva a un tercero al
dentista, pasa al Jumbo por unas pocas colaciones, vuelve a la oficina por una hora y media, va a la universidad
a dejar unas notas —también hace clases allí— o lleva al
perro a vacunarse.

Como a las siete de la tarde ya están los cinco
niños y ella de vuelta en casa. Normalmente hay una
hora de silencio: ellos hacen las tareas e Isabel sabe que
si se sienta con un libro en el sillón caerá rendida. No
debe leer, ya que será interrumpida por cada duda de
cada niño frente a la tarea. Entre la consulta del dic-
cionario y la operación de álgebra, trata de escuchar
un poco de música y su mente divaga mientras mira el
techo. Sólo éste es resistido por su mirada ya que no
requiere precisión. Por la ventana controla cuánta luz
queda pues según eso regula su primer trago. No se
atreve a tomar si aún está claro. Envidia esa capacidad
en otra gente de tomar sin mirar la hora. Como esa tía
de María que sencillamente cierra las cortinas y listo,
está oscuro, ya puede empezar.

En las tardes de verano se da una cierta licencia, si no, le parecerían interminables. Cerca de las
ocho va a la cocina y ayuda a Luz con la comida. Hace
la ensalada, aliña la carne, decora un postre. Luz lleva
siete años a su lado. Se conocen mutuamente las mañas
y no interfieren cada una en el quehacer de la otra. A
las ocho y media, comen en esa cocina blanca y grande
que es el orgullo de Isabel. Cuando la compraron, la cocina no correspondía a los grandes espacios del resto de
la casa. La ampliación fue obra de ella, de su imaginación y su energía combinada con la plata de Hernán. Es
el lugar de la casa que ella más quiere. El piso es albo,
sus murallas también. Aséptico y luminoso. En esa mesa
funciona el comedor de diario; allí come con los niños.

Los escucha, conversa con ellos, hace de la hora de comida un momento de verdadero intercambio. Los niños se desconciertan mucho cuando van a casa de amigos donde la hora de comida es sólo para COMER. Les choca ver esos papás cuya concentración está en mascar y deglutir, no en convivir. Les sorprende, y así se lo cuentan a su madre, que la gente coma en silencio. Se preguntan por qué entonces están juntos alrededor de una mesa y no cada uno en su pieza con una bandeja. El acto de comer no les resulta atractivo si no es colectivo, siendo en sí ruidoso y, a fin de cuentas, no muy estético.

Hernán casi nunca llega antes de las nueve. Si lo hace, se toma un trago en el living y la acompaña mientras ella revisa tareas. Cuando ha logrado acostar a los niños —los más grandes tienen permiso para ver televisión en el escritorio— y los menores duermen, Luz ha puesto la mesa en el comedor, no en la cocina, y le da la comida a Hernán. Isabel lo acompaña a medias, se levanta ante los gritos de diferentes piezas. A veces la retiene uno de los chicos y le debe contar un cuento. Hernán no pretende su atención a esa hora y casi siempre aprovecha para leer el diario que sólo hojeó en la oficina esa mañana. Cuando Hernán toma el café, ella está desocupada. Ya ha pasado por la cocina y ha tenido su pequeña reunión con Luz y la niñera de turno y ha impartido todas las órdenes y distribuido las platas necesarias para el día siguiente.

Con el café, Hernán le cuenta de su día. Le da detalles de don Mauricio y la última propuesta que ganaron en Obras Públicas, del problema que tuvo con el arquitecto, de la visita a terreno, de lo fácil que resulta lidiar con los obreros con este plan laboral. Ella escucha con atención todo lo que Hernán le cuenta, le interesa.

Si han alcanzado a ver las noticias, comentan algo de ellas. Si no, Hernán las verá en la edición nocturna.

El día de ella no es tema de conversación. Él sistemáticamente lo elude, le produce horror todo el movimiento de su mujer, se le confunden las actividades de los niños y no quiere que ella se dé cuenta. Además, siente que el agrado de llegar a esta casa que funciona tan bien no puede ser entorpecido por la explicación de cómo ha llegado a funcionar así. Él trabaja mucho y entrega una enorme suma de dinero mensual a su mujer. Su mínima recompensa es no enterarse de los detalles, pasarse la película de que todo esto anda así por arte de magia. Sobre el trabajo de Isabel no pregunta; no es que le parezca irrelevante —sería su defensa—; supone que si hay algo que él debiera saber, ella tomará la iniciativa de contárselo.

Poco después de las diez, están en cama. Hernán no alcanza a darle las buenas noches. Ella ya está durmiendo.

Para Isabel, esto es lo habitual. Ella ha vivido siempre así, no se imagina CÓMO puede ser la vida de otro modo. Cuando me oye hablar a mí de mis largas tardes de lectura, a María de sus salidas nocturnas y nutrida vida social, o a Sara de sus permanentes reuniones en las tardes, le parece que nosotras somos de otro planeta. ¿En un día de semana? Pero, ¿de dónde sacan energías?

Las únicas amigas íntimas de Isabel somos nosotras, y eso porque nos·ve a la hora del trabajo. No le cabríamos en su vida extralaboral. Algunos fines de semana ve gente, pero son siempre relaciones de Hernán o la familia de Hernán. Se pregunta a veces si perdió a sus amistades en el camino o si alguna vez las tuvo.

Como dice Isabel, el pertenecer a una familia de extranjeros la dejó fuera de «las definiciones de clase».

Ella cree saber a qué franja pertenecemos cada una de nosotras, pero se considera a sí misma sin un lugar establecido, y por lo tanto, sin la carga cultural que ello implica. Estudió en un anodino colegio de monjas al lado de su casa y vivió siempre en la parte alta de la ciudad, en uno de esos barrios sin personalidad. Porque la familia de Hernán pertenece a la clase media alta, supone que ahora ella también.

Su padre, polaco por la rama paterna y ruso por la materna, llegó a Chile con su familia entre las dos guerras. Aquí conoció a la mujer con quien se casaría, que a su vez era hija de inmigrantes. Ella nació en Chile, de padre y madre yugoslavos, que hasta el día de su muerte hablaron croata entre ellos y vivió hasta los diecisiete años en Punta Arenas. Allí la conoció quien sería su marido. Él la trajo a Santiago al día siguiente del matrimonio y a los dieciocho años paría a su primogénita, Isabel, sin una gota de sangre chilena en sus venas. —¡Cómo se le nota! —comenta siempre María, al ver que Isabel no conoce el significado de la palabra pereza.

El padre de Isabel trabajó siempre en el rubro forestal. Por su trabajo pasaba mucho fuera de la casa, prolongando sus estadías en el sur a veces un par de meses. Sin hacerse rico, nunca le faltó nada esencial ni a él ni a su familia. Era un hombre serio, trabajador y bastante rígido. Crió a sus hijos como si vivieran en un regimiento. A él le encantaba todo lo militar y lamentaba a veces no haberse integrado a una de las ramas de las Fuerzas Armadas. La infancia de Isabel fue como un servicio militar permanente. Neva, su madre, era una mujer dulce, de muy buen carácter, poco sociable y tímida. Se casó muy joven, siendo su marido trece años mayor que ella. Su gran problema era su inutilidad. Daba la impresión que había pasado diecisiete años viendo llover en su casa del extremo sur, que nadie le había enseñado nunca nada. Y efectivamente, poco sabía hacer. La cocina le resultaba dificilísima. Era una mujer muy delgada, comía poco y hacer comida le producía algo de repulsión. No cosía, no bordaba, no tejía. La organización de la casa le parecía una tarea enorme y le gustaba dejarla en manos de su marido. A él no le discutía nada. Muchas veces debe haber sentido que él era muy duro educando a sus hijos, pero no se atrevía a contradecirlo, pues carecía de alternativas a proponer. No confiaba en ninguna idea propia. Tuvo hijos porque supuso que debía tenerlos, y tantos porque no sabía cómo evitarlos. Fueron cuatro. A pesar de que éstos la enternecían, no le resultaba cómodo cuidarlos. Criarlos era una tarea superior a sus capacidades. ¡Como si a alguna mujer le resultara fácil!, exclama Isabel. Tenía una sola gran pasión: su marido. Estaba profundamente enamorada de él. Su máximo placer era acompañarlo, sentarse en sus rodillas, abrazarlo, dormir pegada a él. Le gustaba oírlo hablar. Le parecía tanto más inteligente y ubicado en el mundo que ella. No sólo lo admiraba, le tenía veneración. Cuando él se ausentaba por su trabajo, ella languidecía. No tenía familia ni amigos en Santiago. Apenas conocía la ciudad y la atemorizaba. Detestaba salir, no veía a nadie. No tenía a quién ver. El carácter de su marido no fomentaba la vida social. Nunca hubo fiestas en la casa, ni timbres a deshora ni bullicio que no fuera el de los niños. Isabel conoció los tocadiscos en casa de Hernán.

Su único pasatiempo eran las novelas de amor. Todas ellas, buenas o malas. Se las devoraba. Se identificaba con las heroínas y se veía a sí misma como una. Sólo las mujeres de los libros sentían como ella. Las lánguidas enamoradas y las eternas adolescentes eran su referente.

Isabel palpó muy pronto esta languidez y siendo ella una niña ya sabía el porqué de la melancolía de su madre. Un día de sus recuerdos se acercó tímidamente a ella. Se paró a su lado, pero ella, como era habitual, no la vio. Isabel le tomó una mano. Entonces mamá reparó en su presencia.

—Mamita —trató de consolarla—, aunque no esté papá, estamos nosotros. Estoy yo y yo te quiero.

Mamá la miró como desde lejos, soltó su mano y siguió con la vista perdida por la ventana.

El punto es que Isabel adoraba a su madre. Habría hecho cualquier cosa por hacerla feliz, por aliviarla, por reemplazarla. Adoraba esa imagen delicada, tan rubia y etérea. A los ocho años ya Isabel quería crecer lo antes posible para hacerse cargo de la casa y de sus hermanos. Como única mujer, le parecía natural asumir ese rol. Necesitaba tener fuerzas, ser eficiente y poder taparle las espaldas a mamá frente a papá. Cuando éste volvía del sur, ella no le contaba cómo transcurrían los días en su ausencia. No decía que casi nunca había comida, que la frase habitual de Neva era, con voz cansada:

—Hay leche en la cocina, niños, y una carne de ayer. Háganse un sandwich.

Cuando la leche o el pan no estaban como creía mamá, Isabel corría al almacén de la esquina y los traía. Aprendió a los nueve años a encender el horno sin quemarse y a usar el cuchillo grande sin cortarse. Entonces, ella calentaba la carne para que se disolviera la grasa del sartén y picaba unos tomates. Arreglaba los platos en la mesa de la cocina para que sus hermanos sintieran que había comida preparada. A los once, Isabel ya sabía cocinar.

Nunca hubo empleadas en la casa paterna. Isabel cree que, más que por motivos económicos, fue por la mentalidad de sus padres. Sólo tres veces por semana iba una señora, por unas pocas horas, a lavar, planchar y hacer aseo. Su padre se encargó de enseñarles, desde muy chicos, a valerse por sí mismos. No hizo diferencias de sexo en la educación. Todos hacían camas, todos lavaban su ropa interior cada noche, todos cambiaban la goma de una llave o arreglaban un enchufe. El que no lo hiciera recibía un varillazo en las manos.

A medida que fueron creciendo, las ausencias del padre resultaron cada vez más caóticas para la casa familiar. Era Isabel quien ponía el despertador en la mañana y sacaba a sus hermanos de la cama. El que se negaba a levantarse perdía el día de colegio sin que nadie se enterara. Cada uno tomaba un vaso de leche fría al salir y caminaban las pocas cuadras que los separaban del colegio. Gracias a Dios el colegio terminaba a las cuatro y media y allí les daban almuerzo. Cuando llegaban en la tarde, la casa era un espanto. Las persianas del living no habían sido abiertas ni corridas las cortinas; no había aire fresco en ninguna parte. Mamá empezó a no levantarse. Siempre estaba con dolor de cabeza y cansada. Se quedaba en cama todo el día. Como ella apenas comía, no reparaba en el estado de la despensa. Pero cuando llegaba papá, ella le hacía desayuno, era la primera en despertar.

—No le importamos —reclamaban sus hermanos— sólo le importa papá.

—Lo que pasa es que mamá está enferma —salía Isabel en su defensa—. Y cuando viene papá lo disimula, no quiere que él se entere para no preocuparlo.

Isabel ya no sabe si eso lo inventó ella para protegerla o si alguna vez mamá se lo dijo.

Luego de hacer sus tareas, Isabel iba en puntillas a la pieza de su madre. Quería sólo darle un beso. Entraba y sentía un olor agrio y espeso.

—¿Eres tú, Isabel?

—Sí, mamita. ¿Cómo estás?

—Cansada. Pero ven acá, acércate.

Isabel se sentaba al borde de la cama, reprimiendo su cuerpo para no tirarse arriba de ella. A veces lograba diálogos que la reconfortaban.

—¿Cómo te fue en el colegio, mi amor?

—Bien, mamá. Me saqué un siete en matemáticas.

—Eso está bien. Sigue así, mi niña. Me alegra que seas buena alumna.

Le hacía cariño en la cara.

—¿Y esa trenza tan bonita? ¿Quién te la hizo?

—Yo sola.

—¿Y cuándo aprendiste a hacer trenzas?

—Hace un año, mamá.

—¡Qué bien! Y dime, Isabel, ¿te gusta ser rubia?

—Sí, mamá. Me gusta tener el pelo igual a ti.

Mamá sonríe. Entonces Isabel se atreve.

—¿Por qué no te levantas, mamá? Yo te preparo la tina. Podemos abrir tus ventanas mientras estés en el agua, y luego vienes a comer con nosotros.

—No tengo hambre.

—No importa. Te pones la bata sin vestirte y nos acompañas.

Entonces Isabel gozaba del sonido del cálefont prendido y del agua correr. Soñaba que mamá se recuperaría.

Cuando papá llegaba y preguntaba por la casa y los niños, nadie decía nada. Todo había estado bien, nadie había perdido un día de clases, las notas eran buenas, todos estaban alimentándose adecuadamente. Entonces papá pagaba las cuentas atrasadas, el almacén, los colegios y mamá volvía a vivir.

El drama comenzó cuando —aún estando papá en Santiago— mamá no se levantó. Los hermanos miraron a Isabel esperando una explicación. Isabel no la tenía. Papá hizo como si nada pasase, pero Isabel empezó a escuchar discusiones nocturnas. Eso era nuevo para ella. Nunca antes papá le había levantado la voz a mamá. A ellos, sí. Pero no a mamá. Entonces vienen los primeros recuerdos del eterno vaso en manos de mamá. Ellos pensaban que tenía mucha sed. El líquido era siempre transparente.

Un día, teniendo Isabel diez años, llegó del colegio y encontró a su madre botada en el pasillo, con su bata de levantarse y su vaso en la mano. También había una botella vacía a su lado. Como por instinto, Isabel supo que no debía llamar al doctor. Ella misma hizo acopio de todas sus fuerzas y la acarreó hasta el dormitorio. Isabel salía del colegio media hora antes que sus hermanos. A partir de ese día, esa media hora pasó a ser crucial. Era el tiempo necesario para que sus hermanos pudieran seguir sintiéndose niños. Ella ya no lo sentía ni le importaba. Sólo quería ver sonreír a su madre.

La dejó en la pieza y se sentó en la alfombra a esperar. Cuando llegaron sus hermanos pensaron que, como siempre, mamá dormía. Nada raro. Isabel controló que hicieran las tareas y volvió a su puesto de vigilancia, hasta que mamá despertó. Le preguntó qué había pasado.

—Tomé mucho gin.

—¿Eso es lo que tienes siempre en el vaso?

—Sí.

—¿Y qué debo hacer si vuelvo a encontrarte así?

—Lo mismo que hiciste hoy. Traerme a la pieza y dejarme dormir. Al despertar me puedes dar un café fuerte. Eso ayuda.

Hasta que Isabel cumplió los doce, escenas así se repitieron muchas veces y algunas, con más grado de violencia para ella que ésta. Papá venía cada vez menos. Mamá, cada día más decaída, perdía lentamente toda su hermosura. Isabel prefería que papá no viniese, le aterraban los estallidos de mal genio y los gritos y llantos de mamá. Mientras él pagara las cuentas, ellos podían arreglárselas solos.

El mes de su duodécimo cumpleaños, papá llegó una tarde de improviso. Nadie lo esperaba —él siempre avisaba sus llegadas—. Encontró la casa desordenada, a dos de los niños sin levantarse, el refrigerador vacío y mamá borracha. Esa noche los gritos fueron infernales hasta que reinó un profundo silencio. Todo lo que Isabel recuerda es que llegó una ambulancia a buscar a mamá. Ella corrió a la calle cuando sintió que se la llevaban. Estaba en una camilla, su pelo rubio le tapaba la cara, tenía los ojos cerrados. Ella se tiró arriba de la camilla. Unas manos fuertes la separaron. Recuerda una voz desconocida diciendo: «Está en coma».

—¡Quiero ir con ella!

—No puedes, hija.

—¿Dónde se la llevan? ¿Qué le pasa? ¡Yo voy con ella!

Sus piernas pequeñas se esforzaban por subir a la ambulancia, forcejeando contra manos que la sujetaban. El padre de Isabel se impacientó y la sacó de allí con cierta brusquedad. La depositó, literalmente, al interior de la casa, cerró la puerta tras de sí y partió él en la ambulancia. Isabel quedó sola con sus hermanos. Éstos dormían. Ni siquiera sintió miedo. Se quedó parada toda la noche al lado de la puerta de calle, sin moverse, esperando sentir un ruido en la acera que le avisara que mamá volvía. Pero no volvió. Isabel no la vio nunca más.

Murió dos semanas después en el hospital. No llevaron a su hija a visitarla. Papá dejó su trabajo en terreno y se instaló en las oficinas de Santiago. Contrató una mujer, mezcla de ama de llaves con niñera.

La casa marchaba, todo estaba en orden.

A los quince años, Isabel conoció a Hernán. Era hermano de una compañera de su curso que la invitaba seguido a su casa. Isabel no sabe si se enamoró de Hernán o de su familia. Eran ocho hermanos, una casa alegre y ruidosa, una madre gorda y contenta que regaloneaba a los niños y hacía queques para el té; un papá divertido que jugaba con ellas a las cartas, las llevaba al cine y las iba a buscar a las fiestas. Todos hablaban al mismo tiempo, las hermanas se intercambiaban la ropa entre ellas, pololeaban y cuchicheaban a la hora de la comida. Estuvo con Hernán muchos años. Cuando había recién entrado a la universidad, su padre volvió a casarse. Su madrastra era una mujer joven, una buena persona, y parecía dispuesta a hacerse cargo de la familia. Entonces, Isabel sintió la libertad para poder irse.

Y se fue cuanto antes.

Se casó a los diecinueve años. Él terminaba sus estudios de Construcción Civil. Isabel adoptó a su familia política como la propia y se desresponsabilizó de la real. Terminó su carrera junto con su segundo embarazo, luego hizo un magister en Educación, continuando al fin con el doctorado. Toda su etapa estudiantil está envuelta en el olor de la leche y de los pañales sucios. Cuando era profesora titular de la universidad, Dora la conoció. Impresionada por la eficiencia y seriedad de esta mujer, se la trajo al Instituto. Desde entonces se dedica paralelamente a la investigación y a la docencia. Hoy será el Ministerio el que se beneficiará de sus servicios, ya que terminadas las vacaciones en este lago, ella se convertirá en funcionaria pública.

Igual que su madre, entre varios hombres tuvo sólo una mujer, Francisca, la tercera de sus cinco hijos. Isabel, que cree firmemente en Dios, le agradece que no se la diera de primogénita.

Lo que tiene claro es que cada acción de su agotadora vida cotidiana está inspirada en su propia infancia.

—Creo que mi obsesión por mi vida profesional y mi dedicación a ella es casi sospechosa. Hernán me ha dicho que es incluso poco femenina. Pero... es que me dan escalofríos las vidas de aquellas mujeres sin cuento propio, las que aceptaron que el amor fuese la única referencia.

Así, ya sea por semejanza o por oposición, nada de su quehacer es inocente. Todo está basado en lo que ella misma vivió. Como afirma en ciertos momentos.

—No siento que mi historia tenga ningún vuelo propio, ninguna libertad. Todo está marcado por mi madre. Como si MI historia fuese solamente el resultado de la historia de ella.

8

—«Margarita, está linda la mar, y el viento lleva esencia sutil de azahar; yo siento en el alma una alondra cantar: tu acento. Margarita, te voy a contar un cuento.»

Los dedos de María revolvían los finos cabellos de Esperanza, probando a hacerla dormir.

—No tengo sueño, cuéntame un cuento.

—No sé contar cuentos.

—¿Y ése de Margarita?

—Es un poema de Rubén Darío.

Esperanza se acurruca en el pecho de su tía. Ya está habituada a ese olor, esa mezcla de perfume caro con cigarrillo, y le gusta.

—Cuéntame de ti y de mamá.

María entorna los ojos y comienza.

—Tu mamá también era una gentil princesita, tan bonita, Margarita, tan bonita como tú.

—¡Mentira! —exclama la niña—. Ella no es bonita hoy día.

—Sí lo es, a su manera. De todos modos, nunca le importó.

—¿Qué le importaba?

María la mira, casi seria. Se levanta, va a la pieza del lado, su dormitorio, y trae la baraja. Se vuelve a sentar en la cama donde reposa la niña, se acomoda para recibir el rayo de sol que cae en la pieza, en la tenue iluminación de una tarde de invierno. Tiende sobre la colcha una carta del basto, otra de la copa y una de la espada. Retiene la cuarta carta en su mano y se la muestra a la niña.

—Falta ésta, es el oro. Ésa no se nos dio. Deberemos buscarla fuera.

—¿Cuál eres tú?

—La copa. Ésta representa la alegría, según los textos. El amor. Las pasiones. Es el palo de los enamorados, de las personas sensibles. ¿Crees que me la merezco?

Esperanza ríe.

—¿Y tía Magda?

—Ella es el basto. Los bastos simbolizan el trabajo, el progreso, la inteligencia. También la creación y la dureza.

—¿Y mi mamá?

—Tu madre... Mejor te cuento un cuento cortito.

Veraneaban en Las Mellizas, le relata la tía a su sobrina. Las tres hermanas circulaban con la mayor libertad por esos centenares de hectáreas. El padre recorría un potrero cada tarde, llevando siempre una pistola en el bolsillo derecho del pantalón. Sin embargo, María nunca oyó un tiro en todos esos años. Fue mucho más tarde cuando aprendió a distinguir el sonido de las balas. Y los extraños no cruzaban los cercos.

Una tarde cabalgaban las tres por el potrero más cercano al pueblo. Se encontraron con dos hombres jóvenes, casi unos niños, que caminaban cerca del camino público, pero dentro del fundo. No vestían como campesinos, podían ser hijos de alguien del pueblo que venían a veranear. Ellas no los conocían. Al verlos, Magda se indignó. Y se adelantó hacia ellos.

—Y ustedes, ¿qué hacen aquí?

—Andamos paseando.

—¿Paseando? Aquí no está permitido pasear, esto es propiedad privada.

—Lo sabemos, señorita —nadie las llamaba así, para todos en la zona ellas eran las patroncitas—, pero no le hacemos mal a nadie, estamos tomando el fresco.

—Pues váyanse a tomar el fresco a otro lado.

Como los chiquillos la miraban desconcertados, ella enfatizó:

—¡Fuera de aquí!

Desde la superioridad de su caballo, se les acercó amenazante. Vigiló cuidadosamente que los pasos de los jóvenes se dirigieran hacia el camino público, siguiéndolos hasta que lo hubieron hecho. Para ser exactas, los correteó hasta que abandonaron el fundo.

Volvió casi jadeante donde sus hermanas. Soledad la miraba estupefacta.

—Magda, ¿era necesario?

—Pues sí —contestó la otra airosa—. ¿Por qué hemos de permitir que se nos metan aquí adentro? Además, Soledad, así nos ha enseñado el papá.

—Pero... los correteaste como a animales. Bastaba con decirles que se fueran.

—Así aprenderán a no meterse donde no les corresponde. Ya veo lo enojado que se habría puesto el papá si los ve.

—Pero ellos también son seres humanos —insistía Soledad con los ojos muy abiertos—. Son iguales a nosotros.

—¿Iguales a nosotros? No digas estupideces.

—Son pobres, Magda. Ésa es la única diferencia.

Ésta se impacientó.

—Basta, soy la mayor y sé lo que hago. No te metas tú o te acuso.

—Magda ha sido valiente —intervino María—. Nos podrían haber asaltado.

Dejaron la discusión hasta ahí. Soledad no abrió la boca hasta llegar a la casa. Se veía pensativa. Contaron el episodio a su padre y él apoyó a Magda, celebrándola por su iniciativa. Pero Soledad insistió.

—Los arrió como animales...

—La espada. Simboliza fuerza, valor, transformación, autoridad, opresión, tristezas, duelos. Así dicen los libros, Esperanza. Pero por sobre todo, justicia. Eso le importaba a tu mamá, desde siempre. Desde que andábamos a caballo en Las Mellizas. Y fue en la espera de esa justicia que nació tu nombre.

María recuerda, en pleno año ochenta y uno, cuando Soledad llevaba seis meses de embarazo.

—La llamaré Victoria.

—¿No te parece un poco voluntarista? Es tan total.

Soledad la miró pensativa. María aprovechó.

—Esperanza, Soledad. En ella hay voluntad, futuro y dulzura.

—Esperanza... Tienes razón. Así la llamaré.

Pero para su abuela esta niña no tenía nombre, porque no la bautizaron.

—¿Cómo va a vivir esta niñita, sin fe de bautismo?

—Tiene certificado de nacimiento, mamá. Con eso le basta.

—No, no. Un certificado no me dice nada. Un ser humano ES a partir de su fe de bautismo.

Ella, entre todas las mujeres del mundo, había sido elegida para tener una nieta que no sólo no era bautizada, además no tenía padre. Soledad había cortado el tema frente a la primera pregunta. El padre no existía y punto. Y como nadie la había visto acompañada desde la muerte de su marido Jaime, especulaban y se morían de curiosidad, pero detrás de ella. Nadie se habría atrevido a insistir. Soledad sospecha que su madre la bautizó a sus espaldas.

—No me imagino a la abuela siendo tu mamá cuando eras chica. ¿Es verdad que te pareces a ella? —pregunta Esperanza.

(Estaba en el hotel y empezó a mirar las pocas cosas que llevaba consigo. La gamuza azul tan delicada, ese abrigo comprado en Benetton que costó cuatro veces el salario mínimo, la pollera —ella nunca diría falda— de terciopelo con sus metros y metros de tela, el Longines como joya en su muñeca, la botella de Guerlain, que si no la comprara en el Duty Free le costaría casi el sueldo de su junior. Todo bueno, todo caro, todo lindo. A medida que ha ido cumpliendo años y que su belleza natural ha ido menguando, las cosas buenas han pasado a ser parte suya. Y se pregunta, ¿en qué momento me puse fina? He ido recogiendo pedazos de mi madre que antes miraba en menos. No pensé en mi juventud que llegaría a interesarme en un collar de perlas, un mueble de buena madera, un abrigo de piel. He ido reconciliándome, sin darme cuenta, con mamá y las herencias de su clase. Incluso más, a estas alturas no resistiría no haber nacido ahí. Durante mi período militante, traté de negarlo. Ya no. Además, hoy tengo los medios para reivindicar los placeres de esta herencia. Créanme que todavía me importan los pobres. Me confunde ganar dinero y pasarlo tan bien. Todos estos pobres existen mientras yo dispongo de miles de pesos al mes y una cuenta en dólares que me sacará de apuro, sin mencionar el dinero de mis padres. Si tuviera hijos, no sé cómo les enfocaría este tema. ¿A qué clase pertenecerían ellos? Igual creo que casi todas las mujeres de clase alta son estúpidas, se creen en serio el cuento de la clase. La gracia es tenerla para luego cagarse en ella. ¡Cómo toma en serio mi madre esto de ser señora bien! No quisiera parecérmele.)

—¿Fue siempre tan dura la abuela? —pregunta la niña por si esta vez su tía le responde.

—Me dejó cuatro años sentada en una cantora.

María le cuenta que en Las Mellizas las mujeres siempre se reunían en el patio de atrás de la casa. Ése parecía ser el lugar destinado a las mujeres, cerca de los niños, de la cocina, de los lavaderos. A María le gustaba ese lugar y allí pasaba horas y horas sentada en la bacinica, rodeada de lenguas que no paraban, de corridos mejicanos, de olores cocinándose. Cuando un día oyó a un amigo de su padre sugerirle achicar el living para ampliar el patio de atrás ya que no había tenido hijo varón, a María le resultó de lo más coherente. Más tarde habría de definir la existencia de las mujeres en los hombres como en el patio de atrás de sus mentes. Y la existencia de las mujeres en el trabajo como en el patio de atrás de la sociedad, el lugar secundario. Para ella, aún aceptando que éste fuera considerado de segundo rango, era el lugar más cálido. Ahí fue instalada su cantora y desde allí fue espectadora del acontecer.

Le cuenta a Esperanza que en la cantora se sentía segura. Y le cuenta de un día en que se paró y fue con la Pascuala, la chiquilla que la cuidaba ese verano, a ordeñar las vacas. Venían del establo corriendo las dos por una pequeña loma que daba a las casas y el movimiento abrió la blusa de la Pascuala. María, divertida con esto, se adelantó por la loma cantando, inventando una entonación:

—A la Pascuala se le ven las tetas, a la Pascuala se le ven las tetas...

Su alegría fue abruptamente interrumpida por su madre, quien cruzaba el patio dirigiéndose a la cocina. La tomó de un brazo con brusquedad, la llevó casi arrastrándola por la tierra hasta aterrizar en el gran baño.

—Ahora aprenderás a hablar como se debe, veremos si vuelves a repetir esa palabra...

Y fuera de sí, tomó el jabón y lo echó en la boca de la pequeña María.

Morelia, que tenía sólo quince años y ya llevaba dos trabajando para la señora Marita, esperó detrás del baño dócilmente, no intervino. Y cuando la patrona se hubo ido, tomó a la niña de la mano, la llevó a la cocina y la enjuagó. Luego le dio miel y le contó un cuento. Puedo asegurar, yo, Ana, que he oído de un cuanto hay de la boca de María, pero nunca, nunca ella ha podido pronunciar la palabra «teta».

—La verdad, Esperanza, es que yo quiero más a Morelia que a mi mamá. Cuando volví del exilio, ¿sabes lo primero que hice? Fui al pueblo de Las Mellizas donde vivía Morelia, luego que se había cansado de soportar a mamá y ya había criado a sus dos hijos, y me la traje a

Santiago. Es la única persona con quien siempre me ha gustado vivir.

Y así pasó María su infancia, entre las nanas y los cuentos, las supersticiones y el cariño. Por mucho tiempo, no molestó a nadie. Desde su cantora sonreía, hablaba, jugaba y Morelia la cuidaba. Cuando ésta se vino del sur a casa de María, la señora Marita lo consideró injusto. ¿Por qué no estaba Morelia con ella, que necesitaba tanto a alguien de confianza?

—Me parece dramático que la «esclavitud» esté desapareciendo —le confesó hace poco, muy seria, a su hija.

—¡Mamá! ¡Quién te oyera! Pareces una gringa pre Guerra de Secesión.

—Piensa, María, que mi vida entera ha dependido de las empleadas. ¿Qué hago yo ahora, que el sistema se está descomponiendo?

María recordaba los cuentos de su abuela materna cuando el abuelo había enfermado de algo muy raro y lo llevaron a Europa para mejorarlo. Atravesó el Atlántico la familia entera en el gran vapor y los acompañaron tres nanas. Ellas no iban en primera, claro está. Sólo se salvó la que dormía en el camarote de los niños más chicos. Y se instalaron con ellas por largos meses en París, reproduciendo exactamente la vida santiaguina, sin que a nadie se le pasara por la mente que algo podía cambiarse. Las empleadas tuvieron clases básicas de francés para poder hacer las compras y llevar a los niños al parque. Cuando el abuelo mejoró, volvieron todos, como si nada hubiese pasado. Con razón la familia terminó en la quiebra. Pero eso fue después y aparte de crearle algunos complejos a la señora Marita, no tiene que ver con esta parte de la historia. María piensa que uno de esos niños que llevaban al parque, era su madre; no hace cien años atrás. Y hoy su madre, la misma que atravesó el Atlántico mientras le velaban el sueño, odia a las empleadas, se siente perseguida por ellas, dice que el mundo ha cambiado y a la servidumbre ya ni siquiera se le puede llamar así. Su tema favorito es contar las barbaridades que hacen. El problema es que el hacerse servir va en la sangre y se transmite casi en los genes. ¿Cómo va a levantar una taza de café una mujer cuando por generaciones y generaciones hacia atrás sus antecesoras no lo hicieron?

—Vas a terminar igual a la tía Daisy —le previene María.

En efecto. Tía Daisy era una mujer maravillosa, lo más bello que María recuerda de su infancia, que siendo sudafricana —blanca, ¡por supuesto!— se casó con un tío de María que era embajador y a quien conoció en Londres. Fue corto el tiempo que tía Daisy vivió en Chile pues enviudó joven y siempre vivieron en Europa. Cuando el tío de María hubo muerto, ella volvió a Inglaterra y dejaron de verla. Pero María la recuerda en Las Mellizas con pantalones de montar de verdad, como en las películas, con agendas de oro y cuero en que aparecían marcadas sus citas con el Aga Khan y el mundo del jet set internacional. También recuerda que fue ella quien le regalara su primer vestido de fiesta. Era rosado con una gran faja floreada en la cintura y lleno de vuelos, y María se creyó princesa. Al tercer matrimonio, tía Daisy —quien hasta hoy manda tarjetas de Navidad— se casó con un compatriota instalándose en su tierra natal. Éste era un sudafricano millonario, dueño de hectáreas y hectáreas de tierra y con un verdadero palacio en Pretoria. Allí se instaló tía Daisy, como la reina que era.

Hace pocos años un amigo de la familia debió viajar a Sudáfrica y la señora Marita le pidió que visitase a su cuñada de antaño. El informe fue claro al regreso: estaba preciosa, aún joven, elegantísima. Efectivamente vive en un palacio, es millonaria, el marido latifundista es encantador. Pero un pequeño detalle llamó la atención a este amigo: sus manos. Las manos de tía Daisy no correspondían al resto de su cuerpo, albo y terso. Tenía las manos casi deshechas. Tía Daisy notó que este señor se las miraba y le dio una explicación. Cuando ella volvió a su país, lo había dejado siendo tan joven, y se instaló en esta mansión, contrató a todo el personal necesario, todos negros, evidentemente. A poco andar, se sintió hostilizada por ellos y debió despedirlos y cambiarlos por otros. Con los nuevos pasó lo mismo; parecían detestarla y ella empezó a detestarlos a ellos. Comenzó el círculo vicioso. Probó distintas posibilidades, disminuyendo la cantidad, consiguiendo hermanos, parejas casadas, madre e hijos. Pero todos le hacían la vida imposible y ella se enfurecía.

Hasta que un día cortó el conflicto de raíz: decidió prescindir de ellos y los despidió sin nuevas contrataciones de reemplazo. Hoy vive sola con su marido en esos miles de metros cuadrados y ella se levanta a trabajar en la casa y se duerme trabajando. Ha resuelto algunos problemas, como una empresa de limpieza que va con enormes máquinas una vez por semana y hace un aseo profundo, como el restaurant que manda comida cuando tiene invitados con un mozo incluido, como el jardín botánico que por sumas altísimas accede a hacerse cargo del jardín ya que ni a un jardinero negro resistiría, aunque estuviese fuera de la casa y ella apenas lo divisara. Tía Daisy le insistió que las millonadas que pagaba en estos servicios no eran nada al lado del odio que les había tomado a los negros a raíz de estos desencuentros, y que prefería quedarse sin manos antes de volver a convivir con uno de ellos por un minuto en la misma casa; que nunca más en su vida un sirviente. Y por supuesto, nunca más en su vida un negro.

—Y Morelia se quedará conmigo, Esperanza, aunque mamá grite y patalee. Si al final la que me crió fue ella. Y yo, a cada cierto tiempo, le reprocho esto de haber sido criada sólo por nanas. Ella se fue de alivio con nuestra infancia.

María recuerda su primera menstruación. Estaba a punto de cumplir doce años y como toda niña con aquella educación, se angustió. Los antecedentes que tenía de este fenómeno eran vagos; algo le habían explicado Magda y las amigas de ésta. De su madre, sólo una frase tímida, llena de vergüenza, que denotaba tal dificultad para hablar este tema con su hija que María, furiosa por dentro, la detuvo —ante el alivio de su mamá— diciéndole que no era necesario, que ya sabía lo que necesitaba saber. Y pues, un sábado a mediodía se sintió mal y se encontró sorpresivamente con una mancha en sus calzones. Corrió donde Morelia, le contó y su nana se hizo cargo de ella. No fue hasta la cuarta vez que sucedió que mamá se enteró y esto porque Morelia se lo dijo. Hasta hoy día María cree que, efectivamente, la menstruación es la cruz de la vida de las mujeres, como si con dolor y sangre pagasen, mes a mes, año a año, por ser dueñas de ese privilegio de reproducir. Lo desconcertante es que son los pecados los que merecen que uno pague por ellos, no los dones. En Las Mellizas, los campesinos creían que si una mujer menstruando cruzaba un sandial, éste se secaba. Y ponían maravillas para proteger los sandiales. ¿De qué se protege uno sino de las maldiciones? Es el vía crucis nuestro, dice, el castigo por ser capaces de parir. Pero volviendo al punto, en el momento más crucial de la adolescencia, María no buscó a su madre. Buscó a su nana. Y cuando María le reclama, ella levanta los hombros como si debiera disculparse por algo, pero no sabe bien por qué.

—Hasta los once, tú fuiste una niñita encantadora. No nos preocupábamos de ti porque no había necesidad. Eras una alumna estudiosa. Todo ello hasta que empezaste con los pololeos y te cambiaron de curso...

Ella lo recuerda bien y conversando conmigo un día en la oficina, me contaba.

Eran tan monstruosas las monjas, Ana, que dividían los cursos según el rendimiento. ¡Imagínate la pedagogía! El A era de las estudiosas, el B de las mediocres, el C de las flojas. Esto era público y lo hacían notar. Piensa en la humillación de las que eran agrupadas en el B o el C. Mis hermanas y yo éramos, por supuesto, del A. La capacidad coincidía con la situación económica y el éxito social. Ya se notaban en el colegio las diferencias internas. Cuando a los once años a mí me pasaron al B, ante el estupor de mis padres, ya sabíamos diferenciar a las más modestas, a las más opacas, sabíamos qué apellidos sonaban. ¿Cómo nos dábamos cuenta? Pues era una especie de aura intangible que uno poseía, aparte de las casas donde vivíamos, cómo nos vestíamos los fines de semana —en aquel tiempo no existía la uniformidad de hoy día—, los lugares de veraneo, la cantidad de viajes de los papás. Nosotros olíamos a los nuevos ricos y los mirábamos en menos. Resultaban tan evidentes. Como dice una tía mía que empobreció de un día para otro, ¿por qué a los nuevos ricos se les nota tanto y a los nuevos pobres no? La falta de sencillez se respiraba entre ellos y eso no lo perdonábamos. Incluso yo distinguía, a esa edad, quiénes venían del sector de los latifundistas y quiénes de los industriales. Magda era

experta en eso, era tan exacto su conocimiento de la
«aristocracia» y de la burguesía. Las Mellizas nos resultaba medular en ese conocimiento. A nosotras, viniendo del latifundio por lado paterno y materno, no nos
gustaban los industriales. Según Magda, primaba en
ellos el amor al dinero y tenían algo ostentoso que le
chocaba. En cambio, para familias como las nuestras, la
pobreza nunca deshonraba. La seguridad provenía de
la trayectoria de la familia más que del saldo en la cuenta bancaria. De cuántas generaciones llevaban en Chile,
de cuánto habían intervenido en la historia del país. La
religiosidad parecía marcar más a este sector que al
otro. Eran más austeros. Y el dinero, por lo menos en
mi familia, se perdía con una facilidad pasmosa. Mis
cuatro bisabuelos juntos habrían sido dueños de la
cuarta parte de los campos de Chile si sus tierras se
mantuvieran hoy, si sus descendientes no las hubiesen
despilfarrado como lo hicieron.

Mi abuelo paterno tenía como diez hermanos.
Vivían todos en un fundo precioso en la provincia de
Colchagua, con una casa y un parque espectacular
Mientras mi abuelo trabajaba las tierras del sur, ellos se
encargaron de las de Colchagua. Había sólo dos mujeres, y como una se había casado con un conde francés
y no volvió más a Chile, la otra se hizo cargo de la casa,
del campo y de sus hermanos. Pero sabía poco de cómo
manejar la tierra misma, los hermanos consideraban
que esto de trabajar «era muy de *middle class*», así es que
se fueron comiendo la tierra. A medida que se acercaban a los cuarenta, cada uno de esto tíos se iba echan-
do a la cama y de ahí no salía más. Y la tía Sofía, muy
seria, me decía mientras paseábamos por los corredores: «aquí está tu tío Antonio, aquí tu tío Marcos, acá
tu tío José». A veces ellos salían de las piezas en pijamas

y saludaban amablemente: ¿ésta es la hija de Joaquín?, ¿cómo está, mijita? ¡Se quedaron en cama para siempre! Cuando la tía murió, lo que quedaba de la hacienda estaba hipotecada y de Colchagua no se supo más. Ellos perdieron la tierra porque no quisieron trabajarla. Y nosotros, que amábamos la nuestra, nos vimos involuntariamente privadas de ella. ¡Cuánta nostalgia me produce Las Mellizas! Tengo toda esa nostalgia sujeta, como las manos sujetan los tallos de un ramo. Por nada la suelto. Si la historia se repitiera, dudo que volvería a considerar justa aquella expropiación. Han pasado los años. Sin embargo, aún me siento como Scarlet O'Hara sin Tara.

Volviendo a la discriminación del colegio, yo pasé al B pero no al C. Allí estaban las negritas intercambiables. ¿Quiénes son ésas? Pues esas mujeres todas iguales entre ellas, preferentemente morenas como el alto porcentaje de nuestro país, de estatura corriente, de peso corriente, de cara corriente. Aquellas que te encontraste en una comida y no las reconoces si las vuelves a ver, los rasgos no se te fijan, una u otra da lo mismo. Las negritas intercambiables, pues, Ana, ¡son obvias! Estamos rodeadas de ellas.

Entonces Magda y Soledad me miraron en menos porque pasé al B. Y Soledad me decía que así debía yo pagar mis pecados porque era mala con ella. (De pecados estaba cansada, ya que mamá me decía siempre que todo lo bueno era pecado o engordaba.) Lo que pasa es que por esos días Soledad estaba ofendida por el cuento de Charlton Heston.

Charlton Heston fue uno de los hitos más importantes de nuestra niñez. Soledad y yo nos moríamos por él. Comprábamos religiosamente la revista Ecran todos los martes (¿te acuerdas de sus fotos cafés?) y leíamos y recortábamos todo lo referente a él.

Sencillamente lo adorábamos. Vímos cada una de sus películas mil veces. La más importante para nosotras fue «Los diez mandamientos». Todo mi conocimiento de la Biblia —hasta hoy— es el que me entregó Cecil B. de Mille. Si entonces hubiesen existido los videos, ¡qué gloria habría sido para nosotras! Nos sabíamos los parlamentos de memoria y conocíamos cada gesto de él. Cuando daba besos en la boca, se le hacían tres arruguitas seguidas entre el mentón y el cuello. Soledad y yo gritábamos de emoción. Magda y ella —las inteligentes de la casa— discutían cada vez que veíamos la película, mientras nuestra prima Piedad y yo delirábamos por esos ojos azules. La discusión consistía en si Moisés debiera o no haberse quedado de faraón cuando supo que era judío. Magda consideraba que era una lesera que hubiese regalado ese lugar a Ramsés, que era tan malo; que habría logrado mucho más para su pueblo desde adentro, como egipcio con poder, que desde afuera, racionalizando así su molestia por alguien que voluntariamente deja de ser rey para convertirse en esclavo. Soledad, en cambio, le hallaba toda la razón a Moisés y consideraba que su grandeza radicaba en mezclarse con los esclavos y asumirse como uno de ellos. Que dejara a la Nefertitis, la faraona, por Sefora —una pastora— le parecía altamente romántico. Mientras ellas discutían, mi preocupación era que Yul Brynner siguiera regio hasta el fin de la película y en cambio a Moisés lo afeaban para que pareciera esclavo. Y se pone fome, pero tan fome una vez que ve a Dios. O sea, yo apoyaba la tesis de Magda sólo para que Moisés siguiera estupendo como lo era de faraón. Y si me preguntas, Ana, incluso en el día de hoy, cuál es mi más secreta fantasía, te contestaría: ser un personaje de Cecil B. de Mille.

En la casa de El Golf había una pieza al fondo del jardín que mamá usaba de bodega. Pues ése era nuestro lugar secreto para él: allí partíamos Soledad y yo, a escondidas, buscando la máxima privacidad, para hablar de él, para pegar sus fotos en los álbumes. Entonces un día vimos en el Ecran una dirección donde podíamos escribirle. Lo pensamos mil veces: qué decirle, cómo. Esto significó varias sesiones en la pieza de atrás. Al final, decidimos mandarle fotos de nosotras para que nos conociera. Partimos a Bustos, un local de entonces situado en Pedro de Valdivia con Providencia, donde las niñas *high* se hacían fotografiar. Posabas y te entregaban tres diminutos rectángulos en blanco y negro, todos iguales. La gracia era pagar más para tener las tres poses diferentes. Así lo hicimos. Llegamos a casa muy serias a hacer la selección de estas seis fotografías. Ardua tarea. Al cabo de un rato, luego de tenerlas en una mesa frente a nuestros ojos, le propuse a Soledad que le dijéramos a Charlton Heston que éramos mellizas, en vez de hermanas. O sea, que nos permitiéramos una mentira mínima —¿cómo mentirle a nuestro héroe?— y así podríamos mandarle en poses distintas dos fotografías mías. Yo era tanto más bonita y mi pelo largo se veía tan lindo en las fotos. ¡Entonces tener el pelo largo y liso lo era todo! Soledad asintió y así lo hicimos. Al cabo de un mes recibimos dos sobres celestes, uno a nombre de cada una, con remitente de Hollywood. Tiritábamos tanto que no podíamos abrirlos. Nos fuimos corriendo a nuestro santuario y allí estaban, dos fotos de él, dedicadas con su puño y letra, a cada una. ¡Fotos distintas para cada una! Y con tinta su nombre, ¡no era impreso ni un timbre! Ése fue el epílogo de la historia. Pero Soledad nunca me perdonó que hubiésemos mandado dos fotos mías y ninguna de ella.

Pero la realidad es que, aparte de este episodio concreto, nunca le importó ser linda o no. No era su obsesión, como Magda. Recuerdo que los veranos recibíamos en Las Mellizas el *Paris Match,* esa revista francesa. Entonces el boom era la Brigitte Bardot y aparecía su cara en casi todas las portadas, como hoy sale Carolina de Mónaco en *Cosas.* Magda, aprovechando que ella era de boca grande, se pasaba horas en el espejo del baño haciendo morisquetas. Intentaba imitar el gesto de la B.B., dominarlo frente al espejo, para luego usarlo en público, en forma casual. En ese momento, de más está que te lo diga, Magda y esta estrella eran físicamente lo más opuesto de lo opuesto. Pero ella logró parecérsele en algo. En cambio Soledad no sabía que los espejos existían.

En preparatorias teníamos una profesora, Miss Mary, solterona empedernida, siútica y prendida, como con alfiler de gancho, que se autoasignó la tarea de ser guardiana de nuestra futura castidad. Nos vaticinaba los fuegos del infierno para el porvenir si a nuestra edad aceptábamos ser «pastelitos mosqueados». Ese concepto me horrorizaba. Pasaba largo rato imaginando cómo un pastel albo en su crema iba ennegreciendo con cada mosca que lo pisaba. Soledad me miraba casi con piedad.

«Yo nunca tendré ese problema», decía.

Recuerdo aquella fiesta de Año Nuevo en casa de las Vicuña. Ya éramos adolescentes y la vida se nos iba en esos bailes y en los chiquillos del colegio del frente. Nos habíamos preparado largamente para esta fiesta, estábamos las tres invitadas. Horas en la peluquería para moños escarmenados, los vestidos de raso o seda y mamá perdiendo la cabeza para que fuéramos estupendas. Espantosa moda la de los años sesenta, nos convertía en verdaderas señoras a los quince. Bueno, tocaban Johnny Mathis, yo daba el baile número siete, Piedad sólo bailaba con su pololo de turno y Magda flotaba en brazos de algún futuro Chicago Boy. Y de repente vi, detrás de un banco del hermoso jardín, la figura solitaria y acurrucada de Soledad. Nadie bailaba con ella. Dejé el baile y corrí a socorrerla. Estaba a punto de llorar, el cierre del vestido había cedido y allí estaba, inmóvil y aterrada.

—Le dije a mamá que estaba muy apretado y no me hizo caso.

La tomé de la mano y me fui directamente a la pieza de mi amiga Milú, la dueña de casa, y recorrí su closet hasta que encontré una chaqueta que podía cubrir cierre y cintura. Soledad se dejaba hacer con docilidad. Ya lista, frente al espejo, se miró a sí misma, luego a mí.

—No hay caso, yo no sirvo para esto.

A la próxima fiesta de las Vicuña, Soledad no asistió. Nunca más se puso un vestido de seda.

Floreció en la universidad cuando comprendió que el mundo del colegio había terminado, y con él, varias de sus obligaciones. Descansó cuando vio que en la Escuela de Servicio Social la vanidad no contaba y la ropa parecía ser prescindible. «¡Qué concentración de mujeres feas hay en tu escuela!», le decía yo con horror, como si pudiesen contaminar. Cómo se enojó cuando mamá la obligó, después del golpe de estado, a usar polleras, pues los militares andaban cortando los pantalones a las mujeres en las calles. Fue la primera vez —desde el día que había entrado a la universidad— que se sacó los bluyins. Y se notaba tan incómoda, como si la hubiesen disfrazado. Era tan indefensa entonces, mi hermana menor. Hoy la miro, con su pelo liso y sin volumen, con su cara lavada sin maquillaje alguno, con su chaleco de gruesa lana cruda, invierno tras invierno. Nunca, en toda mi vida, he conocido una mujer menos pretenciosa. Sus muebles de mimbre del departamento de Villa Olímpica, Óscar, su actual compañero, todo me resulta tan coherente con ese cuerpo y su modestia. ¡Qué fuerza la de la dirigente política de hoy y qué fragilidad la de su adolescencia! Desconcertante esa capacidad para crear culpas y para demandar, como un hilo conductor de ambas etapas.

María se entristece y Esperanza le toma la mano. Entonces ella despierta al presente. Los ojos de la niña la esperan.

—Esperanza, se te ha olvidado agradecer ser una niñita chilena.

—¿Por qué?

—¿Has pensado que si hubiésemos nacido en las montañas chinas, tú y yo, es posible que no hubiésemos sobrevivido?

—¿Por qué?

—Porque me han contado que todavía hoy, en las zonas montañosas de China, los padres suelen deshacerse de las hijas para poder parir de nuevo y tener un varón. O sea, mi amor, nos podrían haber matado nuestros propios padres por ser mujeres.

9

Sara no siguió la tradición familiar. Ante el desconcierto de las tías, tomó su decisión, hizo sus maletas y partió a Santiago. Era el año sesenta y nueve. Dejó su relación con Ismael en «veremos»; tuvo la sabiduría de sospechar que, una vez en la capital, su novio provinciano le sobraría. Llegó sin temores, se instaló en una residencial estudiantil y empezó su carrera en la Facultad de Ingeniería. Conocía poquísima gente pero no le hizo falta ya que se dedicó plenamente al quehacer universitario creando nuevas relaciones con la facilidad y frescura que sólo se puede a esa edad.

No fue hasta transcurrido un mes que recordó la carta que con ella Ismael le mandara a su primo Francisco, aquel dirigente político tan connotado, y decidió ir a verlo. Se dirigió directamente a la sede del partido donde él ejercía su liderazgo, partido importante de la izquierda de entonces. Una secretaria —de bluyins y chaleco chilote— la hizo esperar sentada en una pieza grande y desordenada, haciéndose espacio entre tarros de pintura y algunos lienzos. Entraban y salían muchachos, todos con mucho pelo, barbas y bigotes. Cuando ya estaba por retirarse, aburrida de la espera, alguien vino a buscarla y la hicieron pasar a una oficina en el piso superior. Allí, entre ceniceros desbordados y tazas de café usadas, cuatro hombres instalados entre dos escritorios discutían. Uno de ellos, sentado sobre la mesa misma, la saludó al pasar.

—Espérame un minuto, ahí hay una silla —y apuntó a un lugar vacío cerca de él.

Supuso que ése era Francisco, lo recordaba de fotografías publicadas en la prensa. Hablaban de un viaje al sur que éste debía realizar. Como todos olvidaron que ella estaba ahí, se sintió con derecho a observar libremente. Cubrían los muros reproducciones con los rostros del Che Guevara, Lenin y Ho Chi Min. Y algunos afiches: Vietnam, la represión en Brasil, un festival de cine cubano y una panorámica de la Plaza Roja en un primero de mayo. A su lado vio una serie de libros celestes, leyó Kim Il Sung y no supo de quién se trataba. Entonces miró a Francisco. Era moreno, de rasgos toscos, el pelo corto, oscuro y liso, casi tieso. Usaba bigotes amplios, muy negros, y le cubrían más allá de la comisura de los labios. Sus manos se movían con seguridad y parecían habituadas al manejo escénico. Eran largas y bellas y los huesos sobresalían en la piel mate. Dedos de pianista, habría dicho tía Elvira. Usaba lentes de ancho marco negro que no ocultaban el carisma de esos ojos oscuros. Cuando se levantó de la mesa en que se sentaba, Sara apreció, cubiertos por un ajustado cotelé negro, músculos fuertes y tensos. ¿Sería antes un deportista, o en la actualidad practicará judo o karate? Se movía con cierta felinidad y Sara tuvo la certeza de una sensualidad tras esa aparente aspereza.

Sumida estaba cuando se percató de las miradas sobre ella, sobresaltándose.

—¿Eres la novia de Ismael? —preguntó Francisco.

—Hasta hace un mes.

—¿Eres del partido? —preguntó un segundo.

—No soy militante, pero me considero de la periferia.

Se miraron entre ellos.

—¿Por qué? —quiso saber Sara.

—Necesitamos a alguien confiable que haga de secretaria de Francisco para un viaje. La compañera que siempre lo acompaña está enferma. Nos preguntábamos si podrías reemplazarla tú.

—¿Qué hay que saber?

—Tomar notas, escribir a máquina, preocuparse de los detalles prácticos y sobre todo, una alta discreción —respondió el segundo dirigente mientras Francisco la escrutaba con la mirada.

—No suena muy difícil —contestó Sara con la esperanza de resultarle útil a esta gente que de antemano admiraba.

—Ismael nunca tendría una novia que no fuese de confianza para mí —Francisco movía la cabeza afirmativamente—. Voy a Concepción. ¿Puedes venir conmigo?

—¿Cuándo?

—Salgo esta noche.

Y Sara partió con la comitiva como secretaria, dejando así establecido su carácter de servicio desde el inicio. Si llevas el desayuno a la cama el primer día, nunca más dejarás de llevarlo. Es así como los primeros gestos determinan el carácter final de las relaciones.

Y su vida dio un vuelco en ciento ochenta grados. El movimiento alrededor de Francisco era perpetuo. En torno a él una se podía sentir protagonista. Parecía que todo lo que aconteciera allí fuera importante. Los rostros que ella viera en los diarios en Valdivia pasaron a ser de carne y hueso, los señores inalcanzables para ella eran tratados de tú por Francisco. El mundo empezaba a resultarle más cercano. La política pasó de conversaciones abstractas en la Austral, a acciones reales en la capital, en el centro político incuestionado del país. La gente empezó a tomarla en cuenta y sus ideas a veces eran traducidas en discursos públicos. Valdivia pareció quedar muy atrás, y con ella Ismael, que frente a su primo parecía un niño de pecho.

Sara fue totalmente absorbida por este hombre y por la política, que venían siendo la misma cosa. Hoy se pregunta cómo sacó adelante sus estudios de Ingeniería, con tanta energía robada a ellos. Pero la capacidad de Sara era grande y ella lo sabía. Y como suele suceder a las mujeres eficientes, a poco andar Francisco no podía hacer nada sin ella. Él seguiría viviendo en el mundo de las ideas mientras ella le solucionaba todo lo relativo a la vida práctica y real.

No fue hasta muchos años más tarde que comprendió la naturaleza de esta relación. Estaban en Perú y asistieron a un encuentro con el líder de una secta político-religiosa. Un joven le hacía de asistente al líder, llevando su agenda, manejando su auto y hasta acarreándole su maletín. En el intermedio, Sara se le acercó y conversaron un rato, ella lo interrogaba sobre sus actividades. Él se las explicaba gustoso, demostrando los sacrificios que hacía por servirlo bien. Cuando Sara le preguntó qué sueldo recibía por su trabajo, él la miró desconcertado. No había pago. Sara le preguntó sorprendida por qué lo hacía entonces. Y su respuesta le dio la clave: «Por la oportunidad de estar a su lado. Si yo lo sirvo, aprendo de él. Es mi mejor escuela». Los ojos levemente enajenados de aquel joven no distaban tanto de los suyos, y comprendió que Francisco, en su fuero interno, era como el maestro peruano y que, en teoría, ella debía estar agradecida de acceder a él. Lástima que las asistentes, cuando son las esposas, pasan doblemente inadvertidas. A este joven nadie podía negarle, al menos, que su trabajo era un trabajo, aunque no fuese remunerado.

Volvamos a Concepción. Sara siente que fue simbólico que este amor se iniciase en esa ciudad y no en otra. A fines de los sesenta, Concepción ebullía vida de todo tipo: política, gremial, estudiantil, cultural. La universidad era el centro de una verdadera explosión; el teatro y la literatura no sólo eran acogidos sino incentivados y patrocinados por grandes figuras de la vida nacional. Las escuelas de verano enfatizaban este espíritu. Los más fogosos grupos revolucionarios convivían allí, siendo para algunos el lugar mismo de nacimiento. Si algo se podía destacar de la ciudad era su movimiento estudiantil. El movimiento sindical, los trabajadores textiles, los metalúrgicos y los combativos mineros del carbón acotaban la vida allá de tal manera que Concepción no miraba a Santiago para pensarse a sí misma. Tenía su propio proyecto y sus propios cauces para este desarrollo. Todo ello la transformaba en una ciudad viva, con sus bares y tertulias, sus luchas y sus compromisos. Fue ese microclima el que envolvió a Sara, quien lo percibió inmediatamente en el aire y asoció a Francisco con él.

En el tercer día de aquel viaje, Francisco y Sara no se habían separado más que para dormir. Conversaron y conversaron, mientras iban en auto, mientras almorzaban y comían, mientras caminaban por la calle. Alojaban en la sede de un sindicato en Chiguayante. Las piezas eran grandes y heladas y junto a Sara dormían otras dos mujeres, dirigentes venidas de más al sur. Sara, ávida de vivencias nuevas, conversaba hasta tarde con ellas y no dejó de llamarle la atención la veneración que ambas sentían por Francisco.

Ese tercer día, cuando ya hubo anochecido y caía una fina lluvia, Francisco avisó a Sara que asistirían a una bilateral (Sara preguntó qué era eso) con uno de los más importantes dirigentes de aquel movimiento político-militar, lleno de mística entonces, que estaba fuera de la ley. Por tal razón la reunión era clandestina. Sara se impresionó mucho y tuvo que pellizcarse varias veces cuando ya en la reunión, luego de pasar por varios chequeos impuestos por la clandestinidad del movimiento, estuvo frente a esta figura mítica y pudo participar de la conversación de Francisco con él. Qué dirían mis compañeros de la Austral si me viesen aquí, entre estos dos hombres, a mí, la Sara valdiviana. ¡No me lo creerían!, pensaba. No hubo notas que tomar aquella noche, ella escuchó en silencio, bastante embobada. Absorbió cada palabra —se las repetiría más tarde, mucho más tarde, a Francisco, cuando los golpeó la noticia de la muerte de este hombre en manos de los militares— y trataba de comprenderlo todo.

A la salida, Sara no habló frente a los compañeros que los esperaban afuera, mientras cambiaban de vehículo y controlaban si eran seguidos. Se impresionó por las medidas de seguridad y nada estuvo más lejos de su mente que imaginar que ellos vivirían así más tarde, que también ellos estarían fuera de la ley. En el camino de vuelta, Francisco pidió que lo dejaran en la Plaza de Armas, tomó a Sara de la mano —ella, sintiéndose más cómplice que nunca luego de esta experiencia— y la hizo descender con él de la camioneta. Les avisó a los compañeros que lo recogieran dentro de una hora, que estaría en un café de la calle Barros Arana.

Ya sentados frente a frente, Sara le preguntó por qué la había llevado, no necesitaba secretaria para aquella reunión.

—Creí que sería una oportunidad de aprendizaje para ti. No todos los días asistirás a una reunión como ésta y de tal nivel. — lo dijo con una voz suave, mientras se sacaba los anteojos y se refregaba los ojos en un gesto de cansancio.

—Te lo agradezco mucho —Sara prendió un cigarrillo para ella, otro para él y se lo pasó. Él retuvo su mano.

—Eres toda una mujer, Sara. Me gustas.

Nada más. Ella retiró su mano y fumó sin saber qué decir. Luego de una pausa, le preguntó:

—¿De verdad te importa mi formación?

—Sí. Eres inteligente y procesas bien las ideas. Podrías ser una estupenda dirigente si te lo propusieras.

Recordando esas palabras, Sara no duda que habría sido buena en la política. Le gustaba tanto, además. Pero no podría haberse dedicado a SU carrera y a la de él. Hoy él es un hombre de verdad relevante en el escenario político nacional, ella no es nadie allí.

—He trabajado muy bien contigo estos días —agregó.

El silencio otra vez.

Tomaron el café y él pidió dos cervezas. Entraron unos estudiantes, lo reconocieron y se acercaron a saludarlo. Él procedía con total naturalidad, cosa que Sara no pasó por alto y agradeció internamente. Sintió que no resistiría la idea de la vanidad en él y se sorprendió a sí misma involucrada con la personalidad de este hombre como si fuese SU hombre. Trató de retroceder y le fue imposible. Todo lo que estuviera fuera de Concepción le resultaba inexistente. Como le diría más tarde Francisco riendo: «Tú naciste en Concepción, naciste el día que me conociste».

Cuando quedaron solos, él la abordó.

—¿Qué pasa con Ismael?

—Nada.

—¿De verdad?

Ella le explicó. A él le resultó ambiguo.

—¿Sería o no una deslealtad que yo me enamorara de ti?

—No —Sara mintió sin enrojecer siquiera.

Entonces él le contó de su vida afectiva. Se había casado muy joven, su matrimonio duró más de lo que él quiso y la relación no terminó en buena forma.

—¿Por qué?

—Porque siempre me gustaron otras mujeres y ella no lo toleraba. Pero el problema de fondo es que ella odiaba la política. Y eso no se pudo solucionar.

—¿Era muy celosa?

—Mucho. No sólo de las mujeres, sino de todo lo que me absorbiera. La conocí como una linda militante de las juventudes, y luego de casarnos no quiso saber más del tema. Creo que hay mujeres que entran a los partidos políticos sólo a buscar marido. Una vez que lo consiguen, olvidan por completo la política. Ella terminó odiando al partido y a los compañeros. Al final, odiaba mi vida entera.

—¿No tuviste hijos?

—No. Ella quería y yo no. Ése fue un problema más. Considero una irresponsabilidad traer hijos al mundo si uno ha elegido esta vida. No podemos tener ataduras, no debemos tenerlas. Si uno está dispuesto a todo por la revolución, si el día de mañana hay que tomar las armas y partir, si debemos enfrentar una guerra civil o iniciar una guerrilla, ¿cuál es el espacio de los hijos? No me mires así, al menos soy honesto. Otros los tienen y luego se desentienden de ellos.

Cuando los vinieron a buscar, él subió al asiento de atrás a su lado. En la oscuridad, le atravesó la espalda con su brazo, acercó su cabeza a la suya y la besó. Fue un beso quieto, dulce, como si la boca tanteara la otra boca, explorándola y conociéndola. Los compañeros del asiento de adelante no giraron la cabeza ni una vez. ¿Estarían acostumbrados? Llegando a la casa del sindicato él dio las buenas noches muy compuesto y despidió a los otros, sin soltarle a ella la mano. Entonces, en el oscuro pasillo de la casa tan fría, él acercó sus labios al oído de Sara y muy despacito, sin presión en la voz, le preguntó:

—¿Quieres venir conmigo?

Sara titubeó.

—¿Y mis compañeras de pieza?

Francisco rió haciendo un gesto con la mano, como diciendo que no eran los tiempos ni las circunstancias para atender apariencias. Luego la apretó contra su cuerpo, fue la primera vez que Sara sintió en ella esos músculos tensos.

—Tengo calor para regalarte. Ven conmigo.

Y en esa fría noche de Concepción partió con su calor. Y allí se quedó.

El tiempo en que Sara y Francisco se quisieron fue largo. A decir de ellos, se adoraban. Sentían conocerse como almas gemelas, uno suspiraba y el otro sabía por qué. No habrían desechado un arresto domiciliario mientras les hubiese tocado juntos. Todo lo que cada uno pensaba se lo trasmitía al otro; se interrumpían diez veces en la lectura para leer en voz alta lo propio. Querían compartirlo todo.

Pasaban horas sintiendo el goce de acompañarse:

en la cocina, en el escritorio, en la cama. Ni la vejez ni la muerte ni el olvido eran palabras posibles allí, para no mencionar siquiera el desamor. Las carnes de Sara —abundantes— eran la locura de Francisco, ni hablar de dietas ni adelgazamientos. Cada rollo era festejado y amado, se los palpaba y acariciaba, sus líneas rubensianas lo excitaban. Sus pechos grandes eran su adicción, ponía su cabeza entre ellos y ésa era la gloria. Sus sesiones de amor eran largas, permanentes y delirantes. Cuando se aburrieron de buscar distintas posiciones, quedaron en la que más les gustaba y no trataron de innovar ni de ser originales. Sara arriba de él, montada en él: ése era el éxtasis. Se miraban al acercarse al goce final como si los ojos de uno fuesen a ser robados por el otro. No sabían ya cómo fundirse más, cómo hacer sentir al otro tal compenetración: se devoraban. Y luego Sara, jadeante, escondiendo su cara en el hueco de la axila de él, sentía que sencillamente no le cabía tanto amor. A veces creía que explotaría. No entendían cómo habían llegado a estar tan cerca y no se acordaban ya de cómo era la vida antes, sin el otro. Si les hubiesen dicho que se separarían, ambos habrían reído incrédulos.

Y compartieron el hito más trascendente de esos años: la victoria de Salvador Allende y la llegada de la Unidad Popular al poder. Sara recuerda aquella noche del cuatro de septiembre de 1970 en la Alameda como la noche más feliz de su vida. No olvida cómo corrían por la ancha avenida abrazándose unos con otros, todos. Sus ojos eran una sola ilusión mientras oía al candidato triunfante hablar esa noche desde el edificio de la Federación de Estudiantes de Chile. Y a medida que el nuevo gobierno se abría camino, lleno de dificultades, Sara se sentía como en una vitrina mundial. Se emocionaba tanto de que su propio país, a pesar de ser pobre y pequeño, pudiese concitar ese interés en el mundo entero y pasar a ser una referencia. Recuerda esa época como un niño recordaría las vueltas de un gran carrusel; giran en su cabeza sensaciones de protagonismo permanente e intervienen en ellas personajes mundiales, del arte y del pensar, visitando este proceso y transformándose en seres accesibles que pasaban por los sindicatos y las industrias aceptando a los trabajadores mismos como interlocutores y haciéndoles sentir a ellos su validez.

Y los salones de la universidad tuvieron entonces todas las actividades con las que podía soñar un estudiante de un país latinoamericano. Claro que sentía orgullo Sara de que Chile se hubiese convertido en un referente político en el mundo. Compartían con Francisco esa irresponsabilidad alegre, jugándoselas día a día, sacrificando tiempos libres y vidas personales para aportar —como fuera— al gobierno: yendo a los trabajos voluntarios, a las fábricas y a los campos, capacitando, alfabetizando, explicando. Y creyendo de todo corazón que hacían lo mejor para los más pobres. Sí, Sara aún siente la pasión con que vivían esa urgencia, ese vivir cada día como si fuese el último, esa incapacidad de proyectar para adelante, ya que la vida misma parecía consumirse en el aquí y el ahora.

Por aquel tiempo, habitaban en un departamento chiquitísimo en el centro de la ciudad. Consistía en dos pequeñas piezas, un baño y una cocina del porte de un closet. Toda la casa cabía en un solo dormitorio del departamento nuevo de María. Pero el espacio no les faltaba a ellos, la casa estaba siempre repleta y en momentos turbulentos, los guardaespaldas de Francisco vivían allí y había espacio para todos.

Sara cocinaba para esa pequeña multitud, con gracia y contento, y daba abierta preferencia a los gustos de Francisco. ¡Cómo gozaba agradándolo! Hasta accedió a variar su receta de tallarines y cambiar el orégano —para ella sagrado— por el laurel, porque así le gustaba a él. Aprendió a cocinar guatitas, otros interiores, patitas de chancho, todo lo que estos hombres pedían. Ella nunca había sido gastadora y tenía un innato sentido del ahorro. Así, el dinero nunca fue un conflicto para ellos. «Casi no sabíamos que existía —dice Sara—; ésa era la importancia que le dábamos.» A ella le llegaba la plata de Valdivia pues continuaba estudiando, él recibía una mensualidad del partido. Les alcanzaba para discos, libros —la ropa no era un ítem para ninguno— y comida. En tiempos del desabastecimiento, nunca faltaba un compañero que aportaba una botella de aceite o un bidón de parafina. Francisco era estricto, las influencias políticas no debían usarse para abastecerse, eso era feo. A sus espaldas, Sara las usaba sólo para los cigarrillos, único elemento cuya falta le trastornaba la vida.

Sara lo acompañaba en todas las actividades públicas, que eran muchas. Cuando él se dirigía a la audiencia, y mientras más masiva fuera ésta, la fascinación de Sara era juntar en su mente a ese hombre público con el hombre de ella, el privado. ¿Sospecharía esa masa que las mismas manos que apuntan y golpean la mesa la acarician a ella, temblando a veces? Le fascinaba la idea de imaginarlo —al duro revolucionario— como a un niño pegado a sus pechos. Al ver su cuerpo parado en un escenario, su imaginación lo desvestía y se enorgullecía de los músculos de esas piernas cuyas curvas conocía una a una, de memoria. La severidad de su imagen pública la incitaba a convertirlo de noche en el menos severo de los hombres. Cuando lo veía en reuniones importantes discutir con el ceño fruncido por la preocupación, con la mente del todo ajena a ella, le cosquilleaba el estómago —el vientre— de saber que ese mismo era SU hombre, que sólo ella sabía sus fantasías; que de verdad existían fantasías detrás de esos anteojos rigurosos; que ella sabía cómo enloquecerlo, sabía qué fibra tocar y por dónde comenzar para sentir que su respiración cambiaba, que conocía cada una de sus debilidades y que éstas serían suyas el minuto que terminara la reunión. Y cuando lo veía sonreír a otros de modo casual y distante, se iluminaba pensando cuántas veces esa misma sonrisa era para ella. O sea, tratándose de Francisco, las cosas en apariencia más ajenas al amor eran las que más la incitaban y predisponían a él.

Mientras más lejano lo veía, más temblaba de saber que luego vendría su cercanía.

Todo en Francisco la encendía. Sara vivía en un estado de permanente humedad. Como dice ella, se enamoró verdaderamente como una estúpida.

Y también al decir de ella, siguió comportándose como una estúpida cuando debiera haber dejado de serlo.

Después del golpe de estado sus vidas cambiaron radicalmente. Francisco hubo de pasar a la clandestinidad y sólo Dios sabe cuánto lo buscaron. Sara pasó a la clandestinidad con él. Vivieron en muchas casas, en Santiago y en provincia, en Chile y fuera de él. Salieron y entraron varias veces al país, siempre con documentos falsos, a veces por los pasos fronterizos, otras sencillamente por el aeropuerto. Los amigos caían presos, la DINA pasó a ser la pesadilla total. Algunos murieron, otros desaparecieron. A medida que nombres como Villa Grimaldi, Tres Álamos, Londres 38 empezaron a estar en la boca y la mente de todos, Francisco se volvía cada vez más irritable. Pero Sara puso todo su empeño y su fuerza, y sabemos que éstas son grandes, en salvarlo. Salvarlo de la policía y también de sí mismo. Todas las energías de Sara estuvieron dedicadas a hacer de la vida de Francisco la más vivible. En momentos creía haberlo logrado y todo parecía entre ellos dos como antes. Pero Francisco buscó un escape para su pesar: las otras mujeres.

Sara le había escuchado varias veces a Francisco la teoría de las relaciones centrales y las laterales. La pareja estable, o sea, ella, era la relación central. Pero esto no excluía que cualquier otra mujer pudiera entrar por la vía lateral, sin hacerla peligrar a ella, y luego retirarse por esa misma vía sin dejar huella. Esto, al decir de Francisco. Huellas dejaron en Sara cada mirada de otra que se posó sobre él. Durante esos años de la Unidad Popular, el amor de ambos fue tan intenso que las laterales no tuvieron aparente cabida y si las hubo, Sara no lo supo. Poco pudo entonces identificarse ella con la primera esposa, aquella que la había precedido. Fue con la dictadura, con tanto miedo, inestabilidad y primitivismo de los sentidos, que las otras aparecieron.

Sara recuerda la primera vez que él entregó las evidencias. Estaban escondidos en casa de unos compañeros pobladores en La Granja y Francisco no llegó a dormir. Cuando entonces los amigos no llegaban a casa de noche era porque habían caído; no se jugaba con eso. Al amanecer, Sara —siguiendo las instrucciones del partido en caso de ser tomados— había quemado los papeles y había despertado al poblador para que estuviese listo. Debía alertar y avisar a la dirección en cuanto levantaran el toque de queda. Entonces llegó él, sano y salvo. Fue tal la alegría de Sara de verlo vivo que olvidó la razón por la que él había faltado.

Poco tiempo después lograron, por unos meses, vivir solos en un departamento de Macul, con la estricta prohibición que Francisco saliera de la casa. Sara iba y venía, traía recados, hacía las compras, se encargaba de los contactos. Una tarde, al suspenderse una reunión, llegó antes de lo previsto. Abrió con su propia llave, nadie la escuchó y entró al dormitorio buscando a Francisco. Ahí estaba él, desnudo arriba de la cama, abrazando a una joven militante del partido que a veces les llevaba documentos. Sara sencillamente se fue. Caminó a la Estación Central y esperó allí, sentada en un banco, la noche. Tomó el tren nocturno que la llevó a Valdivia. Las tías se deshicieron en regaloneos y mimos; todas sabían la realidad de la vida política de Sara y desbordaban solidaridad. Pasaron dos días enteros hasta que el teléfono de la casa de General Lagos se dignara sonar. Francisco la convenció y ella volvió a Santiago.

Pasado este episodio —y archivado— decidieron vivir en una casa que fuera de ellos, con jardín y plantas para regar, y con la ilusión de una vida cotidiana con aspecto de normalidad. El partido aceptó, con la condición de que un tercero viviese con ellos, ojalá una mujer, era menos sospechoso. Sara pidió elegir a esta persona: tenía sobradas razones para no querer una militante cualquiera en su casa. Deseaba vivir con armonía, con alguien que ella quisiera. Por esos días se había separado su amiga Pilar, compañera de universidad, aventuras y cariños durante varios años. Esta amiga estaba triste y deprimida, no tenía medios para vivir sola y tampoco se resignaba a la idea de volver a casa de sus padres. Sara la invitó y la llevó a esta casa en La Florida. Cuidó de Pilar como siempre ha cuidado de los abatidos en su entorno. Juntas arreglaron la nueva casa, se preocuparon de hacerla acogedora y también se acogieron una a la otra. Sara le contó de sus problemas con Francisco, ella solidarizó. Él reclamó por lo zonza que era su amiga; Sara la defendió y la promovió a los ojos de su pareja. Y para hacer corta una historia larga, al cabo de cinco meses —en los que Sara estaba tranquila pues Francisco se estaba portando bien— partió por unos días a Valdivia por la enfermedad de una de sus tías. Cuando volvió notó algo, algo tan procaz como una mancha de sangre en su propia cama, la que compartía con Francisco. Y ahí lo descubrió todo. Pilar y Francisco estaban juntos.

—Los muy imbéciles vivían con tal complacencia su adulterio que ni siquiera se les ocurrió cambiar las sábanas por si yo llegaba de improviso. Amparados en mi cariño, es más, necesitando de mí para que la relación fuera más excitante, han vivido cuatro meses de amor a mis espaldas. Y efectivamente Pilar era una zonza, y nunca había vivido nada parecido en su vida. Fui yo quien le hizo posible tal intensidad. Eso es lo que me da más rabia: gracias a mí, descubrió su aspecto de vampiresa, traicionándome. La crisis fue enorme.

Pilar fue echada de la casa, pero Sara siguió. Fue entonces que surgió la necesidad de un nuevo viaje, esta vez largo, por un tiempo indefinido. Francisco la convenció de que una vida juntos en Europa les sanaría las heridas. Él partió primero, con toda la dificultad de esas salidas ilegales. Ella quedó encargada de levantar la casa, vender las cosas o entregarlas a los compañeros. Un mes más tarde, luego de un arduo trabajo y viajes de despedida a Valdivia, Sara se fue a juntar con él a Amsterdam. Pero al llegar encontró, en el departamento que habría de ser su hogar, a Pilar. Esta vez Sara se enfureció. No le perdonaba a Francisco que no le hubiese avisado. Dejar su país no fue fácil. Y no tenía cara para volver. Además, volver implicaba una operación política. Tampoco era una decisión puramente de ella.

Aquél fue un tiempo duro para Sara. Deambuló por algunos países del antiguo continente, en casa de amigos exiliados. Sospechaba que acarreaba consigo un verdadero proceso de heridas que no podrían aliviarse, que partes de ella misma habían sufrido daños irreversibles. Conversó con uno de los dirigentes del partido la posibilidad de volver a su país y someterse a una terapia. Éste, sorprendido de oír tal cosa en labios de Sara, le ofreció a cambio un curso de cuadros. Eso le sería mucho más útil, él podía conseguirle uno de seis meses en Moscú, eso la mejoraría más que la terapia. Al final, rechazando tal oferta, cruzó el océano para ver si así distanciaba sus heridas, y se instaló en Caracas. Buscó trabajo, y con el apoyo de la organización partidaria, trató de emprender una nueva vida. Pero esto no duró. Al cabo de seis meses estaba Francisco instalado en Venezuela rogando el perdón, prometiendo que nunca más. Sara cedió. Volvieron a estar juntos. Y allí surgió el problema más álgido que habrían de enfrentar: los hijos. A Sara le faltaba poco para cumplir los treinta y día a día se le hacía más apremiante el tener un hijo. Sentía que pasaba el tiempo y que éste se le perdía. No había logrado recibirse de ingeniero por culpa de la clandestinidad, todavía no había comenzado su vida profesional por los ires y venires de Francisco, y sentía su vida dispersa y desordenada.

—No había «amojonado» nada —describe ella gráficamente.

Como mujer llena de amor que era, siempre había soñado con la maternidad y había postergado su sueño por el hombre al que había elegido. Discutieron el tema mil veces. Entre una discusión y otra, ella se embarazó. Él le propuso un aborto (no fue la primera vez) y ella se negó. En esos días Francisco debía hacer un viaje —uno de los innumerables que hacía por el partido— y quedaron de tomar la decisión cuando regresara. Pero en su ausencia Sara se enteró de que su amiga de antaño, Pilar, acababa de parir en Chile. La guagua era de Francisco y había dejado Amsterdam embarazada, a sabiendas de él. Cuando Francisco volvió, no la encontró en Caracas. Una vez más, Sara arrancaba de este hombre. Hizo escala en Buenos Aires esperando una identificación que le posibilitara entrar al país. Al cabo de un mes se instaló en la casa de General Lagos, preparándose para un embarazo en soleda. rodeada de mujeres cálidas que le ayudaron a vivir mejor esta dura etapa. Así nació Roberta, al igual que su madre, en las riberas del Calle-Calle, sin un padre a la vista, pero llevando su apellido.

Francisco conoció a Roberta cuando ésta tenía un año y su madre era ya una ciudadana legal y a punto de obtener su título, empezando su vida como ingeniero civil. Sara volvió a vivir con Francisco una vez más, por un tiempo corto, hasta que él —esta vez— sencillamente la abandonó. Pero luego de ello, Sara tuvo con él las suficientes recaídas como para que su autoestima, ya muy deteriorada, se deteriorase una vez más.

—¡Qué gran error! —le dice María enojada—. Nunca, nunca se debe hacer el amor con un ex-marido. ¡Por principio!

Sara la mira dócil.

—Si de errores se trata...

—Pero, Sara, dime, ¿cómo le aguantaste tanto a ese hombre?

—Cómo me aguanté tanto a mí misma, querrás decir. FUE CULPA MÍA. Es por eso que he cerrado el capítulo del matrimonio. Porque si me enamoro, pierdo toda dignidad. Porque soy un ser humano capaz de vivir lo que he vivido como opción. Me avergüenzo de la Sara de aquellos años, pues si me pasó lo que me pasó, fue porque yo lo permití.

10

—¿Te imaginas, Ana, qué subversivo resultaría que las mujeres dejaran de desear a los hombres?

La miro desde mi toalla. Estoy concentrada en mi lectura. El sol pega fuerte esta mañana y me he arrimado bajo la sombrilla. Sara e Isabel se divisan en el bote, lejos ya de la orilla. Isabel es la que rema, Sara juega con las manos en el agua.

María está tendida en la arena a mi lado, toma el sol con los ojos cerrados. Sara le ha advertido de las arrugas y del cáncer, pero hace caso omiso. Continúa interrumpiéndome.

—Dime, ¿por dónde se establecería el poder si eso llegara a pasar?

No me deja responder, sigue hablando.

—De repente me imaginé un sistema sin intercambio de sexos y me entretuve pensando en la falta de conducta que les produciría a los hombres. Adiós, matrimonio. Adiós, familia. Adiós, dominio.

—¿Y los hijos?

—Nosotras SÍ podríamos seguir reproduciendo. No necesitaríamos hacer el amor con ellos. Bastaría que depositaran su semen en un banco y listo.

—Con razón, entonces, a los hombres les resulta amenazante el lesbianismo; pienso que si yo fuera de ese sexo, lo sentiría así.

—¿Sabes? Todos los hombres que he tenido se han calentado con la idea del sexo entre mujeres.

—Como fantasía, probablemente...

—Claro, la fantasía del voyeur. Los más osados quisieran participar, en vivo, en un menage à trois con dos mujeres.

—Y ésos, ¿creen estar libres del pánico? ¿Se sienten menos amenazados?

—¡Que ni se lo sueñen! La amenaza es para todos, fantasiosos o no, desde lo más recóndito de sí mismos.

Carmen me llama desde la casa. Nos ha prometido un pastel de choclo para el almuerzo y debo supervisarlo. Me levanto y mientras camino por la arena río para mis adentros. María imaginando un sistema sin intercambio de sexos. ¡Ella!

Porque María no tiene ambigüedades al respecto: a María definitivamente le gustan los hombres.

Me remonto al año ochenta y tres.

—¡Pacos de mierda!

María decidió darse una ducha antes de partir a esa exposición en la galería de arte. Venía enojada del centro, había tragado mucho gas con las bombas lacrimógenas, se sentía sucia y su odio por los carabineros crecía.

Mientras le corría el agua por el cuerpo, calculó que no le quedaban más de quince minutos. El periodista éste era enervante en su puntualidad. Estaba arrepentida de haber accedido a acompañarlo, todo porque él necesitaba ser presentado a una persona que estaría allí y que María conocía bien; no era su amor al arte lo que lo llevaba a esta inauguración. Por lo menos el pintor era bueno. Pero se volvería a casa temprano. Hacía diez días que había comenzado el libro éste, del autor que se ponía insoportablemente de moda, Milan Kundera. El caso es que en diez días no había avanzado ni diez páginas. Demasiado trasnochar. Que no se sueñe el periodista que iré a comer con él, ni menos después a un hotel. La última vez fue un desastre. Él se las da de súper macho, cree que es un verdadero logro haberse metido conmigo, como si sólo eso le diera certificado de seductor. Pero acabó apenas había comenzado. Tantos hombres que aparentan ser espléndidos para la cama, y, por Dios, qué malos son. ¿Tendrán conciencia al menos, o de verdad se creen espléndidos?

Siempre con el agua en el cuerpo, María empezó a sentir un enorme cansancio. Ya llevaba un año viviendo sola. ¿Para esto se había separado de Rodolfo? ¿Para vivir la «maravillosa y anhelada libertad»? ¿Qué tenía de buena? Es cierto que con posterioridad a la separación había vivido la singular experiencia —aquella de Ricardo, economista dedicado a la política, y Pedro, un músico que no tenía más vida que su saxo— de ser seria y públicamente mujer de dos hombres. Pero al cabo de un tiempo se extenuó. Se desgastó el doble: era un marido multiplicado por dos.

La recuerdo bien en esos días.

—¡Ay, Ana, las dualidades no tienen fin! Pero no me quejo. La situación es ideal para no sufrir dependencias. Si súbitamente siento que estoy amando mucho a uno, me distraigo en el amor del otro y el miedo pasa. Del punto de vista terapéutico, puede resultar de lo más insano. Puede parecer la mejor forma de no amar. Pero a veces las terapias no son más que la normativa, se clasifica de neurosis lo que no se ajusta a lo establecido. Yo sé que amo a ambos, ningún siquiatra puede ponerme eso en duda. Le tengo pavor a la simbiosis, Ana, y no se me ocurre otro modo de combatirla.

—¿El sexo? Es totalmente distinto tirar con uno que con otro. No, no tengo preferencias. El sexo con Ricardo es la fuerza, penetra como los dioses. Con Pedro es la sensualidad, es de los pocos que no entienden el acto como el solo resultado, le da tanta más importancia al proceso; en eso es más femenino que Ricardo y por lo tanto, mejor. No, no suelo hacer el amor dos veces al día. No, no es que lo sienta promiscuo, es un problema de energías. Significan fantasías diferentes en mi mente, ¡no tengo tantas! Y las duchas, y la doble concentración tratando de acabar... He llegado a la conclusión que a mi edad la calentura debe acumularse y hay que darle tiempo. Además, tanta intimidad me rebasa. Porque has de saber, Ana, que la intimidad para los hombres es la cama misma, no como para nosotras que es DESPUÉS de la cama, por lo tanto, mucho más larga.

Lógico, María, terminaste agotada y hasta ahí llegó tu historia de a tres.

—Luego, camas y más camas, un huevón tras otro. Casados, solteros, mayores, menores. Al final, no hacen ninguna diferencia. Son todos unas latas. Si fuera justa, debiera recordar que estaba realmente ahogada en mi último tiempo con Rodolfo. La rutina me enfermaba. La cama era aburrida. Casi no tirábamos, a mí me había dejado de gustar bastante antes de separarnos. ¿Por qué el amor físico dura tan poco? ¿Cómo lo hacen las parejas estables? Sospecho que lo pasan pésimo. Que no me invente Ana que Juan vive caliente con ella, ni Isabel que Hernán tira todos los días en vacaciones. Parece que no hay solución: el matrimonio es la peor de las latas. Pero no puedo mentirme, lo mío es

también una lata. Es agotador estar en el mercado.
Uno no descansa, siempre alerta. Siempre tratando de
parecer entretenida, siempre original, siempre dándo-
telas de inteligente. ¡No! Quizás la solución de Laura
es la mejor.

Laura es la secretaria que trabaja en el Instituto, la especialista en computación. Tiene cuarenta y tres años.
Es separada y sus dos hijos son adolescentes. Tiene una
buena apariencia, es agradable de mirar y se viste muy
sobriamente, siempre con trajes de dos piezas de colores oscuros. Sólo sus blusas delatan algo de su personalidad: fucsias, calipsos, amarillos fuertes. Lleva ya diez
años separada y ella ha decidido retirarse del mercado
porque lo considera cruel. Además de cruel, muy esca-
so. Se pregunta, con justicia, dónde están los maridos
de esa enorme cantidad de mujeres separadas que hay
en este país. No entiende por qué hay tantas mujeres
solas y casi no hay hombres solos. María le responde:
—Todos se volvieron a casar, Laura, pero con
mujeres más jóvenes. El mercado de ellos es fluctuante,
el nuestro, estático. Y si te encuentras con uno que se
casó con alguien de su misma edad o que está solo, des-
confía. Algún problema debe tener.
Pero nada en Laura daba a entender secretas
ansiedades ni desequilibrios por vivir tan sola en lo sexual. Hasta el día que supimos su historia. Se la contó a
Sara, quién corrió a hacernos partícipes de ella.
La verdad es que Laura tiene una estupenda
vida sexual. Ella vive en un conjunto habitacional en
Ñuñoa. Su edificio es grande, pero bajo. Todos los

domingos, los niños van a casa del padre, su ex marido, que naturalmente se volvió a casar y con una mujer nueve años menor que ella. Laura almuerza todos los domingos en casa de su mamá, muy pulcramente, como lo haría una buena hija. Se retira a las tres y media. A las cuatro en punto tocan el timbre de su casa. Es su vecino. Lo único que Laura sabe de él es su nombre, que trabaja en computación (por eso conversaron la primera vez, cuando se encontraron en el paradero tomando el bus y ella llevaba un libro de computación en la mano). Vive solo con su madre, ya vieja. Su esposa lo abandonó hace un tiempo y la historia, desconocida para Laura, es borrascosa y él juró no volver a casarse. Tiene un hijo en el extranjero. Punto. Ésa es toda la información que tiene de él y no necesita más. No sabe cuáles son sus actividades de la semana, quiénes son sus amigos, qué le pasa en el alma, qué siente, cuáles son sus ambiciones, qué quiere del futuro. No, no conversan de nada. Sólo hacen el amor. Ante esto, Sara le advirtió que tuviera cuidado, que en plena dictadura uno no debiera darse esos lujos. «Descuida —le contestó Laura tranquila—, siempre toca las cacerolas para las protestas, yo lo escucho desde mi pieza.»

La primera vez, cuando él le fue a pedir prestado el teléfono, ella le sirvió un café y hablaron de los días domingo en el barrio, de por qué ella estaba sola en su casa después de almuerzo, de por qué lo estaba él. Comentaron el edificio. A ambos les gusta que sea bajo, lo sienten más humano. Y también coincidieron en el mal gusto de los vecinos que tocan la bocina. Terminaron el café, él se levantó para retirarse y en la puerta, se arrepintió. Se acercó, la tomó por los hombros y la besó. A los cinco minutos estaban en la cama, sin hablar nada. Cuando él se hubo fumado el consabido cigarrillo, se paró, sin dar ni pedir explicación alguna. Sólo le preguntó si estaría en casa el próximo domingo a esa misma hora. Laura le dijo que sí. Le preguntó entonces si quería que él volviese, ella afirmó con la cabeza. Y volvió, efectivamente. No hubo preludios, se tomó el café casi en la cama. De esto hace dos años. Y desde entonces, nada ha cambiado. Todos los domingos él llega. Sin hablar. Lo único que varió es que en vez de café toman un bajativo y se lo llevan al dormitorio. Cuando en la semana se encuentran en la escalera —algo que no es frecuente— se saludan formalmente y cada uno sigue su camino. Sólo en el verano, al tomar vacaciones, han debido hablar un poco, contándose dónde van y viendo si coinciden las fechas. Nada más. Y Laura es perfectamente feliz. Siente que tiene su vida resuelta.

Entonces María partió a la exposición de pintura. El arte, sus vaivenes y este gran pintor. Aquel que fue de la «vanguardia del ochenta» convertido en la transvanguardia. Y María, entre los vasos de vino tinto —vasos plásticos blancos, como en los cumpleaños infantiles—, comprueba que nadie mira los cuadros. Tampoco se podía, con esa asfixia, tanto humo y tanta gente. Ni un pequeño espacio para mirar lo inaugurado. Allí estaban todos. Los poetas, los cineastas, los artistas visuales —como se hacen llamar los otrora pintores—, los videístas —hoy todos lo son, bastan las ganas de insertarse en las artes y se hace un video, objetos agotados ya en la distorsión y falta de rigurosidad de su uso—. Los mismos de siempre. Uno que otro intelectual de las ciencias sociales que más que amor por el arte quiere tener a los artistas a su lado para cuando las condiciones lo requieran. ¡Y los teóricos! Aquellos seres que desde la escritura más críptica, se arañan entre ellos para tener un lugar, lugares tan marginales, por cierto. ¿Los leerá alguien, aparte de los aludidos? El goce de ellos radica en que nadie les entienda nada. Los mismos nombres turnándose de sala en sala, de expositor en expositor. María recordó a los críticos de cine, los leía a todos por su cercanía con el trabajo de Rodolfo, y pensó que eran tanto más respetables. Hasta los diarios oficialistas eran buenos en ese campo.

Siguió observando. Las mujeres con los pelos teñidos de amarillo y verde, sintiendo así que cumplen con el abc de la extravagancia. Muchos sombreros y peinados hirsutos, mientras más masculinos, mejor. Seres andróginos, indistinguibles en su sexualidad. Los hombres con miradas reventadas, cansancio cósmico y ropa de segunda mano. Las melenas hippies demodés o el corte retro a lo Elvis. Todos buscando diferentes códigos, tratando de ser subversivos en este Santiago asfixiado por su uniformidad. Algunas cabezas plateadas como el colmo de la finura. Lo único que allí definitivamente es de mal gusto es el entusiasmo. Los cuerpos lloran por llamar la atención, los jóvenes miran embelesados a los consagrados y las miradas nunca son directas a los ojos.

María se deshizo del periodista con disculpas bien educadas y salió de todo ese humo. «Me da un ataque si alguien se me pega», pensó, muerta de aburrimiento. Detestaba a la mitad de la concurrencia. Decidió que era mejor estar mal con la gente que estar bien, así podía darse el lujo de no saludar y perdía el miedo a que se le colgaran las latas. Saliendo, se sorprendió al ver que el propio pintor que inauguraba la exposición, Rafael, se iba, escurriéndose por las escaleras. Ella se le acercó.

—Oye, tú, héroe de la jornada, ¿cómo es esto de que te vas?

Él reconoció a María. Algunas veces se habían divisado en festivales de cine o en eventos culturales. Sabía que Rafael conocía a Rodolfo, en ese medio artístico pequeño y elitista cualquiera que hubiese hecho algo medíanamente bien, ya fuera un libro, un cuadro o una película, se conocía.

—Me angustian las inauguraciones. La verdad es que me estoy arrancando.

—Pero todos querrán verte. O que tú los veas, para quedar bien.

—Preferiría que viesen mi trabajo.

—Pides mucho —rió con cierta alegría; era buenmozo este hombre.

—Por eso me voy. Tú... ¿te quedas?

María titubeó. Sintió un anuncio en las vísceras, ese que ella ya reconoce. Pensó en su cama, en su pequeño departamento de Providencia, en su libro de Kundera. Ylos comparó con los ojos de este pintor, con todo el brillo de sus telas en ellos. Miró su pelo largo y desordenado, sus bluyíns desteñidos, su pañuelo descuidado amarrado al cuello, y esas manos grandes con algo del óleo todavía en ellas.

—No. Me iba en este momento.

—Salgamos juntos, entonces.

Caminó con él hacía la salida, mientras pensaba con extrañeza cómo no se había fijado antes en su atractivo. La curiosidad le preguntaba QUÉ haría él esta noche. Recordó con cierta angustia cuando Rodolfo había mostrado su primer cortometraje, todos los preparativos, tanto trabajo y tantos nervios consumidos.

Cuando todo terminó y el público abandonaba la sala, el vacío se apoderó de él en forma total. Sus amigos le habían organizado una fiesta. Asistió allí como anestesiado. Tomó dos whiskies y no supo más de sí mismo. Cuando estaba por comenzar el escándalo, María lo llevó a casa. El terror al vacío luego de haber tenido un solo y obsesivo objetivo final: el film. Entregado éste al público, la obsesión desaparecía y no permanecía más que el vacío.

—¿Qué piensas hacer en una noche como ésta? Si has trabajado tanto para ella, dudo que logres irte a dormir.

Rafael la miró mientras le tomaba el brazo para atravesar la calle.

—Estaba pensándolo. ¿Tienes alguna sugerencia?

—Arráncate de verdad.

—¿Hacia dónde?

—Hacia el mar, por ejemplo.

La idea le gustó a Rafael.

—¿Me acompañas?

Y se fueron al mar.

En El Quisco encontraron abierto ese restaurant de la caleta, famoso por sus mariscos. Ambos coincidieron en lo bien que allí se comía. Pidieron ceviches, sopas marineras y un enorme congrio frito, con mucho vino blanco. Rieron y festejaron en la total soledad del balneario que ya había cerrado su temporada. Luego siguieron a Isla Negra. Ya era medianoche cuando se encontraron entre todos esos pinos.

—Tengo amigos aquí. Despertémoslos y pidamos un lugar para dormir.

—Mejor volvamos a Santiago —insinuó María, pensando por primera vez en las reuniones de la mañana siguiente.

—Ya es muy tarde. Durmamos bien y salgamos mañana temprano.

No encontraron a los amigos, nadie abrió la puerta. Rafael estacionó el auto frente a la playa, puso una cassette de Pink Floyd y voces como venidas del infinito se introdujeron, silenciando a Rafael y María. En la guantera había una botella de whisky. Bebían y escuchaban.

—No hables —le había pedido Rafael.

María estaba acostumbrada a la palabra. Ésa era su arma de conquista. A través de ella aprendió ese juego particular de la asertividad, la ternura y la agresividad. El silencio la desconcertaba. *The Final Cut* habló por ella. Se acurrucó en el asiento, saboreó la maravillosa sensación de libertad que esa misma tarde había mirado en menos. Nadie le pediría una explicación por pasar la noche de un jueves en el mar. Tantos años había sido su madre, luego Vicente, luego Rodolfo. Cerró los ojos y se dejó ir con Pink Floyd. Sintió la mano de Rafael recorriendo su cuello como si tuviese todo el tiempo del mundo. Le agradeció en silencio aquella lentitud. Tomó su abrazo y allí se durmió.

Despertó más tarde en el antiguo hotel de Cartagena. Se desconcertó al encontrarse subiendo las escaleras del edificio de ese hotel que mil veces había mirado desde las terrazas, pero ahora al lado de un hombre cuya existencia ayer ignoraba. Se sobresaltó.

—¿Qué pasó?

—Nada grave. Sólo que llevo horas recorriendo el litoral buscando un lugar donde dormir. Por fin aquí nos han aceptado y tú, tan ausente como la Bella Durmiente, ignorando mis enormes esfuerzos por llevarte a una cama a descansar.

Y en ese hotel de Cartagena, con paredes de

un verde pálido y sábanas muy blancas, María y Rafael eligieron amarse.

Cuando volvían a Santiago, María le contó a Rafael el cuento de Laura. A éste le divirtió.

—Sólo ayer, antes de llegar a la galería, decidí que ésa era la mejor opción.

—¿Qué opinas ahora?

—Me pregunto si estarás dispuesto a ser mi vecino.

—Sí, lo estoy. Pero con una condición: ampliar el día domingo.

Y lo ampliaron de tal manera, que vivieron juntos más de tres años.

11

Como la pluma al poeta y el pincel al pintor, era el amor a María. Como cuenta ella misma con gracia, ha tenido mil amores en su vida y todos, aunque durasen cuatro días, han sido totales. ¡Qué capacidad para convencer a un hombre, sabiendo éste por su propia boca no ser el único, de que su relación con ella era absoluta!

La familia de María no era exactamente liberal. Doña Marita no esperaba oír la palabra «pololeo» en su casa hasta que las niñitas cumplieran por lo menos quince años. Y ni Magda ni Soledad le dieron razones para inquietarse. Pero cuando María tenía once años —once, repite ella— quebró la regla. Era la hora de almuerzo y estaban todos sentados un día en la mesa, en silencio, esperando que terminara el comentario político de Hernández Parker en la radio, sagrado para don Joaquín. Fue entonces que María aprovechó la atención concentrada e hizo su anuncio solemne.

—Estoy pololeando.

—¿Cómo? —doña Marita sufrió un leve atoro.

—Como lo oyen.

—¿Con quién? —quisieron saber sus hermanas, mientras los padres buscaban una conducta adecuada.

—Con José Luis Valdés. Está en tercer año de Humanidades, es del colegio del frente. Es mayor que yo, tiene trece años.

—Pero, María, ¿no te parece que eres muy joven aún para estas cosas?

—¿Joven yo, mamá? ¡Estás loca! Estoy profundamente enamorada. Si una ya tiene edad para sentirlo, será que puede hacerlo...

Don Joaquín sonrió. Él discutía poco con sus hijas, le parecía casi siempre inútil. Además, María le divertía. Doña Marita trató de disuadirla, pero más por hacer la parada que otra cosa. Ella también sabía que era inútil.

—María, ¿es idea mía o este José Luis pololea con tu amiga Rosita?

—Hasta antes de ayer —contestó ella muy seria.

—¿Se lo levantaste? —la desconfianza de la hermana mayor.

—Sí y no. Lo que pasa es que todo el curso volvió de Con-Con enamorado de él. Pero José Luis no se decidía por ninguna. A mí me entró la curiosidad y, sin conocerlo, decidí conquistarlo. La verdad es que la Rosita se enojó. Él ya le había prometido pololear con ella. Entonces lo hizo, por una semana, y la pateó para poder pololear conmigo.

—¡Dios mío! —doña Marita se tomaba la cabeza.

Ése fue el comienzo.

El comienzo oficial, enfatiza María. Pues ella ya había comenzado con los amores paralelos. A los nueve años se había enamorado de un campesino de Las Mellizas. Se llamaba Orlando. Era sobrino del cuidador de las casas. Domingo, su hermano mayor, se encargaba de los caballos de las niñitas en el verano. Cuando eran más chicas, María ya no recuerda a qué edad, ella y Magda perseguían a Domingo al pozo, que estaba alejado de la casa, junto a la canoa donde los caballos tomaban agua, y le pedían que les mostrase la «cola». Así le llamaban ellas al órgano sexual masculino. María se pregunta hoy por qué ese nombre tan ridículo cuando en otras familias los niños hablaban del pirulín, la tulita o cosas más dulces que la cola. No es que doña Marita se lo hubiese enseñado; fue una palabra jamás pronunciada por los adultos durante sus vidas en la casa paterna. Hasta hoy las hermanas se preguntan qué nomenclatura le daría mamá —alguna habría de tener, aunque fuese sólo en el pensamiento—, pero aún ahora se abochornarían de preguntárselo. Años más tarde, llegó un día María donde sus hermanas y les sugirió inventar algo más original y que fuera un código secreto ante sus padres y nanas. Lo nombraron chundo. Porque sí, porque les gustó. Hablaban del chundo en la mesa y se desternillaban de la risa, sin la más mínima sospecha de los padres. (Hace poco, en una comida muy formal, estando Magda sentada al frente de María, entró un caballero muy buenmozo. María casi le gritó a Magda a través de la mesa: «¡Oye, Magda, imagínate el chundo que tendrá!» Magda se puso pálida. Ella ya no está para esas cosas.)

El pobre Domingo, que tenía edad de entendimiento, sabía que el juego era peligroso y trataba de zafarse de ellas sin ofenderlas.

—¡Qué te cuesta, Domingo! Bájate un poco no más los pantalones para que miremos. Nadie nos verá. No seas malo.

No era su culpa que las patroncitas no tuviesen hermanos hombres y que el patrón fuese tan pudoroso. (Jamás vi a mi padre desnudo, ¡jamás!, comenta María.) Entonces, en el verano de sus nueve años, Domingo fue a hacer el Servicio Militar y dejó a su hermano Orlando a cargo de los caballos. María lo vio e inmediatamente cayó fulminada. Se enamoró de él con todo su ser. Pasaba horas contemplándolo de lejos. Inventaba excusas para subir varias veces al día a la pieza de las monturas; siempre le estaba sucediendo algo a su caballo. Pero Orlando mantenía mucha distancia, apenas si le hablaba. Tenía instrucciones estrictas de su hermano y del patrón y ningún hombre joven de la zona se habría aventurado a faltarles —aunque fuese en una sola frase— el respeto. Ahora comprendo, deduce María, que Domingo lo debe haber tenido muy advertido sobre nosotras y nuestras locuras y que se cuidara con el cuento de la cola y todo eso. Pero su corazón estaba inflamado. Le ardía físicamente, recuerda.

Un día iba Orlando pasando frente a las casas a guardar las bestias, como les llamaban a los caballos, mientras María estaba con su madre en el jardín.

—Mamá, es buenmozo el hermano de Domingo, ¿no encuentras?

Su madre giró la cabeza brusca, frunció el ceño y una mirada de profundo disgusto cubrió toda su expresión.

—¡María, por Dios, no hables así!

—Pero, mamá, ¿qué he dicho?

—Los campesinos no son buenosmozos.

—¿Cómo?

—No, pues, María. A los pobres uno no les aplica los mismos parámetros. Los pobres no pueden ser buenosmozos. Y punto.

—No entiendo.

Ella debiera haber callado notando la molestia de su madre, pero de verdad no entendía, ni el sentido ni las palabras. ¿Qué significaba «parámetro»?

—Puedes considerar que el rostro de un campesino es interesante, que su mirada es inteligente, cosas así. Pero no que es en SÍ buenmozo. Te prohíbo que vuelvas a decirlo.

Esta escena es de las más nítidas que María

tiene de su infancia. Recuerda perfectamente el tono anaranjado de la silla de lona en que se reclinaba su mamá debajo del castaño. Nunca más usó tal expresión, pero nunca la olvidó. Más tarde se la escuchó algunas veces referida a mujeres campesinas. En ese caso, estaba permitido. (Hace un año atrás llegó la hija de Orlando a emplearse en casa de Magda. Hablando de ella, María aprovechó para comentar —a propósito— delante de su madre. «¿Te acuerdas lo buenmozo que era el padre de esta chiquilla?» Y la reacción fue la misma de treinta años atrás. No el discurso oral, eso parecería insostenible, pero sí la reacción visceral, que fue ocultada por unos ojos furiosos y un «Ay, María», francamente molesto.)

Su amor por este campesino fue lento y largo. Cada verano volvía a encendérsele el corazón, atenuándose luego en el invierno de la ciudad. Se atenuaba pero no desaparecía. Ella recuerda momentos de verdadero dolor infantil o preadolescente, que no por ello dejaban de ser reales, preguntándose por qué existían estos impedimentos, por qué la gente nacía en un lugar determinado, condicionándolo todo. Por qué estos espacios eran tan inamovibles, por qué él era pobre y ella era rica. Ella quería ser pobre como él. Fantaseaba mientras cabalgaba en su caballo; vivía escenas imaginarias entre ellos que nunca serían, palabras que nunca se dirían. Ella se preguntaba mucho por la naturaleza de los sentimientos de él. ¿La quería? Y su gran incógnita era: ¿Sentirían igual los pobres que los ricos? ¿Amar tendría el mismo sentido?

Hasta los trece años, el gran amor de María fue este Orlando de ojos grandes, oscuros y tristes. Cuando Domingo volvió del Servicio Militar y Orlando tuvo que dejar las casas, María hizo grandes esfuerzos para lograr la continuidad de su cercanía. Iba a todas las trillas, quedándose hasta tarde, desafiando el enojo de sus padres, para esperarlo. Debía cruzar el río para llegar a su casa, y tenía pocas disculpas para atravesar el Itata; no había nada allí salvo su casa. En fin, la persecución a este hombre callado fue por años el *leitmotiv* de los veranos de María. Ella comprendía que esto no podía entorpecer sus normales relaciones con gente de su misma condición y de verdad le gustaban sus pololos santiaguinos. Los José Luises Valdés de su vida fueron muchos. Pero en el fondo, su amor hacia él era inamovible, nadie producía en su alma los estados de dulzura que él le provocaba.

Muchos años después, en tiempos de la Unidad Popular, cuando el fundo les fue expropiado y ellas fueron a levantar la casa para entregarla, María lo encontró por última vez. Su corazón palpitó fuerte ante su sola vista. Allí estaba, parado detrás de los álamos con otros campesinos, mirando, siendo testigo de uno de los momentos más tristes de toda la vida de María. Cerrando un capítulo. Al partir, frente a los funcionarios de la Reforma Agraria y de la Intendencia que supervisaban el levantamiento de las casas, ella corrió por última vez a través de esos álamos que la vieron crecer, y lo abrazó. Fue la única vez que se tocaron, la única en la vida de ambos. Ella no sueña al creer que sintió una respuesta, que esos brazos de verdad la recibieron, que la distancia histórica de los cuerpos de los patrones y los inquilinos se vio por un mágico momento quebrantada, que ese pecho acogió esa despedida, ese adiós a la tierra, a esa forma de ser, a esa era de la vida de una familia y de una nación. En un momento tan importante para la biografía de María, sintió el privilegio de haber podido también despedirse de ese gran amor.

A los diez años, siempre soñando con Orlando, prolongó su inclinación veraniega al invierno, enamorándose de otros pobres, los de la ciudad. Un año entero estuvo obsesionada con un acomodador de cine, el del teatro ése cerca de su casa, donde iban todos los domingos. Era, según María, la copia fiel de Burt Lancaster, lo cual significaba una verdadera licencia ante sus ojos. Acudía allí con sus amigas y, secreteándose, entre risitas, lo miraba descaradamente. Para poder verlo durante la semana iba a comprar dulces a la confiteria del cine, espiándolo a través de la puerta de vidrio. Conocía sus horarios y sus días libres. Lo tenía virtualmente cercado. A veces le sonreía. Parte de la fascinación que él le producía era la inaccesibilidad, el hermetismo llevado al extremo. Aunque logró averiguar su nombre, nunca se dirigieron la palabra.

Al año siguiente, fue un mozo de su colegio. Éste no se parecía a ningún actor de cine, pero era de verdad bello para ella. Era muy serio. Y parecía indiferente —¡cómo no, si tenía el trabajo que tenía!— y esto la exaltaba. A más indiferencia, más obsesión. La vida entera de María parecía estar concentrada en cómo estar cerca de él. Con su habitual inteligencia en lo que a amores se refiere, a poco andar tenía todo claro. Sabía dónde estaba y qué hacía las ocho horas que duraba la jornada escolar. Qué vidrios de qué sala limpiaba y qué día. Todos los lunes, a las tres de la tarde, fregaba los pisos del enorme comedor. Invariablemente María se hacía la enferma —ese día y a esa hora—, iba a la cocina y pedía un agua de menta. Se la tomaba sentada justo en la silla que la dejaba frente a él. Y allí se instalaba a mirarlo fijo. ¡Pobre mozo del colegio de monjas! Trataba de ignorar a esta especie de fierecilla que lo perseguía con la arrogancia con que pueden perseguir los de arriba a los de abajo. Y la verdad es que lo perseguía con frenesí, llegando al extremo aquel día en que después de clases se fue a la sala de la madre Charlotte —sala donde él hacía el aseo, por supuesto— y con él allí le confió a la monja su gran problema: estaba enamorada de un hombre de otra condición social que la suya. Aunque la conversación fuese en inglés, como se usaba en el colegio, María supo que él la oía y entendía perfectamente lo que decía. La monja le dio los consejos del caso, sin sospechar que el aludido estaba en la misma sala; ella juzgaría la presencia del que hacía el aseo como la de un mueble y se suponía que las alumnas harían lo mismo. María salió de allí sintiendo la gran satisfacción de haber hecho su declaración de amor, o sea, de habérselo comunicado a él de la única forma que le era posible.

María usó mucho este método más tarde, cuando en las relaciones sociales existía la estricta convención de que los hombres se les «declaraban» a las mujeres. Le aburría esperar y se declaraba ella primero, ante el desconcierto de los hombres en cuestión y la molestia de sus amigas, que no lo aprobaban en absoluto. De más está contar que nunca nadie le dijo que no. Siempre le costó entender que la iniciativa debían llevarla los del sexo opuesto.

María comprendía que estas locuras no podían ser del todo públicas, en esos tiempos donde casi todo lo que hiciese una niña bien podía ser objeto de represión. Sólo compartía sus vivencias con las amigas más cercanas. Ni a sus hermanas les contaba. Estas amigas, acostumbradas a la originalidad de María, terminaron siendo sus cómplices. Era tan dominante que incluso convenció a una de ellas que se enamorara de otro mozo, compañero de trabajo del de ella, que sin ser tan buenmozo, no estaba mal. Así contaba con complicidad activa. En el cine trató de buscar otro acomodador para su otra amiga, pero eran todos viejos. Entre ellas guardaban celosamente el secreto. Pero necesitaban un código para las cartas, los diarios de vida, el teléfono. No podían hablar de su afición por «los rotos». No era estético, y además esa palabra estaba prohibida en casa de María por considerársela poco cristiana. Su abuela, siempre anglófila y literal, los llamaba los *half a hair*. Aprovechaba para hablar de ellos en la mesa, mientras les servían la comida y las empleadas nunca supieron a qué se refería. Pero como esa expresión era ya conocida en la familia, hubo de inventar otra. Entonces los llamaron «los hirsutos». Nadie podría pillarlas. Los hirsutos fueron tema de conversación, de preocupación, de secreto, de ilusión, de risas y de clandestinidad. A decir verdad, los hirsutos fueron una parte fundamental de una etapa de la vida de María.

Ya a los quince, María olvidó estos amores prohibidos y empezaron sus verdaderos pololeos. Pero más de alguna vez ella se ha preguntado qué extraña inclinación la llevó a elegir estos personajes para sus primeros amores. ¿Un desafío callado contra el profundo clasismo de su medio? ¿La fascinación de transformarse ella en un personaje inaccesible? ¿O una forma justificada para poder sentir el deseo como un imposible?

Durante su periodo universitario, María no descansó. Tuvo múltiples relaciones y siempre paralelas unas con otras. Abogaba por el amor libre y juraba no casarse jamás ni tener hijos. Le producían un gran desprecio las parejas tradicionales, sentía allí falta de grandeza, falta de pasión, horribles pecados a su manera de ver. La reputación de María apenas se sostenía y ella no hacía nada por mejorarla. Ni su militancia izquierdista la hacía entrar en razón. Cuando tuvo amores con miembros del Partido Comunista, a quienes su dirección les llamaba la atención por estas relaciones, ella miraba con displicencia y los compadecía. Incluso en un momento se enamoró de un conspicuo miembro de la derecha estudiantil. Ella, la militante de izquierda. Entonces algunos amigos consideraron que había ido muy lejos y supo de miembros de su base que amenazaron salirse de ésta si el partido no arreglaba cuentas con ella. Pero María se defendió y vivió este amor en medio de la total contradicción, y no le pareció importante frente a su pasión la ira que esto causó a derechistas e izquierdistas por igual.

Hay un recuerdo de esa época que aún hoy hiere a María.

Era un día de asamblea para la izquierda universitaria. La Federación de Estudiantes estaba en manos de la derecha «gremialista» —como se autodenominaban— y la izquierda se organizaba para ganársela. El centro era prácticamente inexistente, corrían los años setenta y aún no se había puesto de moda. La reunión se había realizado en la Casa Central. A la salida de la asamblea, estando todos en el hall principal y los gremialistas mirándolos desde las oficinas de la Federación, no sin algo de temor, anunciaron por un megáfono que todos los asistentes de la asamblea debían trasladarse a otro campus, a participar de un acto en apoyo al gobierno de la Unidad Popular. En menos de un minuto, el hall se vació y todos se retiraron en masa. Los gremialistas respiraron: ni un izquierdista a la vista. Ni uno, salvo María, quien sin percatarse, se encontró totalmente sola en el hall. Vio que las puertas grandes de la entrada principal estaban cerradas y debía dar una vuelta por detrás para salir. Las oficinas de la Federación estaban ahí, a la izquierda de estas puertas. Sin apresuramiento, emprendía la retirada cuando vio que un grupo de estudiantes comenzó a rodearla. Instintivamente ella miró hacía los pasillos laterales, con la esperanza de encontrar a alguno de sus amigos que se hubiese rezagado. Pero todos habían partido. Sólo veía las grandes puertas clausuradas, creando un verdadero microclima en el hall central, y los gremialistas a su alrededor. Entonces oyó esa voz que retumbaba en el espacio grande y cerrado.

—Al fin te tenemos. Ahora nos oirás: ¡eres una puta!

Era un muchacho muy rubio, vestido de terno cruzado. María lo conocia vagamente, alguna vez se lo había encontrado en alguna fiesta en los tiempos del colegio.

—Ya no están contigo tus guardaespaldas que andan culiándote. Te dejaron sola. ¡Porque eres una puta!

Los gritos atravesaban a María. Pudo distinguir unos ojos llenos de odio.

—¡Izquierdista culiada! PUTA. Eso eres —gritaba como un enajenado—. ¡PUTA! ¡PUTA!

No sabían cómo insultar a las mujeres si no era a través de su sexo: la forma sagrada de agresión. El silencio era sepulcral, la ira de este hombre dominándolo todo. Nunca antes María había sido insultada. Su silencio no era tanto de cobardía, sino de estupor. No abrió la boca. No se movió. El rubio avanzó hacía ella. María no fue la única en creer que la golpearía. También lo pensó uno de los presentes que entró sigilosamente a las oficinas de la Federación y salió casi de inmediato con uno de los dirigentes hacia el hall. Éste miró toda la escena, y se dirigió duramente al que vociferaba, en un tono cortante:

—Lo que haces es una cobardía —y tomó a María del brazo paternalmente y se la llevó.

—Quiero pedirte mis más sinceras excusas. Esto no es lo que el gremialismo nos enseña.

La condujo hasta la puerta lateral para que pudiese retirarse segura. Muy solemne le tendió la mano, reiterando las excusas.

María caminó sola por la Alameda, humillada y enfurecida.

—Puta seré, huevones, pero no se hagan la ilusión de que putearé algún día de mi vida con uno de ustedes.

Y así —hasta hoy— lo ha cumplido.

María nunca se casó. O para no ser absolutas, hasta ahora nunca se ha casado. Vicente, Rodolfo, Rafael.

A fines de mil novecientos setenta y tres ella estaba, como siempre, muy enamorada. Tenía veintiún años. Él era Vicente, un activista político que había abandonado la carrera de Derecho para unirse al quehacer del partido. Producido el golpe de Estado, debió partir al extranjero. Y ella decidió partir con él. Se aferraba a Vicente como lo único que no se había roto en su entorno. Le rogó que la llevara, pero Vicente le puso una condición: casarse. María gritó y pataleó. Al final lo convenció con un solo argumento:

—Es la única bandera que me queda. No me obligues a entregarla por un capricho tuyo.

Y se fue con Vicente sin haber firmado nada, dejando a sus padres enojados y tristes. Vivieron juntos por tres años, cambiando de país según lo exigiera el partido. Vivieron en La Habana, en Berlín y luego en Inglaterra. Fue allí que se separaron. O por decirlo con exactitud, cuando el partido propuso el próximo traslado —a Checoslovaquia— María no lo acompañó.

—Hasta aquí llego yo.

Firme y decidida. No quería más viajes, más países socialistas, más casas prestadas ni piezas de hoteles. Ella quería instalarse, tener su propia casa, comprar un adorno, sentirse con alguna raíz en algún sitio. Las peleas con Vicente eran cada vez más seguidas. Éste quería un matrimonio normal, una mujer que se dedicara solamente a él, y quería tener hijos. María no estaba dispuesta a ninguna de las tres cosas. Ella insistía en su derecho a las relaciones paralelas y se negaba rotundamente a la sola idea de la maternidad.

Así emprendieron caminos distintos.

—¿Qué harás?

—Quiero volver a Chile.

—Por nada. El partido no te lo permitirá.

—¡El partido! ¡El partido! ¡Estoy hasta las huevas con el partido! Quiero irme a Chile. Quiero volver a mi casa.

—¿Cuál casa, María? ¿La de tus padres?

—Bueno, es la única que he tenido.

—Ya la dejaste. Te sería imposible volver.

—Entonces, no tengo casa. No tengo país. ¡No tengo nada! —y lloraba amargamente.

Tal como lo dijera Vicente, el partido no le permitió volver. Era arriesgado, ella poseía —por su vida con Vicente— mucha información. Que se esperara un tiempo.

Esperó en Londres. Pensó en un momento irse a París, donde, ya casados, vivían su exilio Magda y José Miguel. Necesitaba un poco de familia. Pero también necesitaba una profesión. Ella había dejado a medias su carrera de Periodismo en Chile y en estos movidos años de exilio no había pisado un aula. Hizo las averiguaciones si podría terminar en Londres. Y se quedó.

Vivió un año sola, hasta que conoció a Rodolfo —cineasta—, de quien se enamoró. (Los extranjeros son para la amistad o para la cama, Ana, no para el largo plazo.) Por lo tanto, él era chileno. Adorable, brillante, divertido, lo define María. De todos sus «maridos», al que más quiere. Ella es muy poco rigurosa con el lenguaje afectivo. Según el día, a sus hombres les llama convivientes o maridos, y a su vida con ellos, matrimonios o convivencias.

La soledad del extranjero y esa falta de pautas que daba el exilio hizo que desde el primer día Rodolfo y María vivieran juntos. Fue la convivencia más larga que ella ha tenido. Prolongaron su estadía en Londres un año y medio y volvieron a Chile hacía fines del setenta y nueve. Allí los conocí. Y efectivamente arrendaron una pequeña y entretenida casa en Bellavista, con patios, hamacas y flores en el baño, tal como lo supuse cuando la vi por primera vez en el Instituto. Fue entonces que formaron —como socios igualitarios— la productora de cine y video. María puso la mitad del capital —suculento regalo de don Joaquín— y Rodolfo la otra mitad, siendo él quien la dirigía. María no quiso trabajar allí; una de sus máximas —¡tantas que tiene!— consiste en que una pareja NUNCA debe trabajar en el mismo lugar. Y se fue al Instituto.

No fue hasta fines del ochenta y uno que se produjo la separación que dejó a María adolorida y sumida en la primera terapia intensa que se hiciera en su vida.

Pero no duró mucho sola. A comienzos del ochenta y tres apareció Rafael. Se forjó esta relación junto a las protestas y la ebullición del país. Pero a diferencia de las anteriores, nosotros vivimos junto a ella día a día esta historia. ¿De cuántas más habríamos de ser testigos?

12

María nos contó que a Magda le costó volver al país, a pesar de ser lo único que deseaba en la vida. Le costó volver a querer a su país, era tan distinto al suyo de antes. Corría el año ochenta y tres. El boom económico había terminado. La crisis se respiraba a cada paso. Los jerarcas financieros estaban en quiebra o en la cárcel. La población, con hambre. La vida política revuelta, la cesantía por todos lados. La ansiada apertura con su espada de doble filo. La oposición organizándose, y dividiéndose. La gente del exilio volviendo. Esperanzas en algunos, tanta pobreza en casi todos. La deuda externa como un gigante abstracto. Las deudas de cada ciudadano como un caos concreto. Y las protestas.

Soledad viviendo en la clandestinidad. María tratando de armar su tercer matrimonio. (Magda se negaba a llamarles convivencias.)

La prima Piedad, compañera íntima de infancia y adolescencia, con su pelo de oro y su voluntad de oro, pasándolo pésimo sin decirlo. Piedad y su marido y sus cuatro hijos viviendo en el campo, en Talagante, en casa del fundo de la familia de Daniel. La caridad familiar respaldando la quiebra de Daniel, el endeudamiento de Daniel. Piedad y su sonrisa haciéndole frente a todo. Recibiendo a Magda con los brazos abiertos, hablándole y contándole todo, tratando de suplir la larga separación.

¿Le contó Magda a María este diálogo con Piedad, o ella se lo imaginó?

Es tan rico el aire, Magda. Los niños gozan tanto el campo. Daniel está abriendo un nuevo negocio con la ayuda de mi suegro. No me cabe duda que todo resultará regio. Sí, perdimos la casa de Vitacura. Pero no la de Reñaca, ésa fue traspasada a tiempo a mi nombre. Me apenó dejar mis clases de cerámica. Había aprendido por fin a hacer esos platos y me estaban quedando lindos. Jamás pensé que los colores me harían gozar así. Pero no importa, ya las retomaré. Los reemplazos en el colegio se espaciaban cada vez más. Nunca gané mucha plata haciendo esas clases de inglés, siempre esperando que una profesora de planta se embarazara. Además, estoy gozando tanto a los niños. No pongas esa cara, Magda. Créeme que estoy feliz. La adversidad ayuda a crecer. Es mi primer golpe y me siento capaz de enfrentarlo. Bueno, el primer golpe fue la muerte de Jaime. Pero fue distinto. Daniel estaba vivo. Sí. Vengo a Santiago cada vez que puedo. No debo idiotizarme. Echo de menos las reuniones de apoderados en el colegio de los niños, esas reuniones fructíferas, religión, educación... Teníamos un grupo tan bueno, era la mejor parte de mi vida social. No, ya no los veo. Sí, era de las pocas cosas que Daniel me dejaba hacer sola. ¿Al cine? Ya no voy, claro. Eso significaría llegar muy tarde de vuelta. Una vez María me obligó y me llevó a la matiné. Pero era una película tan densa. Mi papá está dándome una mesada. Como cuando era soltera. Con ella aporto a la bencina, a los cigarrillos de Daniel, a un juguete de vez en cuando para los niños. No, no me humilla en absoluto. Si mi papá puede hacerlo... Sí. A veces Daniel me preocupa. Entre tantos problemas, yo no quiero crearle otros. No siempre me ve. A veces siento que mira a través mío, como si yo fuese transparente. Pero no puedo pedirle que con todas sus preocupaciones, me vea siempre. A veces toma mucho. Pobrecito. Es legítimo que quiera alegrarse de tanto en tanto. Le ha tocado duro. Todos sus sueños de grandeza, en el suelo. Y todos sus amigos toman tanto, que él pasa inadvertido. Sólo yo comprendo que empieza a emborracharse. No hace ningún escándalo público. Pero no, no es para preocuparse. Cuando los negocios salgan adelante, disminuirá el trago. De eso no tengo dudas. Ve poco a los niños. A veces no puede llegar a Talagante a dormir. Pero es tan difícil soportar a cuatro niños molestando y tirándose encima, estando él con los nervios resentidos. Prefiero que los vea poco a que los rete injustamente. Es mi suegra la que abastece la casa del fundo. Es un ángel. No sé qué habríamos hecho sin ella. No sabes lo que goza cuando va María a vernos. Dice que le encanta que tengamos amigos excéntricos. Creo que a ella le perdona todo sólo porque la siente su igual. Justifica su lenguaje porque el Citroen mide lo que mide. Justifica sus separaciones porque la halla regia, por el cuero italiano de sus botas, por el rojo del zorro del abrigo. Yo río por dentro. Le he inventado que el drama de María es que no puede tener hijos y esto la ha conmovido tanto. Incluso un fin de semana organizó un asado con gentes de fundos vecinos, donde brillaban dos agricultores solteros. Comprendí que los había invitado para María. ¿Te imaginas, Magda, lo poco que prosperó aquello? Si ella no se dedica a escandalizarlos, se hubiese muerto de aburrimiento. Los agricultores quedaron espantados y fascinados a la vez. Incluso me pidieron que los volviera a invitar con ella.

Estos hombres se desconciertan frente a los izquierdistas que no se mueren de hambre. Se quedan sin repertorio. Reconocen su origen —aunque ella suele olvidarlo—, por lo tanto es aceptada sin restricciones. Luego empiezan a reconocer al «enemigo» en ella. Si alguno la recuerda de los tiempos de la universidad, el ambiente puede ponerse espeso. Pero ella ríe diciendo que es una izquierdista racional, que la revolución era para los tiempos estudiantiles. Y ellos, después de todo, Magda, están en el poder hace tanto tiempo y con tal conciencia de continuidad, que perdonan los pecados del pasado. Son magnánimos con los que erraron. Tratan a María con la benevolencia de los vencedores. Y eso no sucede sólo en Talagante, creo que es un fenómeno generalizado. Bueno, entre gente como una, estoy hablando. ¿Los militares? No los conozco. Acuérdate, pues, Magda. Nunca hemos tenido contacto ni familiares ni sociales con ellos. Quizá ellos son diferentes con la cosa del poder, no sé. Pero como te decía, reconocen en María a un enemigo, fundamentalmente por el feminismo. Eso sí atenta contra ellos. ¿Qué? ¿Preguntas por qué si también allí hablan desde el poder? Ay, Magda, no te pongas difícil. Tendrán miedo de perder ese poder, tal vez. Fulminan a sus mujeres con la mirada si después de una discusión, a ellas se les ocurre un aparte con María. Sí. El terror de la contaminación. Y yo sé que ese discurso les inquieta especialmente debido a la apariencia de María. Lo sé porque lo he discutido con Daniel mil veces. Si ella fuera fea, si ella odiara a los hombres, si fuera solterona, si viniera de «la esforzada clase media», si ella tuviera problemas económicos por no tener un hombre que la mantenga, si la sintieran

llena de «ira biográfica» como dice María, entonces les
parecería más tolerable. No, Magda, ellos no tienen la
sutileza para desentrañar esa ira, ni siquiera para perci-
birla. No puedes pedirles a los agricultores o a los socios
de Daniel que comprendan la ira real. Cuando María
fue a la televisión a ese foro sobre el feminismo, todos
creyeron que la feminista era la oscura señora del CEMA
—la contrincante— porque era fea, porque se vestía
mal, porque no había ninguna dulzura en sus ojos. El
propio moderador se desconcertó cuando vio aparecer
a María, toda dorada —era verano— con un coqueto
vestido rosado, con el pelo largo al viento y arreglándo-
selas para mostrar sus regias piernas al sentarse. Por supuesto, ella lo hizo a propósito. Gozó con la confusión.
Hasta Daniel la aplaudió a través de la pantalla. ¡Y tú sabes cómo pelean esos dos! No, Magda. Estamos en Santiago, no en París. Así de estúpidos son estos hombres
chilenos. Dudo que en diez años se te haya olvidado.
Ustedes me creen a mí tan burguesa, pero supieras cómo peleo yo con ellos. No necesito ser feminista para
entender cuán retrógrado debe ser un hombre que necesita anular el atractivo de una mujer para creer que
ese discurso es real. En todo caso, nunca terminan mal
estos asados. Tú sabes cuánto mundo tiene María.
Cuando siente que el calor de la discusión ha subido al
límite, pone el tema de la empresa privada. Se presenta
a sí misma como la más fiel exponente de ella, no habla
de sus investigaciones ni del Instituto, solamente de su
productora con Rodolfo, como si invirtiera ahí todo su
tiempo. Bueno, de acuerdo, allí invierte su plata y bastante que gana. Pero es Rodolfo el que la maneja. No
sabes la pena que me da que ya no esté con él. Lo echo
de menos. Lo pasábamos tan bien en aquel tiempo,
cuando los dos volvieron a Chile. Parecían tan jóvenes

y perdidos. Creo que fue el mejor tiempo de la vida de María. Vieras las curaderas que nos pegábamos en la casa de Bellavista. Rodolfo tenía una capacidad maravillosa de avenirse con la gente más disímil. Daniel gozaba con él. Para el estreno de su película, todos estábamos ahí, cuadrados. Creo que es lo más cerca del arte que Daniel ha llegado en su vida. Y cuando se habla de él, de sus películas, Daniel se siente orgulloso de decir que es su amigo. Hasta lo he pillado diciendo que es su primo. Una lástima esa separación, de verdad. Sí, conozco a Rafael, pero no mucho. Es un poco hosco. Da la impresión de ser un solitario. María hace su vida social de siempre prescindiendo de él. Sí, es más sabio así. La verdad es que yo entiendo muy poco de pintura y me desconcierto con sus cuadros. Pero he oído hablar maravillas de la gente que entiende. Debe ser bueno, además, para que María esté con él. ¿Te la imaginas a ella metiéndose con alguien común y corriente? No, Magda, no seas mala. No he dicho que necesite aparecer en el diario para que ella le dé boleto, eso lo dices tú. Pero te estaba contando otra cosa. María de empresaria frente a mis amigos. Hace consultas atinadísimas, maneja perfectamente el léxico comercial-financiero. Y al poco rato, mis amigos se sienten cómodos de nuevo, recuperados en su identidad. Y como María todo lo exagera, deben figurarse que su productora es una especie de agencia publicitaria gigantesca. Como si ella en persona fuera dueña de la Walter Thompson.

No. Cuando va Soledad es distinto. Ella no tolera ese mundo. Al contrario de María, a ella la muestro lo menos posible. Cuando llega a Talagante es porque necesita sumergirse unos días. Dicho con exactitud, a eso va. Es sintomático. Yo leo los diarios. No seas loca, Magda, no vivo en Aysén. ¡Claro que leo los diarios! Si el pueblo está sólo a cinco minutos. Entonces, te decía... Leo los diarios y según las noticias, sospecho que Soledad llegará. Y casi nunca me equivoco. Cada vez que aumenta la represión, aparece ella con su pequeño maletín. Para verla reír hay que esperar un par de días. Entonces comienza a relajarse. Aunque te extrañe, Daniel le produce seguridad. Será su ajenidad lo que le da esta impresión, ¿o será de pura orfandad? Daniel la acepta porque es mi prima, porque es casi mi hermana y frente a eso no hay discusión que valga. Y porque yo la quiero. Sí, querer a Soledad y protegerla es la única locura que Daniel me permite. A veces discuten de política, se quedan hasta tarde conversando. Daniel le hace preguntas indiscretas, no es muy sutil para estas cosas porque le cuesta entenderlas. Ella, como si oyera llover. No lo agrede. Hasta se ríe, a veces. Fuman juntos y toman vino. (Cuando va María, Daniel saca el whisky.) Me gusta mucho cuando lleva a Esperanza. Quisiera tener más continuidad con ella. Pero Soledad la muestra sólo cuando ella lo necesita, no es como con tu Paula. Ella no fue sólo hija tuya, fue hija de todas nosotras. Nuestra primera hija. ¿Te acuerdas, Magda, en ese departamento del Parque Forestal? ¿Te acuerdas nosotras tres tocando a esta guagua como si fuera de mentira y tú riéndote desde la cama? ¿Te acuerdas el miedo que nos daba mudarla o darle la mamadera? Y tú, en la onda UP, no querías tener empleadas puertas adentro y salías con José Miguel en la noche dejándonos a nosotras a cargo. Gracias a eso pude tener a Danielito sin tanto aspaviento. Fue nuestro primer encuentro con la maternidad. La tonta de María sin hijos... Y los tuyos en el exilio. Esperanza ha sido mi única posibilidad de ejercer mi amor de tía y Soledad escondiéndola. ¿Has pensado el drama que esto significa para la pobre tía Marita? ¿Qué clase de abuela ha podido ser? Sí, a veces la pequeña Esperanza se instala ahí por temporadas largas. Pero luego llega Soledad y se la quita sin explicaciones. Ella ni siquiera tiene cómo ubicarla. Debe esperar hasta que Soledad vuelva o se la mande. Pobre tía.

No. A Óscar no lo lleva. Sólo una vez fue con él y no fue nada fácil. No sabíamos cómo presentarlo frente al resto. Piensa que en el campo no hay muchos panoramas y los dueños de fundo se aburren cuando oscurece. Empiezan las visitas, y llegan a vernos. A Soledad la ubican como prima mía. Un poco rara, pero prima al fin. Ella nunca se queda a las tertulias. Tiene el arte de saber desaparecer. Habla muy poco y se preocupa de no llamar la atención. Sí, es el opuesto de María. Hoy me parece inconcebible que ellas dos hayan sido tan unidas, que hayan trabajado tanto tiempo juntas en la cosa política. De acuerdo. María se castraba, pero nunca tuvo ambiciones en ese campo. Soledad sí las tenía. Y entonces ya se notaba. María cargaba todo tipo de culpas. Se sentía frívola, pedía perdón por ser linda. ¿Te acuerdas aquella vez que volvió de una fábrica tomada por los obreros, agarró las tijeras y se cortó su precioso pelo largo? Cuando le preguntamos por qué lo hacía, nos contestó, solemne: «Para que me tomen en serio». Y siempre Soledad recordándole su deber ser, como a todas, nuestra gran dictadora. La incluía, la integraba, la defendía. Creo que hasta hoy Soledad no se recupera del abandono de María. Cada una en su estilo, ¡cuán compañeras eran! Qué rara cercanía la de esas dos, siendo personalidades casi irreconciliables en su diferencia Y tú, Magda... Sí, Soledad siempre creyó menos en ti. Pero hoy se alegra de tener contactos a través tuyo con «la derecha de la izquierda», como le llama. Ella siempre supo que tú, tarde o temprano, estarías en ese lugar. Además, confía en la carrera política de José Miguel. Eso ya es bastante, viniendo de ella. María dice que sólo el exilio evitó que te volcaras definitivamente al centro político, que ése es tu lugar ideológico. Bueno, hoy en día está todo tan mezclado. ¿Qué te siente tan beata? ¡Imagínate cómo me siente a mí! Ese adjetivo que a ella le encanta —cartuchas— somos las dos, Magda: tú y yo. La diferencia es que a ti te considera una cartucha inteligente. De todos modos creo que en lo profundo, es a Soledad a quien tiene más cerca del corazón.

Sí, nos salimos del tema. Te estaba contando de esa vez que Soledad fue con Óscar a Talagante. Fue un desastre. Ella lo percibió inmediatamente. Por eso fue la única vez. Tú sabes que yo le tengo cariño a Óscar. Alguna vez temí que Jaime no pudiera ser reemplazado, con el consiguiente daño para Soledad. ¡Piensa en lo joven que era al enviudar! Es por ello que Óscar me produce ternura. De verdad, le agradezco por haber vuelto a nuestra Soledad a la vida. No, Magda, estoy hablando en lo emocional. Sé muy bien que la vida nunca la abandonó, pero tú no estabas aquí para vivir esos años después de la muerte de Jaime. Tú no sabes la dureza que se acumulaba en el alma de Soledad. Cuando tuvo a Esperanza, yo lo entendí como una rebeldía a todo lo que le habían quitado. Pensé que nunca más tendría una pareja. Bueno, Óscar es un apóstol. Es el hombre más austero que yo haya conocido. Jamás se queja de situación alguna. Si no hay pan, no se come pan. Si no hay parafina, se pasa frío. Se tapa, se mete a la cama. Pero no reclama. Si no se pueden comprar los semanarios, va a la biblioteca y allí los lee. Si tienen que separarse por temporadas, lo considera parte del trabajo de ellos y lo asume sin decir palabra. Si tiene miedo, se lo traga. Y calla. Me produce respeto. Es un hombre consecuente con sus opciones. Si toda la izquierda de este país fuera así... Bueno, está bien, la ultra. Los niños se extrañan con él. Preguntan por qué tiene tapaduras de oro. Por qué es tan flaco. Por qué mete ruido al comer y pronuncia tan raro la ch. En fin... a los amigos de Talagante hubo que presentarlo como un profesor que sondeaba posibilidades de trabajo en la zona. Les pareció extraño, aunque dijimos que trabajaba con Soledad. Ella consideró que la curiosidad atentaba contra su seguridad. Parece que a la organización no le sobran lugares donde esconder a su gente. Los diálogos entre Óscar y Daniel eran difíciles. Los dos trataban de ser educados, pero no había punto en común posible. Y Óscar optó por el silencio. Soledad y yo salvamos la situación con los recuerdos de la infancia. Pero todos estábamos incómodos. Al final Soledad decidió que él debía irse al departamento de María. Dice Soledad que a pesar del parentesco, es un lugar seguro dada la actual vida de María. Ella sí tiene puntos en común con Óscar. Por último, un pasado. Además, tú sabes como es ella, les saca trote hasta a los moais de Isla de Pascua. Y te advierto, sacarle trote a Óscar no es fácil. ¡Habla tan poco! Y no tiene esa compulsión nuestra de hablar por educación para llenar los inevitables vacíos. No me cabe duda que debe pasarlo bien con María. No pasa frío como Soledad en esa casona inmensa de Talagante. Comerá cosas ricas, no la comida de los niños. Oirá buena música. Como a Daniel nunca le importó la música, dejó de importarme a mí. Y las noches, a la hora que sea —porque esta gente es toda noctámbula— María se tomará un whisky con él, le ofrecerá cigarrillos negros y le contará alguna

anécdota divertida del mundo real, como lo llama ella.
Además, no tiene problemas para las presentaciones. A
nadie le extrañará encontrar un hombre desconocido
alojando en casa de María. Se cuenta con la leyenda de
sus amantes. A lo más, llamará la atención la proletari-
zación de sus gustos. Pero eso se le puede atribuir a su
excentricismo. Sí, María es muy generosa con ellos. Sé
de cuentas del supermercado que paga. Y los libros que
trae de sus viajes. Y el sweater de shetland para el cumpleaños de Óscar y todos los detalles. Por cierto, Óscar
debe pasarlo mucho mejor en ese departamento que
aquí en Talagante. Además, María es tanto más entretenida que yo. Y en su casa debe encontrarse con gente
interesante. Es cierto, Magda. Siempre, estemos en lo
que estemos, terminamos hablando de María. No te pi-
ques, nadie ha dicho que sea mejor que tú. Pero con
Soledad nos pasa lo mismo. ¿Por qué será?

13

Ya ha oscurecido. El sol se puso temprano esta tarde y luego de nuestro paseo diario por el bosque, hemos llegado a la casa con frío. Isabel avisa que subirá a darse una tina pero se entretiene con los tragos que Sara está preparando en la cocina. No podremos tomarlos en el corredor, está fresco para eso. Después de todo, la sala de estar no era tan innecesaria. Sara está cortando en trozos un queso mantecoso de la zona, tiene muy buen aspecto. Isabel prueba el vino blanco y reposa su cabeza en la mesa de roble rosado.

Cuando ya sube al cuarto de baño, ve que la tina —en el centro de la sala— está tomada. María lee con la espuma hasta el cuello. El libro es *El periodista deportivo* de Richard Ford, autor que tiene la virtud de removerlo todo en ella. Cuando descubrió a los *dirty realists* norteamericanos, dictaminó: «Mi desamparo consiste en SENTIR a Carver y a Ford». Con eso creía explicarlo todo. Nosotras, frente a la carestía de los libros importados y el IVA, esperábamos nuestro turno para comprobar si se requería o no de desamparo para adueñarse de estos autores.

Isabel se cruza de brazos y la observa.

—Ya voy, ya voy —María no parece contenta de abandonar la tina.

—A ver, quédate un momento así —le dice Isabel—, si cambias a Ford por la Marilyn French, con esa misma espuma... María, ¿sabes lo que me recuerdas? ¡Esa noche loca de mi cumpleaños!

Las dos lanzan una carcajada.

Isabel se sentó en el borde de aquella cama, una de las dos matrimoniales de esta pieza del Hotel Sheraton. No supo por dónde empezar. Esto era, lejos, lo más osado que había hecho en su vida.

Titubeó antes de marcar el número para pedir el Room Service. Luego comprendió que era absurdo. Ya estaba ahí, ¿por qué proceder con timidez? Cuando ya había pedido un whisky —doble, más encima— sintió cierta calma. Recordó cuentos de Sara y María sobre gente del exilio que se suicidaba en hoteles. En verdad, es una manera inteligente de hacerlo. Es el gesto antihistérico por esencia. Es la soledad de verdad. No ese suicidio a medias, cuando esperas en el inconsciente que te encuentren antes del momento fatal. Y de repente pensó en Hernán. Se rió a gusto. Es primera vez que no estoy a su alcance. ¡Esto es fantástico! Podría buscarme la noche entera y no me encontraría.

El placer la hizo relajarse. Llegó su whisky, firmó el vale, dio propina. Cerró con pestillo y dejó afuera colgado el *Don't Disturb*.

Esa tina gigantesca la atrajo. Pensó en la inutilidad de tener dos lavatorios a su disposición. Buscó entre todos los frascos colocados en el mármol y encontró la espuma para baños.

Apagó la luz cuando ya sintió correr el agua. Sentada al borde de la tina, cerró los ojos. Se sintió arrullada. Recordó cuando era pequeña. Su madre no conocía casi las duchas. El sonido del agua al correr era la seguridad que su madre estaba cerca. Cuando la sentía a horas extraordinarias, era porque mamá se había levantado. En cuanto tuvo edad, ella se ofrecía para prepararle las tinas. Entonces se encerraba en el baño, apagaba la luz, sólo el reflejo del fuego de la llama de gas (el cálefont adentro del cuarto de baño en esos tiempos) alumbraba de forma mágica. Y esos reflejos unidos al sonido del agua correr eran la gloria. Más tarde, preparaba las tinas para ella y sus hermanos. Ése era el lugar donde ella soñaba. Desde allí inventaba personajes, dialogaba con ellos, le daba vida a todo lo imaginario.

Se estremeció. Quiso ser niña otra vez. Añoró depender, y a la vez, añoró la libertad.

Ese día Isabel cumplía treinta y cinco años. ¡Vaya forma de celebrar su cumpleaños! Y recordó la carita de su hija Francisca cuando entró al dormitorio de sus padres, unas horas atrás, preguntando asustada:

—Mamá, ¿qué pasó?

—Nada, mi amor. Vuelva a la cama.

—¿Por qué se fue tan enojado el papá?

—Porque tuvimos una pelea.

—Pero mamá... ¿fue una pelea o una discusión? —Parecía tan preocupada.

—¿Cuál es la diferencia?

—Con las discusiones uno se perdona altiro. Con las peleas, no.

—O sea, Francisca, las peleas son más graves, ¿cierto?

—Sí, mamá.

Isabel la miró con ternura. Su pequeño cuerpo tan bonito, forrado en el pijama lila, con los pies desnudos y encogidos por el frío de agosto en una de las tantas casas buenas de Santiago que no poseen calefacción central. Quiso abrazarla, meterla en su cama y pegarse con ella bajo las sábanas. Pero intuyó a tiempo que su hija le quitaría la capacidad de endurecerse.

—Fue una discusión, mi amor. No se preocupe por nada. Vaya a dormir.

—¿No quieres que te acompañe?

—No, gracias. Quiero estar sola.

Ya lejos de la presencia enternecedora de la niña, volvió al estado de ira anterior. Hernán había salido de casa efectivamente furioso. Tenían una comida de la empresa, como siempre. Don Mauricio había citado a todos sus empleados preferidos —Hernán entre ellos, por cierto— para amenizar a unos japoneses, posibles inversionistas.

Dos meses atrás, Isabel le había pedido a Hernán que la llevara para su cumpleaños a un bonito y conocido hotel parejero en el centro de la ciudad para festejarlo.

—Cumpliré treinta y cinco años y nunca he estado en un hotel. ¡Dicen que incluso hay video y se pueden ver películas pornográficas!

Hernán la miró extrañadísimo.

—¿Tú? ¿Tú quieres ver pornografía? No la necesitamos para funcionar, que yo sepa.

—De acuerdo. Pero nunca he visto una película del todo porno. Ay, Hernán, es mi capricho. Quiero hacer las cosas que no he hecho antes. Llévame a ese hotel.

—¿Y quién te ha metido esas ideas en la cabeza? ¿Las mujeres de tu oficina?

—¿Cuáles son «las mujeres de mi oficina»? ¿Te imaginas a Ana en un hotel parejero? No es precisamente el tipo. Sara no tiene pareja. O sea, no iría por nada del mundo. (Se reprimió el decir «no tira con nadie», ése no era el lenguaje esperado en ella.)

—¿Y María? ¿Ella tampoco iría por nada del mundo? —el tono de Hernán alerta e irónico.

Isabel se sonrojó un poco al recordar que efectivamente había sido idea de María: «Eres una mujer hecha y derecha y nunca has estado en un motel. ¡Qué falta de imaginación, Isabel! Pídele a Hernán que te lleve para tu cumpleaños. También al amor hay que pasearlo. Yo te daré el dato, el que más me gusta a mí».

—María no tiene que pedir que la lleven. A ella le ofrecen llevarla.

Como a Hernán no le gustó la respuesta, volvió inmediatamente al tema anterior.

—Bueno. Te llevaré. Ojalá a los cuarenta no me pidas una isla tropical, ya que te estás poniendo exótica. Pero de todos modos haremos la celebración tradicional, con los niños y mi madre y la torta Pompadour. ¿O ya no lo quieres así?

—Sí, sí lo quiero así. Eso lo haremos en el día. Pero la noche será en un hotel. ¿Promesa?

Pero las promesas de Hernán eran tales sólo si don Mauricio no interfería. Y si lo necesitaba para sonreírle a un japonés, aunque fuera la noche de su cumpleaños, él no lo defraudaría. Él nunca defraudaba a don Mauricio.

—Eres una mal agradecida —le había gritado Hernán esa noche.

Claro, además había que agradecer el sueldo a don Mauricio, como si Hernán no fuese un estupendo constructor civil, como si los quince años trabajando en su empresa no hubiesen significado millones para él.

—Te preferiría pobre y menos sometido —fue toda la respuesta de Isabel.

Pensó en sus cinco hijos, en su gran casa en Las Condes, en los colegios particulares, en el precio de cada auto que esperaba en el garaje. Entró al baño y pateó la enorme lavadora General Electric con su respectiva secadora al lado. Hernán le apretó los brazos, sujetándola y la acusó de estar loca.

Fue entonces que Isabel sintió el ahogo. Lo creyó venir muchas veces pero nunca se le había develado así, con esa desnudez, con esa falta de matices. Cruzaron por su mente frases sueltas. La voz de María.

—Algún día Isabel dejará una gran cagada. O se volverá alcohólica o se fugará con un hippie menor que ella.

Esto iba acompañado por risas y falsas indignaciones de Isabel.

—Debieras ir de a poco, Isabel. Así no llegarás al límite. El límite es terrorífico, créeme. Suelta un poquito cada día, así evitas una explosión final.

Y luego, en la intimidad, esos ojos cálidos de María mirándola fijo.

—¿Por qué aceptas la tiranía, Isabel? ¿Por qué? ¿A qué le tienes miedo?

De nuevo las risas en conjunto.

—Isabel debiera tener un amante. Que por lo menos conozca otro cuerpo que el de Hernán, aunque sea por cultura general.

—¿De qué opción me hablas? Si no has hecho el amor con otro, no estás optando. Sólo te has quedado con lo único que conoces.

—El tirano llama para hacer su control de rutina. Digámosle que Isabel no está, veamos su reacción —e Isabel, pálida, tomaba el teléfono.

—Aquí estoy, Hernán.

Llevaba diecisiete años contestando: aquí estoy, Hernán.

Cuando esa noche de su cumpleaños sintió el portazo y el motor del auto encendido, apareció el ahogo. Le costaba respirar. Su único deseo era escapar.

Escapar...

Sin niños, sin marido, sin electrodomésticos, sin empleadas que pidieran plata para el pan.

Y metió dentro de la cartera su escobilla de dientes, su bolso con cosméticos, los Lexotanil y un libro que le había prestado María, de la norteamericana Marilyn French. («Qué mal te hace leer a estas feministas —Hernán miraba el libro con disgusto—. Te hace daño. Y te pones insoportable.») No necesitaba más. Chequeó la billetera. Las dos tarjetas de crédito y algo de efectivo para el taxi. Y sin dejarse el tiempo necesario para reflexionar, llamó por teléfono a un radio taxi.

—Al Hotel Sheraton, en la Avenida Santa María.

El solo hecho de no conducir su auto, de ir echada en el asiento trasero sin responsabilidad, la relajó. ¿Quién dijo que el instinto de fuga era netamente masculino? Un hombre, no cabe duda, se respondió con una sonrisa. Pero también era un hombre el que manejaba delante de ella. Mil veces estos años había oído sobre lo sospechosos que eran los taxistas, que pueden ser agentes de seguridad, que te meten el tema político para ver de qué lado eres, que la policía es dueña de la mitad de los taxis de la ciudad. La recorrió un escalofrío y decidió guardar estricto silencio.

Isabel siempre tenía miedo, toda clase de miedos. Salir sola en la noche era uno de ellos. También lo era dormir sola. Y nunca había pensado en un hotel en su propia ciudad. Recurrió al Sheraton porque le pareció el más seguro. (Todavía no proliferaban en Santiago los hoteles elegantes.) Si es el más caro, por algo será, los ricos suelen estar pendientes de la seguridad. Además, eso le evitaba entrar al centro a esas horas. El centro de noche era otra de las cosas que le daban miedo. Un hotel en el barrio alto le pareció más familiar.

Ya en el lobby pasó al mesón a inscribirse. Por suerte había habitación disponible. Doble, pero no importa. Llegó hasta allí, eso es lo que cuenta.

—¿Cuántas noches?

—Una... no sé...

El indiferente empleado del hotel levantó la cabeza y la quedó mirando. Ella quiso tener más aplomo, pero definitivamente no lo tenía.

—¿Puedo quedarme una sola noche?—sus ojos casi pidiendo perdón.

—Usted puede hacer lo que desee, señora. ¿Equipaje?

—No tengo.

—¿Forma de pago?

Mostró su Golden Card para tranquilizar a este hombre que seguramente la miraba con sospecha. Ella olvidó que su pelo rubio y sus ojos dulces no solían levantar sospechas ni al más desconfiado.

Con la llave de la habitación en la mano, subió por el ascensor, muy insegura. Un garzón le abrió la puerta y la hizo pasar. Le gustó ese espacio grande, esas dos camas de doble plaza, las flores y frutas en la mesa. Era todo tan aséptico. Exactamente lo que ella necesitaba. Nada podía infundir miedo en ese lujo y esa limpieza. Se sentó tímidamente al borde de la cama, y allí titubeó antes de llamar al Room Service.

Pero Isabel ya está en la tina, llena de espumas, con esa temperatura que hace coincidir al cuerpo con el alma. El whisky doble se ha vaciado hasta la mitad.

—Soy una adulta —se dijo a sí misma en voz alta, con orgullo.

Tuvo la tentación de llamar a María para compartir su aventura —lo bueno de María era que uno podía llamarla a las doce de la noche—, pero intuyó que hacerlo le quitaría adultez a su gesto. Por primera vez en su vida estaba sola. Nadie sabía dónde se encontraba. Le pareció más consecuente seguir así. Entonces reparó que efectivamente era medianoche.

—Feliz cumpleaños, Isabel —y se dejó tapar por la espuma hasta el cuello.

14

—¡No quiero una sociedad donde exista una sola mujer que no haya tenido un orgasmo!

La voz de Sara aún permanece en los tímpanos de María mientras el Citroen come los kilómetros de la Panamericana Norte. Ansiaba llegar a Cachagua y estar con Magda, José Miguel y los niños. Acarreaba sus cremas para tomar el incipiente sol de la primavera, sus expectativas y una leve dosis de ansiedad. La anticipación, la intuición de encuentros y una rara esperanza le surgían a María cada vez que entraba en un escenario social desconocido, como si esos escenarios la reconstituyeran y a través de ellos pudiese sentirse real. Esto de dejar a Rafael en Santiago preparando su nueva exposición le daba alas.

La carretera y los orgasmos.

El día anterior había almorzado con su prima Piedad. Volvió abatida a la oficina y pescó a Sara para desahogarse. Guardó reserva de la identidad y le contó.

—¡Trece años casada y nunca ha tenido un orgasmo!

—¿Cómo sabe, entonces, lo que son?

—Porque luego de tirar años y años con su marido, sin encontrarle ninguna gracia al asunto, empezó a masturbarse. La pobre se sentía rara y un poco ahogada, veía películas, leía revistas y sospechaba algún placer que ella no conocía. Se casó virgen, con un huevón inculto y desconsiderado, que lleva trece años montándose arriba de ella una vez por semana, sin acariciarla siquiera, metiéndole el pico como un mero trámite, acabando él a los cinco minutos y punto. Eso es todo. Nunca han conversado el asunto, y cuando él le pregunta, una vez a las mil, si le gusta, ella responde educadamente que sí. Entonces, él cree que todo está bien. ¿Te imaginas la sensibilidad de ese hombre?

—Y la estupidez de ella, si me lo permites...

—Bueno. Un día ella, distraída, empezó a hacerse cariño mientras veía una película de amor en la tele y él roncaba a su lado, tranquilo luego de su desahogo semanal. Se empezó a calentar y siguió. Dado lo tonta que ha sido en este plano, estuvo a punto de parar; no le sonó a santo lo que hacía. Pero alguna fuerza subterránea la hizo continuar y... ¡acabó! Fue tal su impresión de sentir esto, tan finito, esta voluptuosidad por fin no indefinida, esto que la botaba exhausta en la cama cerrando sus terminaciones nerviosas, que comprendió que se trataba de un orgasmo. Claro, siguió masturbándose a escondidas del marido y con enormes sensaciones de culpa. Pero lo pasaba tan bien, eran tales los niveles de calentura insospechados para ella, que ya no pudo retroceder. Entonces decidió hablar conmigo, por eso me invitó a almorzar hoy día. Yo me enfurecí, por su ignorancia, su incultura, su pérdida de tiempo. ¡Trece años! ¿Qué te parece? La interrogué largo sobre su vida sexual con el animal éste con que se casó. Créeme, Sara, créeme sin ponerte a llorar, que en todos estos años, él nunca le ha besado el sexo. NUNCA. Es como para meterlo preso. El pobre clítoris de esta mujer preciosa, virgen de labios y lenguas. ¿Que si ella se ha hecho cargo del sexo suyo? ¡Estás loca! Ambas cosas están negadas a priori. O más bien, como él nunca se lo hizo, ella pensó que entre gente decente no se hacía y punto. Jamás se le habría ocurrido a ella tomar la iniciativa. He quedado descompuesta, ya le tomé hora con mi amiga sicóloga, la que se dedica a terapias sexuales.

—¿No será un poco frígida tu amiga?

¡Si el problema de la pobre Piedad no es la frigidez, es la tontera!

Y Sara se indignó tanto como ella. Durante largo rato se encerraron en la oficina a sufrir por las mujeres del mundo. Sus amores, sus enganches, sus abandonos... Y Rita salió a la palestra, Rita, la amiga abogado de María. Isabel y yo guardábamos un cierto nivel de distancia cuando Sara y María empezaban. Temíamos que no pararan nunca más, y que se las arreglaran para involucrarnos a nosotras, las normales como decía Sara con cierta ironía. Pero volviendo a Rita, era un caso que había conmovido en extremo a María y de tanto en tanto, intentaba volver a desentrañarlo.

Rita fue la mejor alumna de su promoción en la escuela de Derecho. Era una mujer, como decía María, intrínsecamente inteligente.

Al terminar la escuela se doctoró en el extranjero y luego montó su propia oficina de abogados, con gran éxito. Es judía, explicaba María, a propósito de su coeficiente intelectual. Toda su carrera era un espiral ascendente. Se casó con un biólogo y tenían un buen matrimonio. Aunque no aparentaba gastar allí mucha de su energía, se comprendía que para ella era un background importante y equilibrante. Era una de esas pocas mujeres —envidiables para María— que parecían estar más determinadas por su trabajo que por su vida afectiva. Tuvo dos hijos, ambos geniecillos, y la vida le sonreía. Hablaba cuatro idiomas casi a la perfección; no era fácil adivinar cuál era su lengua materna. Fue contratada por una importante empresa norteamericana y

la familia se trasladó a Estados Unidos. Al cabo de cinco años, esta empresa la nombró su representante en
Londres. Ganaba miles y miles de dólares y se los aumentaron por irse a Europa. Su marido no dudó en dejar su trabajo en Estados Unidos y acompañarla. Ella
ofreció regalarle un año sabático en Londres, y él aceptó contento, pudiendo así dedicarse a sus propios proyectos. Fue entonces que María los conoció.

María los veía con regularidad y gozaba de
comprobar que había gente feliz sobre la faz de esta
tierra. Era la única familia sin problemas económicos
con quien se encontró durante todo su exilio, y los únicos que hablaban de otras cosas, ya que no vivían en
Londres por razones políticas. Esto los convertía a sus
ojos en una pareja refrescante, y la diferencia de eda-
des —diez o quince años— la envolvía en un tenue ve-
lo protector que ella agradecía. Además le producía un
enorme orgullo el que una persona de su mismo género y nacionalidad pudiera acceder a puestos tan importantes y ganar tanto dinero.

Al volver María de unas vacaciones en París, llamó a casa de Rita para reportarse, como lo hacía cada
vez que se ausentaba por un tiempo considerable. Ante
su sorpresa, le informaron que Rita estaba en el hospital. María partió rápidamente a la casa de ellos, pensando en una apendicitis o algo así. Se encontró con la
nanny —sólo ellos podían pagar ese lujo—, quien le in-
formó que Madame se había vuelto loca.

Resumen: este marido, mientras gozaba del sabático a sus expensas, se enamoró de otra mujer: una
mujer sin ningún CI especial, una holandesa dedicada
a la danza oriental, que apenas ganaba para pagar el
arriendo de la pieza donde vivía, pero absolutamente
hermosa. Se alucinó a tales niveles, que tiró a la basura

su matrimonio y su estabilidad de veinte años y se fue con ella, de la noche a la mañana. Al ser informada Rita de su suerte, perdió la razón. Ni su brillante carrera ni su aguda capacidad de razonar la contuvieron. Cuando tiempo después María pudo verla, su discurso era uno solo: «Me llamó vieja y fea». Que su marido la hubiese abandonado pareció ofenderla menos que eso.

María cruza la Cuesta El Melón y se le encoge el corazón por Rita y por Piedad. Entonces se le introduce Teresa, la amiga de Sara, y el cuento de ésta, tan dolido. ¿Cómo hacer un mosaico con todas ellas, congelarlas en el vidrio, y darles vida nueva después?

Sara y Teresa estudiaron juntas en la universidad, llegando a ser muy amigas. Teresa era una mujer bastante completa: era inteligente, agraciada, esforzada y muy buena alumna en ese ambiente de la escuela de Ingeniería donde las mujeres no se lucían mucho. Poseía un equilibrio envidiable, abrazaba causas sin dejar todo el corazón en ellas, y sus medidas no eran producto del cálculo, sino del sentido común. Quería a Sara entrañablemente. Ambas eran de provincia, de familias cálidas y apoyadoras —ella venía de La Serena— y se conocieron en la residencia estudiantil al llegar a la capital. Participaron juntas en cuanto proyecto les fue posible, desde los netamente académicos hasta los políticos y culturales, siempre Sara liderándolos y Teresa aportando en los contenidos. Sin vivir la política como Sara lo hacía, era una persona de izquierda y apoyaba desde atrás. Fue de una gran ayuda para Sara cuando vino el golpe militar y debió pasar a la clandestinidad. (El que

Teresa no fuera dirigente se agradeció en ese momento.) Al nacimiento de Roberta, Teresa fue elegida como madrina y ella tomó tal nombramiento con gran seriedad. Iba a Valdivia a la casa de General Lagos y se instalaba allí como una más, con las tías tratándola como a otra sobrina. Se recibió y al poco tiempo accedió a buenos trabajos. Era muy capaz, a la vez tenía una gran vitalidad y su amor por el mundo se dejaba entrever en sus miles de amistades y actividades.

¿Cuál era el problema de Teresa? Los hombres —problema no muy original— especialmente en las mujeres inteligentes. Algo pasaba con Teresa que sus relaciones no llegaban a puerto. No era un problema físico, tenía un buen porte, se arreglaba bastante —era la que más retaba a Sara por el desaliño de ésta—, su pelo era bonito, largo y denso, y sus facciones eran regulares. A Sara le gustaba su risa grande, mostraba muchos dientes en su espontaneidad. Gastaba plata en ropa y seguía la moda. Además de todo esto, su conversación era entretenida y su presencia agradable. Pero siempre que se enamoraba de un hombre, por una razón u otra, éste la abandonaba al cabo de un tiempo. Sara no entendía por qué.

—Es que no calienta —le explicaba Francisco, desde su mirada masculina—. Hay mujeres estupendas en todo sentido, de las cuales uno debiera racionalmente enamorarse. Sin embargo, uno no se enamora porque la química no funciona. Ésta es arbitraria, tú sabes. No tiene motivos cuando apunta hacia una dirección determinada. Eso pasa con Teresa. Inspira gran cariño, pero no revuelve hormonas.

Efectivamente, eso sucedía con Teresa. A medida que el tiempo pasaba, todas a su alrededor se casaron y tuvieron hijos, menos Teresa. Sara le presentó una cantidad de hombres, le inventó situaciones ad hoc. Pero el problema de Teresa no era el de conocer hombres y conquistarlos, era el de retenerlos. Y luego de una suma de fracasos, empezó a perder esperanzas. La confianza en sí misma estaba mermada y sufría. Y Sara sufría con ella.

Cuando ya habían pasado la treintena y Teresa era calificada de solterona, decidió tomar un trabajo que le ofrecieron en el norte, en Arica. Estaba ilusionada de partir allí de cero; de llegar a un lugar donde nadie la conociera, así no sería víctima de las imágenes que otros tenían de ella, obligándola a actuar según esos patrones, obligándola a ser fiel a sí misma, obligándola a responder a las expectativas que los otros ya exigen de una, pues una misma las ha forjado. Bien, Teresa creía que se sentiría libre.

Fue entonces, en Arica, que conoció a José, un joven antropólogo, bastante menor que ella y soltero. Era un personaje excéntrico, difícil y divertido, y su pasado denotaba un cierto temor al género femenino. Su inteligencia encontró eco en la de Teresa y empezó la historia. Al poco tiempo se trasladaron a vivir juntos y se pronunció por fin la palabra —mágica para Teresa— matrimonio. Sara fue invitada al norte para conocerlo. Pasaron una semana juntos y Sara llevó a Roberta. Teresa, su madrina, se dedicó mucho a ella, dejando tiempo para que Sara y José se conocieran a sus anchas. Hicieron paseos muy bonitos, cruzaron la frontera peruana y fueron a Tacna, se bañaron en la playa al atardecer en esas aguas cálidas del norte que los recibían a cualquier hora. Fueron días excepcionalmente ricos y acogedores.

Resultado: Sara y José se aprobaron mutuamente, y con creces. Conversaron todo lo que dos seres humanos pueden conversar en siete días. Sara estaba impresionada por el ingenio del cual él hacía gala, por su sarcasmo e ironía que tanto la hacían reír y por su gran sentido del humor. No le pasó inadvertido que él era constantemente el centro de todo, pero no lo juzgó por eso, sintiendo más bien que se lo merecía. Era claramente un hombre intenso y eso le gustaba a Teresa.

Sara volvió contenta a Santiago: por fin se había resuelto el problema de su amiga. Teresa y José se casaron con todas las de la ley, se trasladaron a Santiago, ella se embarazó y por fin fue madre de un pequeño José, como corresponde. Se fueron a vivir a una parcela en las afueras, porque José se angustiaba entre la gente en plena ciudad. Teresa dejó su trabajo, tomando consultorías que podía manejar desde su casa. El mundo exterior empezó a sobrarle cada vez más. José y la guagua parecían robarle cada partícula de energía que poseía. Él trabajaba en su gran escritorio en la misma casa y cada vez que Teresa salía parecía tener una enorme prisa por volver. Los intereses de siempre se relativizaron en ella hasta el punto de desaparecer. Le dejó de preocupar el vivir en dictadura y su aporte a la lucha por la democracia pasó a ser nulo. El tema de las mujeres —vivido en forma muy cercana entre ambas amigas— también dejó de inquietarle, olvidando sus niveles de conciencia y no respondiendo más a ningún tipo de convocatoria.

—¡Estás hecha una monja! —le decía Sara con tolerancia, pero bastante sorprendida.

Las invitaciones a la parcela se espaciaron. Teresa daba la disculpa del difícil acceso a ésta, pues en tiempos de protesta las calles aledañas se convertían en verdaderas trincheras y casi todas las noches los pobladores quemaban neumáticos, imposibilitando la pasada.

Sara había tenido ya algunos sobresaltos en sus visitas y aunque a Roberta le gustaba tanto ir, era aconsejable hacerlo de día, cosa complicada para una mujer que trabaja con horario completo. Las demás amigas perdieron todo contacto con ella. Alguien le sugirió que se cambiara de casa y ella puso el grito en el cielo. Hasta que un día sencillamente dejó de trabajar, ella, que era tan buena en su profesión. Sara sintió que esto era excesivo pero no logró traspasar la barrera que esta pareja había puesto con el mundo, ni siquiera ella, la amiga del alma. Ya no lograba ver a Teresa a solas, la veía siempre con José al lado, de por medio, y sintiendo poco a poco que ella les sobraba también. A medida que pasó el tiempo, la casa de la parcela empezó a hacerse físicamente pesada para Sara. La renta que recibía José de algún bien raíz no parecía ser suficiente y Sara le insinuó que debería volver a trabajar. Teresa no reconoció que él no se lo permitiese, sólo explicó su opción con coquetería: «pobres pero juntos». En verdad no parecían necesitar nada que no estuviese allí. Teresa trabajaba mucho en lo doméstico. Ella había amado el mundo y también un poco lo mundano, pero a José el mundo no le gustaba y ella lo protegería como fuera. Su porte elegante decayó. Llegó un momento en que más que vestirse, se cubría. Durante el espacio de cuatro meses, Sara la vio siempre con la misma ropa: unos pantalones negros de franela con un chaleco negro encima. Su pelo ya no recibía el cuidado de antaño: «A José le gusta así, natural». Ella estaba dedicada a él, noche y día, invierno y verano. Había hecho entrega, literalmente, de su vida.

Sara se armó de valor y decidió hablar con ella. La sacó de la parcela, aduciendo una enfermedad de Roberta, y la obligó a sentarse frente a frente. Con el tono más dulce y las palabras más adecuadas, le insinuó que se estaba destruyendo. Se puso a sí misma de ejemplo, explicándole que el espíritu de servicio en ciertas mujeres responde a las partes oscuras del alma, y que pueden terminar en una gran neurosis. Le habló del instinto de salvación, aquello que según Sara corresponde sólo al corazón de las mujeres. Le habló de cómo la vitalidad femenina es tan única y específica, de cómo siempre se puede volver a empezar cuando uno ya ha tomado conciencia. Le dio su mirada con tremenda lealtad. Le insinuó que José la necesitaba a ella como escudo frente al mundo al cual detestaba; que sin su fanática protección él se haría pedazos. Que por eso la había elegido, que por su complejo de soltera ella serviría, como fuera y a cualquier precio, al hombre que por fin se había casado con ella.

Teresa no respondió. A los pocos días, José pasó por el Instituto e invitó a Sara a almorzar. Fue él quien respondió. Y la respuesta fue «se acabó esta amistad». Sara comprendió que al haber hablado, le había entregado a él la herramienta que necesitaba para romper el último vínculo que Teresa tenía con el mundo exterior. Se indignó consigo misma, había caído en la trampa y ahora nadie más querría a Teresa sino él. Fue acusada por José, durante el funesto almuerzo, de no querer a Teresa, de no resistir este matrimonio pues respiraba por la herida del fracaso del suyo y que era incapaz de comprender este retiro del mundo que Teresa había hecho porque su interés básico —el de Sara— era el poder, y en su lucha por conseguirlo, a través de Francisco primero y del movimiento de mujeres, después, había perdido la mirada trascendente. Sara no contestó, pensó en Teresa y en la ilusión de retomar la relación y se quedaron en su boca todas las respuestas, muy ofensivas, que le habría gustado darle. Se dejó agredir sin decir palabra. Volvió a la oficina pálida. Entre lágrimas, su única frase fue «¡Qué barato me vendió Teresa!».

Al divisar la playa en su línea de horizonte, María decidió olvidar a estas mujeres y sus desgracias.

Magda la instaló en un dormitorio con vista al mar y a esos hermosos verdes de Cachagua. Un exquisito mariscal en la terraza con un vino blanco helado la esperaba y se sintió en el paraíso. Ella se entretenía en el mundo de Magda. Le pareció un alivio estar sola y no cargar con una presencia de la cual se sintiera responsable. A Rafael nunca le gustó mucho la gente, menos aún los intelectuales de la izquierda dorada, como llamaba a Magda y sus entornos. Ella, en cambio, se sentía bien en su piel y parte natural de ellos. Le gustaba estar al lado del fuego con un whisky en la mano, rodeada de amigos que discutían, escuchando los análisis de la coyuntura política hasta la madrugada, interviniendo, acalorándose, vibrando con el desarrollo de los hechos, sintiéndose siempre protagonista del devenir de su país. Estaban todos tristes esa primavera del ochenta y seis. Hace un año, alrededor de este mismo fuego, habían compartido esperanzas. Entonces había surgido en el país el Acuerdo Nacional. La Iglesia Católica había logrado convocar al espectro político completo y la derecha y la izquierda se sentaban por primera vez durante esos doce largos años en la misma mesa. Los militares se habían sentido aislados y la clase política vislumbraba una salida, con una derecha aparentemente democrática dispuesta a ceder en puntos claves. Entonces habían concebido caminos a seguir. Pero hoy, en pleno estado de sitio, costaba no entregarse a la depresión. Habían atentado contra la vida de Pinochet y éste se había salvado providencialmente, desatándose en el país la represión. Muertes y encarcelamientos volvieron a ser la tónica y se instaló otra vez el miedo, pagando las consecuencias la salida política y su lucha. Poco antes habían descubierto enormes arsenales de los grupos de ultraizquierda. Todo retrocedió, la mirada hacia adelante se empañaba.

Una mañana llegó Magda de la playa muy agitada. María recién se levantaba. Nunca salió de la cama antes de las once y se admiraba de esta pareja que trotaba a las ocho de la mañana o que jugaba tenis a las nueve. Ella odiaba los deportes y se burlaba de tanta sanidad.

—María, ponte las pilas y acompáñame. Haremos una gran fiesta esta noche. Voy de compras.

Había llegado un amigo de ellos, a quien por fin habían autorizado para entrar al país. Era un sociólogo muy connotado, venía de Estados Unidos, donde estaba contratado por una universidad de California como investigador en Ciencias Sociales. Se llamaba Ignacio, y María comprendió que era un hombre importante pues las voces de Magda y José Miguel cambiaban de tono al pronunciar su nombre. María nunca lo había conocido, pero había oído hablar de él. Ella era casi una adolescente cuando este hombre daba clases en la universidad y escribía en las revistas políticas. Nunca asistió a sus famosas conferencias pues seguramente en ese entonces, al no tratarse de política contingente, a ella, la militante ortodoxa, no le interesó. Pensó María en cuán estrecha fue su mirada durante su largo tiempo de militancia. Recordó que por años dejó de valorar

y contactarse con nadie que no fuera del partido, como
si toda la realidad del país estuviera allí reflejada y sin-
tetizada. Volvió a evocar, como tantas veces, esa vaga
sensación de castración que la ligaba a sus recuerdos de
entonces.

Esa noche María se encontró experimentando
una inquietud, difusa, pero inquietud al fin. La ansiedad a priori, la habría calificado Sara. Le entusiasmaba
conocer a Ignacio. Siempre se autocriticó su fascinación
por hombres de historias conocidas y reconocidas, como si le aliviase la tarea de tener que descubrirlas ella.

Eran las nueve cuando Magda entró al dormitorio.

—Vamos, María, estás estupenda, no te arre-
gles más. Igual Ignacio se fascinará contigo. Te advierto que es un Don Juan.

—¡Me cargan los Don Juanes!

—¿Te roban el papel? —preguntó Magda con
ironía—. Te confieso que si yo lo hubiese conocido soltera, algo me habría pasado.

Avanzaron hacia la cocina.

—¡Qué raro, Magda, que no me pidas que me
comporte!

Algo de resentimiento había en esa voz, sacan-
do a superficie la cantidad de veces que su hermana la
había reprimido y la expresión de censura que aparecía en ese rostro cuando María buscaba desesperadamente en él la aprobación. Ella sabía serle útil a Magda
cada vez que ésta necesitaba un adorno especial en su
mesa. Pero conocía la dureza de esos ojos cuando la ac-
tuación dejaba de ser decorosa, al juicio de Magda.

—No, no es necesario. Ignacio es muy liberal.

Se juntaron cerca de cincuenta personas. Algunos venían directamente de Santiago. La oposición

política estaba muy bien representada en toda su aceptable diversidad. El fuego de la chimenea iluminaba, los niños se encargaban de la música y José Miguel repartía tragos y pequeñas empanadas de mariscos. Ignacio fue el último en aparecer. Se hizo un leve silencio, ese de los reencuentros y de los abrazos sentidos. María se retrajo, siempre le pareció de mal gusto demostrar prisa por estar con los que en ese momento se saben centrales. Por ello, y no por insolencia, se mantuvo lejana frente al fuego, como una espectadora.

Y fue Ignacio quien, después de un rato —más o menos largo— se acercó a ella. Era tan alto, su caja torácica tan ancha, como si estuviera hecha para abrazar. Sus ojos eran claros y transparentes en su amabilidad.

—¿Quién eres tú?

—Me llamo María.

—¿No eres mujer de ninguno de los políticos aquí presente?

—No. Soy hermana de Magda.

Él frunció el ceño, como atrapando ideas sueltas y al juntarlas, sonrió.

—¿Tú eres la famosa María? Te conozco mucho. Tu leyenda traspasó el exilio.

María se puso tímida.

—¿Tú... a mí?

—Sí, yo a ti. Tenemos buenos amigos en común, por no mencionar solamente a tu hermana. ¡Y no hablemos de tus enamorados! Siempre hubo alguno en cada ghetto de exiliados.

—¡Cómo exageras, por Dios!

—Si bailas conmigo, te contaré un secreto.

María sonrió como una quinceañera y se dejó tomar. Ya una vez en sus brazos, preguntó.

—¿Cuál es el secreto?

—Alguien me dijo que si yo era el hombre inteligente que suponen que soy, tú serías una de las pocas candidatas en este país para enamorarse.

María se rió y ya se relajó.

—Y una mujer inteligente, ¿debiera supuestamente enamorarse de ti?

—Puede resultarle peligroso, pero sin duda nutritivo. —Era tal la simpatía en esa voz que no se le podía acusar de pedante.

—¡Qué ingenua, creyendo que la peligrosa era yo!

—¿Quieres competir?

Rieron, bailaron, no hablaron nada importante, sólo se movieron en torno a la música. Él casi no le permitió bailar con otros. Luego un grupo se lo llevó a conversar al comedor.

—La puesta al día, tú sabes. Nadie en este país te perdona por no dominar la situación al detalle si has tenido la osadía de estar ausente.

Ella siguió bailando pero sentía esos ojos claros tras su ancha falda negra de gitana. Y ellos fueron, durante todo momento, el motor para cada uno de sus movimientos. Avanzada la noche estuvieron juntos de nuevo. Siguieron conversando, conociéndose, compitiendo en un verdadero ping-pong de ingenio y desenfado. Luego retomaron el baile y no cesaron de bailar. Los ritmos de salsa y el fuego aún encendido la hicieron transpirar. Su sobrina puso a José Luis Perales y al acercarse a Ignacio, ella sintió que estaba casi empapada, el pelo y la frente mojados y el cuerpo sudando como los caballos después de mucho galopar. Un poco inhibida, se disculpó.

—Me fascina tu transpiración. ¿Sabes tú que las mujeres frígidas no transpiran?

Puso su mejilla en la húmeda frente de María

y el abrazo del baile, dulce como Perales, se estrechó. Fue estrechándose aún más, como encerrando en un círculo a toda la sensualidad que por ahí anduviese. Cuando llegaron a sentir cada uno el sexo del otro en sí mismos creyeron ser amigos de tiempos remotos y se instalaron en la nitidez de la sensación. María escuchó que ese cuerpo la llamaba con voces que venían de otra parte, de cielos o tierras lejanas. Fue ese cuerpo grande el que le hizo la ilusión de un gran dique que podría contenerlo todo. Y esas manos grandes en el cuello de María, acariciando pelo y nuca, parecieron en su ritmo callado ir levantando poco a poco cada piedra de los muros altos que María usaba para su fortaleza.

—Te has puesto silenciosa.

—Sí, es cierto.

—¿Pasa algo?

—Sí. Me cansé de ser ingeniosa e inteligente.

Ignacio la miró con ojos de ternura preocupada.

—No necesitas serlo.

—¿Es que se puede estar contigo de otra forma?

—Vamos, María —le tomó la cara, levantándosela—. ¿Qué temes?

—Nada. Es sólo que estoy cansada.

—¿De qué?

Ella apretó su mano y apoyó la cabeza en ese hombro firme.

—De ser espléndida.

Ignacio rió y la risa, sin que ella lo reparara, permitió descansar al personaje en ella. Bajó la guardia y fue esa risa la que activó algún resorte y ese personaje, casi rígido en su continuo despliegue y exhibicionismo, perdió el control.

—¿Sabes, Ignacio? ¿Sabes cuál es mi deseo inconfesado? Quiero un hombre donde abandonarme, quiero ojos que me miren como a una inválida. ¡Quiero desesperadamente que me protejan!

En los ojos de Ignacio se confundieron la sorpresa y la dulzura. Por toda respuesta, le tomó la cara con ambas manos y le besó los labios, impunemente, en medio de la fiesta.

—A ti, María, yo te voy a querer.

La fiesta terminaba. Con todo el olor a mar encima y la arena húmeda a sal, María e Ignacio vuelven a la casa después de un paseo por la playa. Ella siente que está desnudándose y sabe que, cubierto el cuerpo, las ramas no la arañarán. No entiende por qué elige descubrirse, sabiendo que ello la sitúa en la vulnerabilidad. María, detente, se dice, pues es exactamente aquí donde te vas a la mierda, directo a la mierda.

Mientras sacude la arena de sus pies, él le dice en forma casual.

—¿Sabes que dejo Chile dentro de tres días? Sólo vine al país para hacer uso de mi permiso.

—¿Y cuándo vuelves para quedarte?

—No antes de un año. Debo respetar mi contrato con la universidad.

Silencio.

—Pero me voy con la certeza de este descubrimiento.

—¿Cuál?

—Tú. Ya sé que existe una mujer como tú en este rincón del mundo. Eso me ayudará en el retorno.

—No sé si yo estaré en ese retorno. Tengo otro hombre, ya te lo expliqué.

Él ignora ese alcance y la invita a dormir con él.

—No, no me iré contigo.

—¿Por qué?

Habría querido responder: «Te tengo miedo,

me da miedo esa fuerza que pareces tener. A la vez intuyo que esa fuerza puede ser mi salvación. Me provocas una terrible contradicción. ¡No me gusta temerles a los hombres!»

—No sé... No forcemos las cosas.

—Está bien. Pero ¿estás segura que no quieres dormir conmigo esta noche?

No estaba segura de nada. Pensó en Rafael y en la cama común para darse fuerzas.

—Segura.

—¿Entonces, me voy sin ninguna promesa?

—Ninguna. Dejémoslo al azar. Él dirá.

Y María se despidió de este encuentro con cierto temor. Si este hombre la remeciera como sólo ciertos hombres remecen, ¿estaría ella muy lejos de Rita, de Piedad o de Teresa? La idea y el frío de la noche en la costa la hicieron estremecerse, se apretó contra su chaleco y entró en la casa.

15

—Creo comprender a los militares con esto de la «obediencia debida». Al final ¿éramos nosotros muy distintos a ellos? ¿Cuánto estábamos dispuestos a hacer por el partido? Todo. O casi todo. ¿Era nuestra responsabilidad? La diferencia es que las órdenes que nos daba el partido no eran criminales. Pero, si las hubiesen sido, ¿no habríamos encontrado una justificación?

—Sé lo que María dice. Y tiene razón.

Sara prendió un cigarrillo y miró fijo al agua verde. Atardecía, nuestra hora preferida para sacar al alma a tomar aire. Estábamos en el corredor, Isabel se escobillaba el pelo, María se limaba las uñas y yo con una pinza me depilaba las cejas. Siempre me ha divertido la aparente contradicción de las mujeres entre su quehacer manual y sus pensamientos. ¿Será que todo lo importante debieron conformarlo en sus mentes mientras sus cuerpos se sumergían en las insignificancias?

Hablamos de la transición argentina. La comparábamos a como imaginábamos sería la nuestra. Todas opinábamos a la vez, hasta que yo di mi veredicto. Les cité un poema de Sam Shepard.

—En un año más, diremos:
«La gente de aquí
se ha convertido
en la gente
que finge ser». Así será nuestra transición.

Me miraron las tres como apenadas y María

decidió volver al caso argentino. Pero, ¿la obediencia debida le preocupaba por nuestros vecinos más allá de la cordillera o por sí misma?

Durante quince años fueron parte de un todo mayor. El partido: un gran cuerpo con innumerables brazos, capaces de cubrirlos —y manejarlos—. La colectivización total de la vida: la cotidiana, la mental y la afectiva. Nunca estuvieron solos: pensaban por ellos, decidían por ellos, estructuraban sus vidas. Lazos muy profundos los unían, como en cualquier secta o ghetto. María y Sara crecieron allí —en partidos diferentes, pero ambos de izquierda al fin— y aquélla fue su normalidad. Aprendieron del integrismo y de lo colectivo como antídoto al «veneno» del individualismo. Les frenaron y postergaron aquella única verdad: la de nuestra radical soledad. Se nace solo, se muere solo, se ES solo. Negaban esta esencia y eran impulsados —sin reservas— a una entrega casi total. Pero tenían al fin y al cabo una razón para existir, una permanente justificación. Y una columna vertebral que articulaba cada respuesta. Sintetizando, el partido cumplía para ellas el rol tradicional de la familia, en su completa estructura patriarcal: el partido como la madre afectiva con su regazo protector, el partido como el padre monolítico con su garra opresora.

Sara le dice a María que cree que fue un problema generacional. Le recuerda que como generación, sólo aspiraban a lo colectivo. Le duele recordar cómo pisoteaban sus identidades individuales sin cariño alguno por sus siques. La experiencia vital entonces era política e ideológica. En ese sentido, fueron luchadoras. No en vano fueron marcadas como Latinoamérica entera por la Revolución Cubana —y más tarde, en otro nivel, por la del mayo francés. Fue, de verdad, una generación de militancias trepidantes. No tuvieron tiempo para las luchas personales; éstas no tenían urgencia.

—No hubo tiempo para jugarnos por lo privado —dice María—. Lo público nos comió. Sólo ello fue válido. Y sin darnos cuenta cómo, nos robaron los muros del sesenta y ocho, y sólo nos quedaron las consignas del Santiago de los setenta. Que ganase el Pueblo, no yo. Que viniese el socialismo para los desposeídos, yo no lo necesito para mí. Que ganen las masas, no importa que yo no pertenezca a ellas. Pelear por el bienestar emocional era contradictorio con la lucha por el bienestar de las mayorías. La terapia era vilipendiada, entendida como un pecado de soberbia y autocontemplación. Ni el conductismo se salvaba. Cualquier intento de introspección se calificaba como producto del ocio y la vanidad. La opción por la felicidad era considerada casi obscena.

—Pobre generación nuestra —insiste Sara—: su lógica fue siempre competitiva: sólo entendió la vida como victoria o derrota. Fuimos polarizados, dogmáticos, enfermos de sectarismo.

Siempre la lógica del enfrentamiento y de la confrontación. Nunca la lógica de la diversidad, ni la del consenso. Pero sí aprendieron dos cosas: la inobjetable valentía, y la rotunda solidaridad.

—La conciencia de nuestras equivocaciones fue bastante tardía.

—Consuélate —interviene Isabel— otros nunca las admitieron y no corrigieron ningún error.

Eran muy rígidos y autoritarios en su mirada, tanto como los propios objetos de su contienda.

—Piensa que fue entonces que aparecieron en el mundo los hippies, los pacifistas, la marihuana, el amor libre, los pelos largos. Estados Unidos nos dio una bocanada de aire. Pero nosotros, desde nuestra trinchera, los despreciábamos. Tardamos mucho en entenderlos como también contestarios ellos. No estábamos muy atentos a enriquecer el entramado cultural.

Sara acota, a modo de respuesta a María.

—Lo cierto es que con todo objeto de apertura sicológica nos sentíamos amenazados, los rechazábamos desconfiados. Después de todo, ¿no éramos dueños de la verdad?

Un día María sencillamente dejó de creer. Fue un día claro en su memoria: vivía con Rodolfo en la casa de Bellavista. Leía a Antonin Artaud. Y de pronto tuvo miedo. Dejó el libro y sintió esa inquietud, esa que ella reconocía, cuando uno comprende que viene el desamor. Cuando el desprendimiento se insinúa y no hay cómo borrarlo. Hay que recordar que lo ideológico les resultaba sagrado. Entonces quiso hacerse la lesa y volver atrás porque, al fin y al cabo, las certezas apoyan, dan entorno. Y ella sintió que algo informe se le anticipaba, para caérsele encima. ¡Quizás cuánta duda e información reprimida tenía acumulado su cerebro a esas alturas! Pero ése fue el momento en que afloraron al consciente. Y permitirles aflorar era perder la continuidad tan dolorosamente creada, armada durante años, día a día, camino trazable, como las migas de Hansel y Gretel. Dejar de ser parte de un cuerpo era como perder las huellas.

El libro de Artaud, la portada negra y el título en tipografía blanca cruzándola en diagonal, es nítido en sus ojos. Y ese momento exacto en que cerró el libro, con la idea —pesada, sacrílega— de que el marxismo castraba y que el leninismo no expresaba el sinónimo de la libertad. La duda se destapó y se derramó, cubriéndolo todo. Luego empezó a expandirse como una enfermedad incurable. Ése sería el comienzo de un largo proceso, al principio callado y solitario, luego lentamente verbalizado y compartido. Al final, el quiebre. El grito libertario y la soledad, ambos. Porque a partir de ese momento se quedaba sin religión alguna y debería batírselas sola.

Ya una vez había dejado María de creer. Entonces era Dios. Pero no lo percibió como crisis ni como pérdida. Cambió a ese Dios por otro, el Pueblo. Era tan profunda su militancia católica como luego fue su militancia en la izquierda. Se fundieron hasta que una fue reemplazada por la otra, aunque una había inducido a la otra. «Nunca habría optado por los pobres si el cristianismo no me hubiese mostrado ese camino», explica. Como ambas militancias eran religiosas, siguió reverenciando, mantuvo la mirada totalizadora, el tono jerárquico y la mirada acrítica.

María tiene malos recuerdos. Cree que la militancia en el exilio fue una tortura, mucho peor que al interior del país. Recuerda que por cualquier cosa los pasaban a la comisión de Control y Cuadros, a veces hechos tan nimios como «suponer» que era ella quien había dado tal información a tal compañero y castigarla, sin averiguar si era efectivo, sin preguntarle siquiera. Por recibir de su madre algunos dólares de regalo y no comunicarlo al partido ni pasar el porcentaje obligatorio. Por no contar al partido las noticias que le llegaban de Chile en las cartas personales. Por insinuar un reclamo ante dirigentes que gastaban el dinero en costosos regalos para sus mujeres —que a ella la mandaban a comprar— mientras había militantes que pasaban hambre.

Recuerda con ira aquella vez que llegó uno de los importantes. Había cruzado el Atlántico para una reunión y traía una lista de encargos de su esposa: sólo ropa interior, de las marcas más caras y elegantes, de esas que María no soñaba siquiera en tener. Fue disciplinadamente a comprarlas y comprobó que un solo juego de sostenes y calzones de la lista valía lo mismo que Vicente y ella gastaban en quince días para comer. Sabía que todo venía del mismo bolsillo y le ardía la cara de humillación.

Recuerda que cuando llegó a Londres, costaba mucho encontrar arriendos disponibles. Ella y otra compañera —casada con un dirigente— se abocaron a la tarea, cada una buscando un departamento para sí misma. María encontró uno, porque era eficiente y porque dejó los zapatos en la calle en el empeño. Y el partido consideró que —como era bueno— había que pasárselo al dirigente, ya que su mujer no había encontrado nada. Y dejaron a Vicente y a María en una pieza prestada por unos compañeros mientras el dirigente y su mujer gozaban del departamento que María había arrendado para ella.

Recuerda cuando mandaban a Vicente en viajes largos con la prohibición de decirle a ella donde iba. (Yo tenía veintidós años y me moría de angustia, me obligaban a pasar dos meses sola, sin tener ninguna noticia y sin poder hacer una pregunta.)

Recuerda cuando, pasando por Madrid, le contaron varias cosas a Vicente sobre un compañero que vivía allí su exilio. Cuando Vicente preguntó cómo se habían enterado, le contaron que le leían la correspondencia. A partir de entonces, María supo que todo lo que le llegaba por mano era previamente leído.

Recuerda Londres, cuando Vicente partió. Allá tenía una sola amiga; vivían cerca. Cada cierto tiempo

llamaban a María y le prohibían pisar la casa de su amiga, para que ella no viera a quien alojaba allí esos días.
¡La maldita «compartimentación»! Esto la apesadum-
braba pero lo cumplía religiosamente, aunque durase
quince días. Un día fue llamada al orden por incumpli-
miento y fue acusada de atentar contra la seguridad del
partido. ¿La razón? La habían visto pasar frente a la casa
de su amiga. Nadie pensó que ése era su camino obligado para hacer las compras, no. Fue interpretado como
una forma de espiar para saber quién estaba ahí.

Recuerda cuando Magda le mandó un pasaje
en avión invitándola a París. Como nada se podía hacer sin el permiso de la dirección, ella lo pidió. Se lo
negaron. Ella preguntó por qué, si el pasaje era regalado y no se ausentaría de sus tareas más que unos días.
Le respondieron que no querían promiscuidad entre
la militancia. Magda también pertenecía al partido. Temían que se traspasasen información entre ellas. ¿Qué
información?, se pregunta ahora María. Solamente temían que las bases de los distintos países hablaran mal
de ellos. Y una vez que debió ir a París por razones de
trabajo, la hicieron prometer que no vería a Magda.
Por supuesto que la vio. Pero escondidas, en un café,
aterradas de que las pillaran, sin contarle siquiera a José Miguel.

Pero el peor de sus recuerdos es cuando le qui-
taron, siempre en Londres, el pasaporte. En teoría se lo
pidieron, porque una compañera de la dirección lo necesitaba. Sería por unos días. Ella lo entregó. No preguntó nada. Pasaron los días, las semanas y los meses y
el pasaporte no volvía. María estaba francamente deses-
perada, era el único papel de identificación que tenía, y
lo necesitaba permanentemente para acreditar su existencia, especialmente cuando se ponían duros con los

extranjeros, que en Inglaterra era bastante seguido. Además, quedaba totalmente inmovilizada, no podía cruzar la frontera. Debió perder dos viajes, uno a Marruecos con el grupo de cine de su escuela, y otro a Portugal con Rodolfo, antes de indignarse de verdad. Pero nadie nunca le devolvió el pasaporte ni le dio una explicación. Al final le aconsejaron simular un robo y sacar pasaporte de nuevo, en el consulado. Así lo hizo y trató de olvidar la ira. No fue hasta volver a Chile que le dijeron, en la despedida, que le estaba prohibido viajar a cualquier país de Latinoamérica. Claro, en algún país tuvo que entrar una mujer como María y no salió de él con el mismo nombre. Fue mucho después que María se relajó con el tema, pero sentía que, en sus palabras, le habían hecho una verdadera carajada.

—Si me esforzara por hacer un listado de todas las arbitrariedades, no terminaría nunca. Sólo comento las que, por alguna razón, me quedaron frescas en la memoria. ¡Si cada atropello del que fui y fuimos víctimas fuese un delito y se penara, la condena sería larga!

Termina sentenciando:

—Las categorías en el exilio eran solamente dos: ambiciosos o serviles. Había que elegir entre ambas.

Pero, como en todo, nada es sólo dulce, nada es sólo grasa.

También tiene María recuerdos dulces. Esa época ya en Chile, cuando trabajaba en Agitación y Propaganda. Vivía en la casa de Bellavista y militaban juntos con Rodolfo. Esas reuniones nocturnas en que a medianoche ella cocinaba spaguettis —«al olio», porque no había nada que echarles— y tomaban vino en garrafa. Eso nunca faltó. Todo lo llenaban de humo, cenizas y vino tinto. Reían mucho y creían. El peligro real, no el del exilio, los volvía fraternos y solidarios.

Eran jóvenes, pobres y anónimos y se jugaban la vida en las comisiones de propaganda. Muchas veces los compañeros se quedaban a alojar, ellos dos eran casi los únicos que tenían trabajo y una casa establecida.

Dormían alrededor de la única cama, en sacos de dormir o frazadas pues la casa entera era una sola habitación. Y ese lugar había sido elegido para imprimir. Allí hacían el diario del partido hasta el amanecer. Uno confeccionaba la matriz con el silkscreen, ése era el más experto; otro entintaba la rasqueta, otro hacía calzar las hojas, otro presionaba el color. Para secar habían instalado infinidad de cordeles que cruzaban desde la cocina a la puerta de calle. Al no existir paredes divisorias, la casa entera se transformaba en una gran página impresa, toda impregnada del fuerte olor a tinta oleográfica. Y así surgían estos diarios clandestinos. Tenían miedo a los ruidos de la noche, uno de ellos montaba guardia. Una noche dejaron a María sola. Rodolfo no estaba en Santiago y todos debieron irse por distintas razones. Si alguien entraba, sencillamente no había cómo disimular. Con solo abrir la puerta de entrada... Las impresiones estaban ahí, a plena vista. Pasó la noche en vela, sentada entre las páginas, esperando, asustada, que vinieran a buscarla (los otros). Se preparó toda la noche pensando cómo no entregar nombres una vez que la tuvieran. Otra vez recuerda con terror cuando vieron a dos carabineros cruzar la reja de la casa. María salió lívida, al encuentro de ellos, viendo qué haría si se decidían a entrar. Los atendió situándose, seductora, entre la reja y la casa. Era un parte de la municipalidad y logró, no sin cierta dificultad, que se lo entregaran sin traspasar el umbral de la puerta. Tantas barbas, tanta juventud. ¡Debieron haber sido tan evidentes! ¿Cómo el partido no lo pensó? Pero ellos, leales hasta la médula de los huesos, sin cuestionar una orden, rasgando vestiduras para cumplirlas. Las relaciones entre ellos, «lazos para siempre» dice María. Cuando hoy se encuentran, cada uno en lo suyo, es como si fuesen primos hermanos que no se ven hace tiempo. Durante los primeros años de su corte con ellos, aunque no quería recuperar el pasado, le dolía no tenerlo. Una cierta nostalgia, después de todo.

Pero son los malos recuerdos los que impiden que la ira cicatrice. Sospecha que para algunos no habrá cicatrización. Y ciertas heridas impedirán irremediablemente una normalidad. Hay muchos de ellos que hoy siguen en la política, la viven de otro modo y han sabido insertarse con éxito en las nuevas condiciones. Pero ésos no son todos. ¡Tantos quedaron por el camino! ¿Quién habrá de responsabilizarse?

16

A María no le gustó nada que la oficina la enviara por una semana a La Paz. No andaba de buen humor esos días. Su reciente separación de Rafael la tenía desganada. La noche anterior yo había comido en su casa. Ella estaba deprimida.

—Intuyo lo rotundo de esta decisión, Ana. Supe, cuando partió Rafael, que nunca más yo viviría con un hombre. Supe que para siempre seríamos estas paredes y yo, nadie más. Claro que amores tendré siempre, muchos amores, hasta que el cuero me dé. Pero, ¿qué pasará cuando sea vieja? No cambiaría un ápice de mi vida si dijeran que voy a morir a los cuarenta. Más bien me encantaría morir a los cuarenta, antes de convertirme en un objeto desechable, en una vieja de mierda que nadie amará. Pero, aunque esté condenada a vivir hasta los cien años, no me mentiré. Nunca más, Ana, la mentira de «la relación». Mientras el patriarcado y la monogamia caminen de la mano así de estrechos, yo no tendré espacio. Quizás tus hijos lo tengan. No. Ellos tampoco van a alcanzar. Quizás tus nietos. Pero yo no. No accederé a ese privilegio. Por lo tanto, estoy condenada a la soledad.

Después del café, mientras abría un Drambuie, siguió quejándose.

—Sabemos que el amor termina, Ana. ¿Para qué nos pasamos películas? Las proyecciones al futuro son sólo protecciones. Sabemos que toda relación muere. Tú dices que se transforma. Claro, ¿en una cosa calentita, blanda y complaciente? ¿Qué energía hay en eso? Sabemos que la pasión no es eterna. Sabemos que tras una relación simbiótica se esconde sólo el terror a la soledad. Y ese terror toma la forma de una familia. Engendrar hijos para que todos se posean unos a otros, ahogándose. ¡Odio la posesividad! Al menos, hago la vida que se me da la gana. No debo guardar imágenes estabilizadoras a nadie. No debo proteger a nadie de mis propios vaivenes. No hay un proyecto de vida que se prolongue más allá del mío. No vivo ese fenómeno del cual la maternidad es dueña: la culpa. Al no tenerla, todo se rodea de otro color. No, no estoy haciendo ninguna inversión para el futuro. Pero, ¿crees que los hijos realmente lo son? La vejez puede ser una desgracia aunque hayas parido muchos. Más vale que la plenitud de nuestros años venideros no dependa de esos pobres seres que, a fin de cuentas, no fueron echados al mundo para que sus madres, vacías, se cuelguen de ellos.

Bueno, en ese ánimo andaba cuando la mandaron a La Paz.

María llegó a nuestros cubículos enojada. Nosotras cuatro teníamos un ala de la casa, apartada del resto, donde habíamos logrado transformar dos grandes salas en cuatro pequeñas oficinas, cómodas e independientes. Era nuestro hábito juntarnos todas en la oficina de Isabel, la más grande, a media mañana. Ése era nuestro indispensable break, con buen café, la única hora en que tomábamos café de verdad en la cafetera que yo aportaba. Era entonces cuando nos enterábamos de la última copucha política normalmente llevada por María vía Magda —que vivía en la superestructura total— de la nueva gracia de los niños o nietos, o de la última llamada de un admirador clandestino. Allí irrumpió María ese día.

—¡Me enferma que me crean disponible! Eso me pasa por no tener hijos ni marido.

—Calma, María, calma. Es sólo que a ti te cuesta menos viajar que a nosotras.

Reía yo para mis adentros recordando el último viaje de María, cuando llegó furiosa. No es que el viaje no hubiese resultado, no. Es que en el avión se encontró con una mujer que era feliz, y no pudo soportarlo.

—Pero, María, ¿cómo sabes si encuentras allí al hombre de tu vida? —acotó Sara—. Es como aquella tía mía que jugaba cada semana a la lotería, sin ganar nunca nada. Una semana decidió no jugar más. Su marido la obligó. Compró un boleto a última hora, de mala gana. Y... ¡ganó!

Todas nos reímos. En realidad, a María le gustaba viajar y siempre estuvo bien dispuesta a partir. Decía que era la única forma de resistir vivir en Chile, y explicaba que con sólo unos días afuera respirando libertad y leyendo una prensa real, se sentía otra. «Los viajes me ponen inteligente», agregaba. «Vivir en este país sin salir, mata al más vivo. Por eso estoy siempre contenta de viajar.»

Sólo esta vez parecía contrariada.

—Difícil que encuentre al hombre de mi vida ahí, de todos los lugares del mundo. ¿Se imaginan, yo, enamorada de un boliviano? —lanzó una carcajada.

Llegó a La Paz un día martes, complacida por su reserva en el Hotel La Paz. María tenía una verdadera debilidad por los buenos hoteles. Se instaló en su habitación un atardecer de inmensa lluvia. Las nubes eran negras y no parecía que fuese a despejar. Mejor, pensó ella, aprovecharía para cuidarse de los estragos de la altura. Una tarde lluviosa le pareció una gran disculpa para no contactarse aún con los anfitriones, que seguramente la invitarían a comer, y así darse una tina caliente, pedir más tarde un sandwich a la pieza y continuar la lectura. Para viajar casi siempre elegía una novela negra, Hadley Chase o Ross Macdonald, así podría estar segura de resistir cualquier espera o demora con la mente del todo entretenida.

Deshizo la maleta y colgó en el closet las pocas prendas que llevaba. Como tenía la certeza que allí nadie la estimularía a arreglarse —pues, a diferencia de su hermana Magda, el ponerse linda para María nunca era un propósito en sí sino un mandato de la presencia de otro—, no se había esmerado en aquel punto. La verdad es que venía con tan pocas ganas que escasamente armó un equipaje apropiado.

Llamó por teléfono al Room Service, pidió un Campari —no tenía hambre, después pediría algo para comer— y se tendió a esperar. Se rió del boliviano que en el avión le había recomendado tomar sólo mate de coca y no beber alcohol hasta el segundo día. No es primera vez que estoy en esta ciudad y nunca la altura me ha afectado, ¡al diablo con tanta precaución! No es raro, pues cada vez que las ganas de María se enfrentaban con el ítem «precauciones», ganaban las ganas de María.

Cuando el mozo, con un acento dulce y mirada servil, llegó con el trago, María reparó que no tenía dinero para la propina. Ella atesoraba los billetes de un dólar, los juntaba para las propinas en los aeropuertos y hoteles, sin preocuparse por el cambio de moneda. Pero no los había echado en la billetera.

—Lo siento mucho, no tengo dinero. Venga la próxima vez que llame y le daré propina doble.

—No se preocupe, señorita.

Salió muy digno el indígena con su corta chaqueta verde y una sonrisa.

María dudó si bajar inmediatamente a cambiar plata o tomarse tranquila el Campari y bajar después. Aunque más tarde se enfurecería consigo misma, ganó la pereza y con el vaso rojo en la mano, tirada sobre el impecable amarillo de la colcha, abrió la página sesenta y dos de *El secuestro de miss Blandish.* Se sumergió en los laberintos de Chase sin reparar en la hora. Mucho rato después empezó a sentir hambre y miró el reloj. Ya lo había atrasado una hora y eran las nueve de la noche en La Paz.

Interrumpió su lectura y decidió bajar al lobby y cambiar dinero. Se peinó en el espejo, por costumbre, tomó su billetera y bajó.

Fue mientras el cajero iba por el vuelto —le había pedido que lo esperara cinco minutos— que, sentada en uno de los sillones de cuero verde, oyó por el parlante una voz que insistía en dar un nombre para quien había una llamada internacional. El corazón de María empezó a latir fuerte cayendo de a poco en cuenta del nombre que oía. No, no era idea de ella: era ese nombre. Su apellido no era común. Se trataría de una coincidencia. Pero al escucharlo de nuevo, sospechó que no era coincidencia. ¿Estaría el propio Ignacio en La Paz en este momento? ¡No puede ser!

Caminó rápidamente hacia el mesón y preguntó al conserje por él.

—Ya avisé que ha salido, no está en el hotel. Ya se lo he dicho a la telefonista.

—Señor, yo no tengo nada que ver con la llamada internacional. Sólo quiero saber si este pasajero es el mismo que yo conozco o se trata de un alcance de nombres.

—¿Y cómo la puedo ayudar, señorita?

—Déjeme ver su ficha.

—No, no. No puedo hacer eso.

—¿Por qué no?

—Las fichas de nuestros huéspedes son privadas, señorita.

—Bueno, dígame al menos si es chileno.

—No le diré nada, señorita, por favor no me insista. Yo cumplo órdenes.

Llegó otro señor al mesón. Éste no llevaba uniforme y por su actitud, María dedujo que era el jefe. Le dio una alabanciosa mirada, tan evidente que casi se diría libidinosa.

—¿En qué podemos ayudarla, madame? —dijo con una enorme sonrisa.

María agradeció ser aún buenamoza y conseguir con ello lo que no se conseguía de otro modo. Y con la más dulce de sus voces, lo llevó a un lado y le susurró.

—Señor, por razones totalmente privadas y personales, me resulta muy importante saber el segundo apellido de un cliente de este hotel. Créame que para mí es vital y no lo considero una indiscreción de parte de ustedes suministrar una información tan básica.

Todo se resolvió. Efectivamente era él. Había salido hacía media hora con un grupo a comer fuera. Se había registrado dos días atrás y su reserva estaba hecha hasta pasado mañana. «Y si su avión sale temprano, sólo tengo el día de mañana. ¡Mierda!»

El cerebro de María trabajaba a toda velocidad. No podía esperar un encuentro casual pues podía no darse. Él asistiría a algún seminario o dictaría un curso y ello significaba que estaría probablemente fuera todo el día. ¿Cómo encontrárselo en la tarde? ¿Cómo saber a qué hora volvería al hotel? ¿Y si se le escapaba? Dejar una nota era lo más razonable y fue la primera idea que cruzó por María. Pero después temió que no estuviera solo. No en vano la habían advertido sobre su aspecto mujeriego y donjuanesco. Era probable que se hiciera acompañar por una mujer. O quizás una novia, algo serio. Después de todo, María no tenía noticias de él hacía varios meses. ¿Cuánto tiempo había transcurrido desde esa noche en Cachagua? ¿Unos siete meses? Y tres meses atrás, en plena separación con Rafael, había recibido a través de Magda una tarjeta con una reproducción del Metropolitan Museum y una sola frase : «Dile al azar que cuente con mi tenacidad». Nada más. María recuerda que al recibirla, su ego se había inundado de placer. Pero, ¿por qué ese hombre tenía tan rara seguridad sobre ella? Sabía que Ignacio todavía no había hecho definitivo su retorno, que lo haría dentro de poco. Ella SÍ había estado atenta a ello.

Al final optó por la nota, asumiendo el riesgo que él no pudiese —o no quisiese— verla. Pero le parecía de vital urgencia que él se enterara de que ella estaba ahí.

«¿Eres tú? ¡Qué rara coincidencia! Estoy en la 610.» Y su nombre.

Con eso bastaba. Incluso si la leía la virtual mujer presente, no podría acusarla de nada.

Se retiró a su habitación y se tendió a escuchar la lluvia. Estaba muy nerviosa y confundida. ¡Ignacio! ¡Esto era lo más inesperado que podía sucederle! ¿Y porqué le temía a ese puro nombre? ¿Qué extraña intuición le hacía prevenirse de él y abrirle los brazos paralelamente? Tenía la certeza de que ella significaba algo para él, certeza loca si se piensa que toda la historia de ellos se resumía a una sola noche, siete meses atrás. ¿Qué maniobra del destino los hacía encontrarse hoy, en esta ciudad perdida?

Se maldijo a sí misma por no haber bajado antes. ¿Y si se hubiesen encontrado en el lobby? Probablemente estarían comiendo juntos. ¡Qué desperdicio! Y con un solo día por delante... Odió su fanatismo por la novela negra, su flojera, todo lo que la había retenido en la pieza. Y de repente sintió, con un cierto escalofrío, que de haberse encontrado una hora atrás, ya en este minuto sus cartas estarían echadas.

No fue una buena noche para María. Esperó su llamada hasta tarde y ésta no se produjo. La invadió cierta inseguridad. ¿A qué hora habría vuelto de la comida? Quizás fueron a una fiesta. La ansiedad no le hacía bien —como no le hace bien a nadie.

A las ocho de la mañana siguiente, en punto, sonó el teléfono de su velador.

—Despierta, mujer, te estoy esperando desde las siete.

—¿Ignacio? —balbuceó, mientras su inconsciente constataba que se encontraba frente al «modelito madrugador», todo un síntoma de ciertas personalidades.

—¿Tienes mucho sueño?

—Estaba durmiendo...

—¿Y a qué hora debes trabajar? —Como si hubiesen estado juntos la noche anterior.

—No lo sé. Llegué anoche y aún no me contacto con la gente.

—¡Ah! Me contactaste primero a mí, ¿cierto?

María rió, ya más despejada. Él continuó.

—Mira, debo salir a las nueve y vuelvo a almorzar. ¿Quieres tomar desayuno conmigo?

María pensó en cuánto se demoraría en levantarse, arreglarse. no quería aparecer irritada por haberse acelerado, cosa que le sucedía siempre. También sopesó el que él no la hubiese llamado anoche y que merecía esperar para verla. Después de todo, las ganas nunca deber mostrarse, por principio. El la interrumpió.

—¿Tienes mala cara en las mañanas? Ése es un dato importante a saber —su voz era alegre, segura, risueña.

—¿Estás solo? —su curiosidad pudo más que el recato.

—¿Me preguntas si estoy con alguna mujer? No. Me acompaña un grupo de investigadores. ¿Y tú?

—Sola.

—Bueno, hasta diez minutos atrás. Ahora estás conmigo. ¿Hasta cuándo te quedas?

—Hasta el sábado. ¿Y tú?

—Me voy mañana.

Silencio. Era cierto entonces, un solo día. Como si le leyera el pensamiento, él acotó.

—Es muy poco tiempo. Veremos qué se puede hacer. Bueno, ¿tomamos desayuno?

—No. Prefiero almorzar —así me lavo el pelo con calma, hago mis contactos, y lo espero regia y desahogada, pensó.

—Está bien. Juntémonos a las doce y media en la Plaza Murillo para que no se te haga larga la mañana —como su voz era de risa, María no lo contradijo—. Acortaré mi clase y te esperaré allí. ¿Sabes llegar?

—No importa. Si me he olvidado, tomo un taxi.

—En las escalinatas de la catedral.

—Está bien, allí estaré.

—Antes de cortar, María..., ¿qué te parece el azar?

—¿Por qué? —cínica ella, había leído mil veces la tarjeta.

—¿No recuerdas Cachagua? Me dijiste que debíamos dejar esta historia al azar.

—Lo recordé cuando recibí tu tarjeta.

—Pues bien. Ya podemos sospechar lo que el azar quiere...

Y cortó. María quedó de una pieza. Es que la dejaba sin rol. Le robaba el suyo, tan aprendido e infalible cuando de conquistas se trataba. Se paseó por la habitación. Y alguna voz interna, pequeñita, le sugirió: ¿Por qué esta vez no te dejas conquistar tú? Recordó aquella observación que hiciera Rodolfo una vez: «María nunca se deja escoger. No es la princesa encerrada en el castillo lleno de obstáculos. Al contrario, ella es el príncipe que sale en su caballo a buscar a sus amores, a escogerlos. Claro, los dragones aparecen después...»

A las once y media ya estaba lista. Se dio una última mirada en el espejo del baño. Había tomado desayuno en cama, como le gustaba a ella, para no tener que enfrentar al mundo sin un café previo en el cuerpo. Había hecho los contactos necesarios, ordenó sus papeles para el encuentro al que debía asistir, tomó notas para su intervención, se preocupó de averiguar cuántos días era indispensable su asistencia, luego se duchó largo, se lavó el pelo y eligió la ropa. Se indignó recordando la cantidad de alternativas que había en su closet de Santiago y ahora no sabía qué ponerse para una cita tan importante. Optó por los clásicos Levis y una blusa camisera de esas ciento por ciento seda que tanto le gustaban. Se encontró a sí misma pensando en la seda cuando él la tocara. Al menos no olvidó en Santiago su perfume favorito y se roció abundantemente con el *Shalimar.*

Tomó un taxi ante el miedo de perderse y llegar tarde. Aprovecharía para mirar la plaza y esa iglesia tan bonita. A las doce veinticinco se sentó en los escalones y prendió un cigarrillo. Los nervios la consumían. ¿Qué ocurriría? Buscó en su cartera los Lexotanil, se tomaría uno a la brevedad, por si acaso. No resistiría perder el control. Se sentía infantil y adolescente a la vez. Pero adulta, no. Pensó que a Ignacio se le conquistaría sólo con la total adultez. En eso estaba cuando sintió su voz.

—¡María!

Venía hacia ella con los brazos abiertos. Ella se levantó y en el tercer escalón se abrazaron. Un abrazo ligero. En fin, no eran dos amigos íntimos que se hubiesen extrañado. Se besaron en la mejilla y se admiraron mutuamente.

—Estás preciosa. Mirándote, me pregunto cómo he pasado todos estos meses sin ti. No fuiste generosa conmigo.

—Deja ya. Nos hemos encontrado en la forma más casual y fantástica, ¿te parece poco?

Allí estaba, alto como lo recordaba, con el pelo casi gris, unas bonitas canas en las sienes, esos ojos claros tan transparentes, esa sonrisa fácil y acogedora, bien vestido en tweeds y lanas azul piedra y sus manos grandes.

Caminaron un rato por el barrio, fueron a la calle Jaen —la más bonita de La Paz—, entraron a la casa de Murillo, gozaron con esa arquitectura colonial que les recordó México y Sevilla. El espíritu era liviano como si se hubiesen conocido la vida entera. Luego él la llevó, siempre caminando, al restaurante del Hotel Plaza, un buen lugar de ceviches y pejerreyes.

Cuando se hubieron sentado con la cerveza helada en la mano, comenzó la conversación propiamente tal. Hablaron largo de Chile, de la falta de perspectivas para salir de la dictadura, del drama de la unidad que no se daba, de las primeras banderas frente al tema de las elecciones libres, del desgaste político del

año anterior —el ochenta y seis— que no resultó ser
«el año decisivo», de la remota posibilidad de plebiscito para fines del próximo año. Preguntó con mucho
cariño por Magda y José Miguel.

—Están tan, pero tan renovados, que poco les
falta para ser derechistas.

Él rió pero no dejó de precisar.

—La verdadera renovación, si se entiende como es debido, poco tiene que ver con la moderación.

Y cambió de tema en forma radical.

—Ya hemos despachado los temas objetivos.
Ahora dime, ¿y tu marido?

—Ya no es mi marido.

La pregunta esperada. Él no se mostró asom-
brado.

—Lo supe esa noche en Cachagua. Supe que tu
matrimonio tenía los días contados.

—Yo también lo sabía.

—Y si lo sabías, ¿por qué hemos perdido tanto
tiempo?

Los hombres no entienden nada, pensó María.
No saco nada con explicarle el miedo que tuve, que él
sólo podía acelerar la ruptura y yo no quería romper.
Que él no podía estar de por medio. Tenía que ser lim-
pio entre Rafael y yo. No estaba preparada entonces.
¿Entendería él que ha sido necesario vivirlo así, meterme en esta soledad, sufrir todo lo que he sufrido?

—Ha sido duro, Ignacio. No lo festines.

Él le acarició espontáneamente el pelo, tocán-
dola por primera vez.

—Supongo que lo ha sido. Perdona, es que la
única vez que yo me separé no fue duro. El alivio fue tal
que habría festejado días y días.

—Es un poco frívolo lo que dices. Siempre duele

separarse, y SÍ que lo sé. Es un golpe duro y sólo viviéndolo a fondo puedes salir bien.

Le explicó su teoría que los romances surgidos de inmediato después de una separación estaban desahuciados, que si no pasa un tiempo determinado de elaboración, no se limpia el corazón y la nueva pareja paga los costos de ello.

—Parece que los hombres viven las relaciones y son las mujeres las que las piensan.

Una sonrisa irónica de María:

—¿Recién te enteras?

—Bueno, todo está bien, entonces. Tú ya has cumplido esa etapa. Me parece, pequeña María, que la vida nos sonríe.

De nuevo le cambió el tema. Pasó a explicarle sus planes.

—A las seis me desocupo. Te iré a buscar en un auto del gobierno y te llevaré a pasear. Podemos recorrer Calacoto, La Florida, ir al Valle de la Luna y si aún nos queda tiempo vamos a San Francisco para que veas el mercado artesanal, o a la Zagárnaga para darte un amuleto del amor o uno de la fertilidad y veas los fetos de llama embalsamados. Luego te invitaré a comer al mejor restaurante de la ciudad, en el último piso de nuestro hotel. ¿No lo conoces? Es redondo y transparente y podrás ver todas las luces del alto de la ciudad. Allí podremos tomar un buen Casillero del Diablo —no te asombres, los vinos chilenos están en todos lados— para celebrar nuestro encuentro y nuestra despedida.

—¿Cómo? —la desilusión en la cara de María no se hizo esperar.

—Tomo el avión al alba mañana. Pero ya tengo todo arreglado. Me dijiste que partías el sábado, ¿verdad?

—Sí.

Entonces, con mirada maliciosa, le extendió un sobre. María lo abrió. Era un pasaje aéreo La Paz-Cuzco para el día sábado, a su nombre. Lo miró sorprendida.

—Pero, Ignacio, ¿en qué momento...?

—Las secretarias en este país son muy eficientes. He pensado en todo. Yo parto a Lima mañana. Debo dar dos conferencias, una el jueves y otra el viernes. Yo me iré de Lima al Cuzco y nos encontraremos allí el sábado. Mi vuelo es muy temprano, el tuyo no tanto. Estaré en condiciones de esperarte allá y hacerme cargo de ti.

Como María lo miraba embelesada, sin habla, él concluyó, levantándose de su silla para retirarse.

—El Illimani estaba despejado hoy. Como eso es muy raro, dicen que algo extraordinario sucede cuando se ve su cumbre.

Hicieron todo lo planificado y terminaron la noche en el restaurante redondo de cristales. La conversación fue fluida y a medianoche ya eran amigos entrañables. Se levantaron tarde de la comida, contentos, y María sentía ya el cosquilleo de lo que le esperaba, creyendo que esta magnífica comida era sólo la antesala de la noche en sí. Pero para su sorpresa, él la dejó en su habitación y allí se despidió. Le dio un largo beso, «rico, húmedo, apretado» lo describiría ella más tarde.

—Te espero en el Cuzco.

Ignacio caminó por el pasillo hacia el ascensor. María quedó ahí, parada en la puerta de la habitación, inmovilizada por el desconcierto. ¿Qué significaba que se fuera así? ¿Por qué no se quedaba con ella? ¿Qué había hecho mal? ¿Es que no la deseaba? ¿O todo su don juanismo era pura exterioridad? Nunca imaginó que la noche pudiera tener ese final. Tembló un poco.

—¡Ignacio!

Él ya estaba frente al ascensor y éste abría sus puertas. Ella no sabía qué decirle, su llamado era un impulso de la rabia. Le balbuceó incoherencias y él la detuvo.

—Seamos directos. ¿Te ofende que no pase la noche contigo?

—Sí, creo que sí. No lo entiendo...

—Ésta no es una más de tus historias fáciles, pequeña —le dijo irónico; luego agregó, serio—: No te inquietes ni te pongas sospechosa de ti misma o de mí. No quiero dormir contigo hoy. No nos apresuremos, María. Tenemos la vida entera por delante para hacer el amor.

Volvió a besarla y se fue, sin que ella osase detenerlo esta vez. Estaba furiosa. Era una puñalada la que le clavaba y decidió resistir estoicamente.

Y aunque dudó mil veces y tuvo mil discusiones consigo misma, se subió al avión ese día sábado y partió al Cuzco. Como si la propia fuerza de gravedad la llevara, sin que su voluntad pudiese intervenir.

Cuando ya estuvo instalada a su lado en ese hotel azul y blanco frente a la plaza, en la ciudad más hermosa del continente, cuando ya se hubieron besado, tocado, acariciado y amado hasta doler, ella partió al correo y puso un cable a la oficina:

«No me esperen en la fecha acordada. ¿Recuerdan el cuento de la tía de Sara? Gané la lotería y estoy gozando mi suerte. Las quiere, María».

17

—¿En que piensas?

—En las vaginas.

María se abraza a las piernas para dejar al descubierto la espalda que yo le estoy encremando. El sol le tira la piel, hemos sido afortunadas este verano de tener este clima; el sur es traicionero a veces.

—Creí que pensabas en algo más serio.

María ríe alegre.

—Pero si las vaginas son rotundamente serias. Acuérdate, Ana, que tengo el privilegio sobre ti de conocerlas.

Aludía a un taller de autoexamen en el que participó en Brasil, donde cada mujer presente pudo, a través de linternas y espéculos transparentes, mirar la vagina de otras.

—Vi una vagina por dentro, Ana. Digamos, vi varias. Y créeme que tienen su diversidad. ¿Cómo tantas mujeres han vivido años usándola sin saber cómo es?

—Eso prueba que las cosas esenciales pueden también ser las más naturales y uno las lleva a cuestas sin ninguna conciencia.

—Dame un ejemplo.

—Los riñones...

—Ana, Ana —sonríe María—, me tinca que tu vagina te ha dado más, un poco más que pensar que tus riñones.

—María, ubícate. Si las mujeres han sobrevivido

siglos y siglos sin conocerse la vagina, ¿crees que será realmente tan importante?

María me mira maliciosa.

—Pero piensa, Ana, ¡piensa en la cantidad de goce acumulado en esas paredes inocentes!

Y entonces, en un segundo, cambia su expresión y sus ojos se alejan. Eso es cada vez más frecuente en ella y como yo la sé sumergida, guardo silencio.

—¿Cuál de ustedes fue la primera en perder la virginidad?

A Ignacio le gustaba resumir en una pregunta fragmentos enteros de la vida de María. Ella le contaba largas historias, prendía cigarrillos y él se acomodaba en la cama a escucharla. Como si las vidas de las mujeres y de estas tres hermanas suscitasen en él un interés casi sociológico.

—En el verano del setenta, aquel verano en que todas ya habíamos salido del colegio, las tres éramos vírgenes. Lo éramos con orgullo, pero ese orgullo que da la virtud hecha de puras abstenciones. O sea, no llevábamos en el alma el orgullo triunfante de lo conseguido en batalla. Entonces no había nada más lejano a nosotras que la idea de la sexualidad completa. No la imaginábamos. Tampoco nos interesaba. Debes tener en cuenta que la educación católica tradicional tiene un solo pecado fundamental: el SEXO, así, con mayúscula. Recuerdo a Magda trémula un día, cuando supo que una chiquilla conocida se había embarazado. «No puedo entenderlo. ¿Cómo es posible que alguien como una haga una cosa así? Te juro, María, te juro que yo prefiero antes la muerte.» Sí, la muerte. La virginidad era nuestro valor más preciado. Casi todos los jóvenes con quienes pololeábamos entonces hacían el amor. Pero no con nosotras. Había otras mujeres para eso. Putas, empleadas, peluqueras, mujeres mayores. Había un acuerdo tácito: los hombres, sí; nosotras, no. La clásica doble moral de esta burguesía de mierda. Y el cero cuestionamiento nuestro de ella. Nuestra forma de vivir la sexualidad era fragmentadísima. Todas sabíamos lo que era la excitación. A los once años, mi primer pololo me tomó la mano, una sola vez, en el cine. Un domingo en el Oriente, lo recuerdo aún. El cuerpo entero me ardió y se me cayeron las lágrimas. A los trece me dieron el primer beso. De nuevo sentí que ardía entera y de nuevo lloré. A los quince me enamoré de verdad —así lo planteaba yo entonces—. Fue allí que empezó la tortura del control. Bailábamos apretado en las fiestas, sentíamos el cuerpo del otro en nuestro cuerpo. Esto nos producía emociones ricas y extrañas que no sabíamos bien distinguir. Recuerdo una noche: Alfredo, mi pololo de entonces, y yo nos besábamos en el garaje de mi casa. A esas alturas, mi curso del colegio se dividía en dos: las que conocían los besos con lengua y las que no. Yo recién me había incluido en el primer grupo, gracias a las exploraciones que hacíamos largamente con Alfredo. Y esa noche, entre la oscuridad y el abrazo, sentí la mano de Alfredo sobre uno de mis pechos. Fue como si me hubiesen aplicado electricidad. Jamás había pensado ni en mi fantasía más desbocada que eso podía ocurrir. No estaba en mi repertorio de posibilidades. Yo no me moví, fascinada y aterrada a la vez. Ello no me fue perdonado más tarde: yo debía habérselo impedido. La mano de Alfredo, estática sobre mi blusa, comenzó a moverse, acariciándome. Mis latidos deben haberse oído hasta en la pieza de mis padres.

Se me salía el corazón en una excitación sin igual, sin referente alguno para mí hasta entonces. Comprendí esa noche que algo grave había sucedido. Me desvelé. Yo no era capaz aún de articular el concepto de deseo. Sí de pecado. Debo agregarte que tampoco, entre mis muchas ignorancias, conocía lo que era la masturbación. Nunca indagué mi propio sexo. Dice Magda que no es raro, que ni ella ni Soledad lo hicieron tampoco. Que debemos haber sido tan brutalmente reprimidas de chicas, que hasta el deseo inconsciente se nos fue. Magda cree que nos deben haber pegado en las manos a la primera, y así no crecimos con el hábito ni con la curiosidad. Cuando entré a la universidad supe que la masturbación no era un placer sólo de los hombres, y huelga decir cómo me chocó. Siguiendo con mi historia, a la mañana siguiente me fui a la pieza de Magda y le conté. Ella me retó. Me explicó que esas cosas no se hacían. Que Alfredo iba a calificarme de «fresca» y de «suelta»: palabras mortales para una joven de sociedad en ese tiempo. Con sólo pronunciarse, uno estaba liquidada. Bueno, Magda temió que Alfredo me perdería el respeto.

—Pero, ¿cómo? el me quiere. Además, fue él quien actuó. ¿Por qué ha de culparme a mí?

—Porque tú le aguantaste...

Me sentí sola e incomprendida. Acudí a mi prima Piedad. Ella gozaba de un castísimo pololeo de dos años de duración —yo nunca duraba tanto— y jamás le había sucedido nada parecido. Estaba totalmente de acuerdo con Magda.

—Hay cosas que pueden sucederles a los hombres, pero no a las mujeres, María.

—No seas tonta, Piedad. ¿Con quién les va a pasar algo a los hombres si excluyes a las mujeres de esto?

—Otras mujeres, María. No nosotras. La gente decente no siente esas cosas que tú describes.

Al fin hablé con Soledad. Ella fue más relativa. No me aprobó, pero tampoco me condenó. De todos modos, ella no era la más experta.

Allí empezó una etapa difícil para mí: la de sentirme distinta. En ese tiempo y lugar, no vayas a pensar que ser distinta era algo valorado. Al revés. Todas queríamos ser lo más iguales posibles, ante el miedo de ser señaladas con el dedo. Y yo me sentía diferente. Yo vivía sensaciones prohibidas. Con Alfredo lo conversábamos. Siempre prometíamos no «volver a caer», la expresión que usábamos lo decía todo. Pero cuando empezaban los contactos, cuando se nos desataba esta incipiente pasión, ya sabíamos cómo seguir sintiéndola. No había vuelta atrás. Comprendí entonces que el avance en lo sexual era irreversible. Sufrí mucho cuando mi historia con Alfredo terminó; como si sus solas manos me hubiesen creado una fatal dependencia. Él empezó una relación nueva, casta y pura, con una compañera del curso mío. Éramos más o menos amigas. Un día le robé a ella su diario de vida. Me helé al leer: «...Dios no les dio fuerza y por eso fracasaron. Él no la respetaba. Me ha rogado que yo sea distinta, no quiere vivir con culpa. A mi lado, Alfredo no tiene nada que temer. Yo tengo el apoyo de la Virgen María que me protege. Pobre María. Pero me cuesta, Dios me perdone, mirarla de igual a igual». ¡Toda esta tremenda historia porque un hombre me tocó las pechugas!

Mi próximo pololeo serio fue en el último año del colegio. Pensábamos casarnos. Él estudiaba Economía en la Católica y era muy buenmozo. Venía de un colegio inglés laico y no tenía el puritanismo de Alfredo.

Solamente convivía con las normas sociales, pero con más frivolidad. Con él las caricias avanzaron. Las que antes fueron sobre la ropa pasaron a ser bajo la ropa. La calentura y la culpa avanzaban al unísono. Y la soledad para mí en mi medio, siempre sintiéndome distinta, con el miedo de que el pecado se me notara. Hoy tengo la ilusión de que alguna otra, como yo, viviera lo mismo en silencio. Me encantaría poder preguntárselos. No pueden haber sido todas tan estúpidas. Recuerdo mi fantasía de arrastrar una aureola invisible en torno a mi cuerpo y la pesadilla era de que esta aureola tomaba color y se volvía visible al entrar yo a la iglesia. Y al avanzar por el pasillo a tomar la Comunión, con todo el colegio mirándome, ésta se tornaba roja. El rojo del pecado.

En aquel verano del setenta, Magda, Piedad y Soledad eran intactas doncellas. Yo, ya no tanto.

La entrada a la universidad, al transtornarnos la vida, nos transtornó también la moralidad. La convivencia con los jóvenes de las comunidades cristianas fue el inicio. La sanidad con que se amaban entre ellos nos sorprendió, con la naturalidad con que se hacían cariño... Algo comenzó a replantearse.

Te contaré una de las tantas anécdotas de entonces, por ser representativa. Teníamos un grupo de amigos, de diversas disciplinas, que se habían agrupado en torno a Eduardo, un cura maravilloso, y habían abandonado sus hogares —muy acomodados, por cierto— para vivir juntos en una población. Nosotras cuatro íbamos para allá muy seguido. Eduardo era nuestro guía espiritual y confesor, y teníamos una intimidad grande con los estudiantes. Soledad pololeaba con uno de ellos, yo con otro. A esas alturas, mi liberación de lo formal había comenzado y me negué rotundamente a «pololear» de nuevo. Borré ese verbo de mi léxico y de mi vida. No establecí más una relación con esas connotaciones. Amaba a varios paralelamente, a sabiendas de unos y otros y de todo el mundo. Entonces empezó mi pelea, larga ya, contra la monogamia. En ese contexto, yo tenía un amor en aquella comunidad cristiana. Se llamaba Carlos. Amaba sus grandes ojos azules y sus dientes perfectos. Era un hombre difícil y un poco inaccesible, y yo me preciaba de haberlo conquistado. Venía de la alta burguesía. Su padre era amigo del mío, sus hermanas estudiaban en el mismo colegio que yo. Era un hombre hermoso, en toda la ancha extensión de esa palabra. Con él tuve una relación muy larga. Siempre tuvo presencia entre los vaivenes de mis otros amores. Ésta siguió hasta la vuelta del exilio. Fue mi amante ocasional, con altos y bajos, pero amante siempre. Yo fui su primer amor, el primer beso me lo dio a mí, el primer cuerpo que tuvo en su cama fue el mío. Fuimos leales hasta el último día. Hasta el día de su muerte. (Fue un accidente. Él, que mereció la más heroica de las muertes. Cuando lo miré en el ataúd, un día frío a fines de julio, primer cuerpo de mi cuerpo que dejaba de tener vida, me sentí traicionada. Por él. Había prometido quererme toda la vida, y hasta ese momento lo había cumplido a la perfección. Hasta allí uno puede ser egocéntrica. Era un abandono con el que yo no contaba. No pude perdonárselo. Su carne ya no podía ser en mi carne. Es fuerte enfrentar la primera muerte de un hombre que uno ha amado. La única, hasta ahora, para mí. Y aún lo lloro. Sé que lo lloraré siempre.)

Vuelvo a la casita de la población. Todos se habían ido a acostar. Carlos y yo nos quedamos aún en el living, «living» es mucho decir, nos quedamos en aquella única pieza de la casa donde no se dormía. Todo lo demás se hacía allí. Tomábamos vino tinto y leíamos a Arguedas, su autor preferido. Entre los comentarios de la lectura, dejó el libro y me hizo cariño. Siempre ese azul y esas manos adoradas. Y la confianza infinita mía de estar en ellas. Me desabrochó los primeros botones de la blusa e introdujo su mano bajo ella, acariciándome. En ese momento apareció Eduardo, el propio sacerdote, a quien yo creía dormido. Buscaba un libro olvidado en la mesa al lado nuestro. Yo literalmente salté del suelo, donde estábamos tendidos, enrojecí, me traté de abrochar torpemente, pero la mano de Carlos seguía ahí. Él no se movió. Eduardo tampoco. Yo miré a éste, implorando.

—Perdón, Eduardo. Perdónanos.

Jamás olvidaré la calidez en la mirada de ese hombre.

—María, qué barbaridad dices. No tengo nada que perdonarles. ¿Por qué lo pides?

Carlos me abrazó, obligándome a volver a la posición en que estábamos.

—Mi niña, ¿sabes tú que Dios nos dio un cuerpo y un alma y nos pidió que amáramos ambas partes de nosotros mismos? ¿Qué pecado hay aquí?

Pero yo seguía mirando a Eduardo con angustia. Su imagen me desataba todas las culpas de la tierra. Él se acercó, me acarició la cabeza y rió.

—La única falta sería que Carlos y tú, amándose, no se quisieran esos cuerpos.

Ya las lágrimas brotaban. ¿Puede un representante de Dios en la tierra absolverme? La emoción y la vergüenza, y los años de opresión de este pobre cuerpo, explotaron, todos a la vez. El llanto no paraba.

—Consuélala tú, Carlos. Es a ti a quien necesita.

Buenas noches, María —me besó la mejilla con especial devoción y se fue a acostar.

Abrazada a Carlos, lloré todo lo que tendría que haber llorado antes. Y nunca más.

El verano del setenta y uno, un año después, seguíamos todas siendo vírgenes. Cada una por razones distintas.

Piedad, insisto en incluirla entre mis hermanas, creía en el valor de entregarse sólo en el matrimonio y a un solo hombre en la vida: su esposo. Su fugaz pasada por el progresismo no alcanzó a alterar en ella algo tan estructural como su sexualidad. Fue ese verano que, luego de nuestros intentos para que se enamorara de un izquierdista y traerla así a la causa, se enamoró de Daniel, el rugbista, el prototipo del niño bien chileno. Piedad no sabría de entregas más totales hasta el día de su matrimonio, cuando se encontró por primera vez con el cuerpo de un hombre desnudo. Algo de angustia le produjo, se sentía poco preparada, sin un camino que la hubiese llevado gradualmente hasta ahí. Pero así debía ser y apechugó, como siempre. Hasta el día de hoy, como toda la linealidad de Piedad, el único sexo masculino que ha mirado y amado es el de su marido.

Magda nunca fue de muchos romances ni pololeos. José Miguel fue su única relación seria y con él se casó. De joven no era especialmente exitosa con los hombres. Recuerda, Ignacio, que no era buenamoza entonces, eso es posterior. Tenía amigos y salía, pero nada más. Aunque lo disimulaba, era muy tímida en ese terreno, pues se sabía poco atractiva y eso la acomplejaba bastante. Los estudios la mantenían ocupada y hablaba del amor como de algo intelectual. Entonces, ese año setenta y uno, nos fuimos las dos a París por un año. Fue allí que tanto ella como yo pudimos perder la virginidad. Tuvimos que cruzar el Atlántico para ser capaces. Pero entre ella y yo medió una diferencia. Para mí, París fue el comienzo de una real liberación. Fue el fin de una larga agonía de amores incompletos, fue el alejamiento de la mirada materna que inhibía la libido más desatada. Fue el corte final de la adolescencia. Y como fue allí que perdí la virginidad, por mucho tiempo tuve el amor asociado a la luz. Pero Magda... ella en lo aparente vivió lo mismo. Élla cortó con esos lazos familiares y provincianos que nos ahogaban. Élla se enamoró de Jacques. Tuvo una linda relación con él. Hizo el amor algunas veces y se entregó a ello a pesar de las dificultades sicológicas que le acarreaba. Pero llegó a Chile y algún extraño mecanismo le hizo negar su experiencia francesa. Volvió a Chile y fue la misma de antes, como si su partida, en lo que al sexo se refiere, nunca hubiese sido. Yo noté cómo sutilmente negaba a Jacques en Chile. Y un día, entre un grupo de amigas, osó decir que ella era aún virgen. Yo estaba presente y la miré incrédula. Élla rió, minimizando lo ocurrido en Francia y comentando esa relación como «juego de niños». Comprendí que no mentía al auditorio. Ni a mí, que estaba a su lado cuando hizo por primera vez el amor, y emocionada me lo contó a la mañana siguiente. No: Magda se mentía a sí misma. La necesidad de negar aquello que sus ojos más tarde desvalorizarían. Borró la historia y se presentó luego frente a José Miguel como una más de estas niñas católicas de la clase alta, progresista pero convencional, sin mancha alguna en su camino. Fue tan fuerte para mí ser testigo de esto que no fui capaz de enfrentarla ni de hacerle una pregunta. Me pareció que nadie podía entrometerse.

El caso de Soledad, como en tantas cosas, fue el más inusual de todos.

Antes de conocer a Jaime, con quien se casó, Soledad tuvo un romance con Mario. Todo partió siendo atípico para nuestras vivencias de entonces. Este hombre era bastante mayor que nosotras. Terminaba sus estudios en la Universidad Técnica del Estado —pero si ésa no es universidad, había dicho mi padre—. Era comunista. Era ateo. Una suma complicada para Soledad, que se nutría de su fervor religioso, de su trabajo en las comunidades cristianas, en los retiros, en la Parroquia Universitaria, con compañeros de su edad, con origen y trayectoria más o menos parecidos. Es injusto decir que todos venían de familias como las nuestras, como esa amiga mía que, viniendo de un liceo fiscal, decía que sólo entrando a la izquierda universitaria de aquél entonces había logrado conocer en carne y hueso a los apellidos vinosos. Es en parte cierto, pero hay exageración.

Mario provenía de una familia muy modesta de Puente Alto. No conocía los colegios particulares ni los modismos que empleaba Soledad. Nuestro ambiente le parecía, por decir lo menos, extraño. Había algo de obrerismo en Soledad en tratar de apegarse a él y también algo de desafío. Pero fue difícil para ambos entenderse. Pasaban horas discutiendo sobre Dios. Él era un experto en Nietzsche y se lo tiraba encima con agresividad. Soledad no podía aceptar su ateísmo. De verdad le dolía y le parecía incomprensible. —Siempre fue un tanto rígida mi hermanita—. Pero el conflicto mayor fue el sexual. Mario no creía que existiesen vírgenes sobre la tierra, sobre la que él pisaba al menos.

Que eso fuese considerado por algunos una honra, estaba más allá de su comprensión. El tipo de relaciones que él mantenía con las mujeres partían por la cama. Y este romance con Soledad —con ese nivel de límites— le parecía intolerable. Al principio él apeló a la palabra y al discurso coherente como arma de convencimiento. Le explicaba que era imposible enamorarse de alguien sin integrar el amor físico, que éste era una parte vital del amor en sí. Soledad hacía caso omiso. «Algún día, Mario, algún día.» Luego vinieron las largas sesiones de caricias y relajamientos para despertar el deseo en ella. Funcionaban hasta un cierto punto, pero al sentirse ella presionada pasaba a la más total frigidez. Todo este cuadro empezaba a ser destructivo para ambos. La relación tenía los días contados. Una noche, después de un recital de los Quilapayún, fueron a comer a casa de él. A la nuestra no iban. Mis padres no querían saber de este hombre, cuerpo vivo de todo lo que ellos temían y odiaban. Quizás le hubiesen perdonado ser comunista si no viniese de Puente Alto (en ese tiempo todavía no entraban *niñitos bien* al PC). Pero esta suma era para ellos irresistible. Él vivía con un compañero de universidad que no estaba en casa. Mario preparó la comida, le enseñó a Soledad a cocinar buenos spaghetti, tomaron pisco y vino, escucharon música folklórica contestataria —la que todos oíamos día y noche— y se tendieron en el suelo a soñar. Tomó varios vasos de pisco y se volvió romántica y entregada. Empezaron los primeros abrazos. La mano de Mario recorría con cuidado su cuerpo. Ella lo besaba apasionadamente. Esto duró largo rato. Pero cuando sintió que sus calzones estaban a la altura de las rodillas, trató de enderezarse. Comenzó el forcejeo, como si la paciencia de Mario hubiese llegado exactamente hasta ahí. Tratando de zafarse de él, Soledad puso su cuerpo contra el suelo, apretando el estómago, los pechos y el sexo contra esta alfombra que la salvaría. Sentía a Mario moverse arriba de ella, pero estaba resuelta a no cambiar de posición. De repente, entre los glúteos y el comienzo de los muslos, sintió una espesa humedad. Un líquido desconocido la impregnó. Viscoso, tibio. Mario se levantó avergonzado. Ella no se movió.

Transcurrido un mes, Soledad supo que estaba embarazada, y nunca había hecho el amor. Lloró de rabia e impotencia. Y también fue capaz de reír cuando yo la llamaba «la Virgen María».

Fue para nosotros el primer encuentro con esa palabra bestial y desconocida: el aborto. Soledad no lo puso en duda ni un instante, no tendría ese hijo a ningún precio. Le parecía casi el fruto de una violación. No quería ver a Mario nunca más. La sola idea de casarse con él le producía náuseas. Reclamaba su juventud y el derecho a elegir su vida. Habló largamente con su confesor, sufrió enormes contradicciones entre sus creencias y su propia vitalidad. Pero no titubeó. Y yo la apoyé con todas mis fuerzas. También lo hicieron Magda y Piedad, a pesar del lío moral que esto les significaba.

Tuvimos que meternos en el tema. No sabíamos a quién acudir. (Años más tarde los datos estarían de boca en boca, pero entonces no.) No sabíamos de nadie que hubiese pasado por esa experiencia. ¿Qué se hacía? La familia era impensable, se descartó de antemano. A nuestras amigas del colegio, jamás. Nuestros amigos de ese momento, los de la universidad, apenas adelantaban nuestra propia experiencia. Entonces se me ocurrió llamar a mi antiguo amor, el estudiante de economía. Le tenía suficiente confianza e intuí que podría ayudarnos. Le dejé bien claro que la embarazada no era yo para evitar recriminaciones gratuitas, pero las tuve igual.

—¡Qué camino el que han tomado ustedes entrando a esa maldita izquierda! No me extrañaré, María, cuando seas tú la afectada el día de mañana. ¿Cómo te transformaste en tan corto tiempo? ¿Qué crees tú que sienten todos nuestros amigos cuando te ven en la Casa Central, gritando consignas groseras con todos esos rotos? Y ni hablemos de los comentarios cuando te han visto desfilar por la calle, con brazaletes y banderas, entre todos esos upelientos. Yo confieso haberme avergonzado de haberte pedido alguna vez que te casaras conmigo. Y mira, María, ¡cómo andas vestida! Como si fueras del Pedagógico de la Chile. Deja eso para los arribistas que deben escalar y pelear para ser alguien. Pero no para ti, María querida.

Me tragué la larga perorata, la misma que había oído varias veces esos años. Pero al final, me sintió sumisa y mi encanto lo volvió a conquistar. Entonces se le olvidaron los discursos y los papeles se invirtieron.

—Es facilísimo, querida. Aquí te anotaré los nombres. Dos a falta de uno. Buenos médicos. Buenas clínicas. Toda discreción asegurada. Anestesia general. ¡Ni te das cuenta! Es como sacarse una muela... Pues, ¡claro que son ginecólogos, niña! Y muy conocidos. Tienen esta actividad paralela como un buen negocio. ¡Ah!, es caro. Pero cualquiera de los dos las recibirá de inmediato. Den este nombre para que no las miren con desconfianza.

Yo escuchaba incrédula.

—No seas ingenua, María. ¿Qué crees tú que hace la gente como uno si se mete en problemas? No vamos a arriesgarnos en ningún sentido. Y pasa tan seguido: nunca falta la desubicada que no planificó bien.

O la mujer separada que en el fondo no cuidó su ciclo porque quiere volver a casarse. O incluso la vendedora de tienda desvalida, uno se apiada de ella. Cualquier cosa antes que andar pariendo guachos.

Llegué donde Soledad con la hora al médico tomada. Y la que quería vomitar era yo. ¿Éstos son los «caballeritos» con quienes debíamos casarnos puras y vírgenes? Comprendí que nuestro retiro de ese mundo comenzaba a hacerse irreversible.

El aborto nos costó un dineral. Piedad vendió su pulsera de oro; Magda sacó los ahorros para París (estábamos por partir). Yo vendí mi chaqueta de cuero nueva. Aún así tuvimos problemas para alcanzar la cifra total. En verdad, ¡qué gran negociado! Yo pensaba en esos países desarrollados donde abortar no es un delito, donde el Estado puede evitar esas miles de muertes de mujeres del mundo popular por hemorragia, y también evitar estos feroces negocios de los doctores ricos que hacen el doble juego moral. Soñé entonces con una Salud Pública capaz de recoger un problema tan dramático, tan cotidiano, tan desgarrador para cada protagonista y tan peligroso a la vez.

(Más tarde hube de recordar estas reflexiones, cuando debí llevar al hospital a la empleada de la casa de mi mamá, que se perforó el útero tratando de interrumpir el embarazo, con consecuencias irreversibles para su matriz. Era soltera entonces y ante su dolor, al contraer matrimonio ya no pudo ser madre.)

La fuerza de Soledad fue una lección. Sólo nosotras sabemos lo que sufrió. Cuántas cosas se derrumbaron en su interior.

Uno de mis amigos nos prestó su departamento y allí nos fuimos por tres días, tomando religiosamente todas las precauciones que nos indicaran. Compramos mucha parafina («evite el frío»), muchas vitaminas («evite la anemia») y comidas ricas y tragos para la depresión. En la casa inventamos que estábamos en un retiro y ahí nos quedamos.

Llegamos aquel día D al departamento, con Soledad de vuelta, alba, en el auto. Magda tratando de no mirarla para poder manejar y Piedad esperándonos con todo listo. Llegando, Soledad se acostó y desde la cama nos miró a las tres.

—Ustedes son unas locas irresponsables. A mí nunca me pusieron anestesia general hasta hoy. ¿Se dan cuenta de qué habría ocurrido si hubiese resultado alérgica? ¿Cuál de ustedes estaría en la cárcel en este momento?

Rió.

Luego, más solemne:

—Haré el amor con el primer hombre al que ame a partir de ahora. Me parece de mal gusto ser desflorada por un espéculo. Esto no logrará crear grandes marcas en mí, chiquillas. Quiero llorar una sola vez. Y luego, que no se hable más. Ya sabemos lo que es el aborto. Habremos de saber tantas cosas más que no quisiéramos. Estoy preparada.

¿Qué presintió Soledad entonces?

Lloró. Y no se habló más.

Efectivamente hizo el amor con su pareja siguiente. Y el sexo nunca la traumatizó. Fue ella la primera de nosotras en perder la virginidad. Ambas. La del cuerpo y la del corazón.

18

—Ninguna vida es transparente, Ana. Toda mujer tiene algún secreto, por pequeño que sea. Pero todas, alguno han de tener.

Llovía en el lago. La tierra se puso húmeda, café oscura. El agua cambió de color y se tornó gris. María y yo estábamos en la cocina, la estufa a leña nos daba calor. María acariciaba el roble rosado de la mesa mientras limpiaba las migas del pan amasado. Los tazones de café nos acompañaban, la cafetera volvía a hervir en el fuego. Sara e Isabel habían ido al pueblo. Isabel quería telefonear a Algarrobo, moría por saber de sus hijos. Manuel las había pasado a buscar en su lancha una hora atrás, luego había comenzado la lluvia.

—Se mojarán enteras.

—Sabrán esperar si no quieren mojarse. Deja de preocuparte.

María se metía un sweater de hilo por la cabeza. Era blanco y su piel se veía más dorada que nunca. Su pelo largo enmarañado, suelto sobre el blanco, cubría bordes, espaldas, todo. Sus dedos largos, huesudos y oscuros, jugaban con el cigarrillo.

—Pero tu amiga, ¿nunca tuvo ningún indicio previo?

Seguimos con nuestra conversación. María me había contado la historia de una amiga suya que luego de cuatro años de normal matrimonio y dos hijos, había vuelto un día de vacaciones antes de la fecha anunciada y había encontrado a su marido, en su propia cama, con otro hombre.

—Ninguno. Ni el más leve.

La pobre no había sabido qué hacer con esta información. Su sorpresa le nubló la capacidad de reaccionar. Se fue a casa de su madre, con los niños lógicamente. Al cabo de una semana tomó la decisión de abandonarlo para siempre. Él pareció aliviado.

—Y no se soltó las trenzas. Siguió trabajando de vendedor de seguros, con sus trajes impecables y su pinta de súper hombre. Ya había cumplido su rol casándose y teniendo hijos, no era socialmente sospechoso. Siguió haciendo su vida normal, viviendo en el mismo departamento. Sólo mi amiga supo que al poco tiempo el otro hombre se había mudado allí, tomando su lugar. Ella nunca contó el motivo de su separación. A nadie. Lo sintió como una afrenta personal, se sentía PERSONALMENTE humillada, como si la homosexualidad del otro fuese problema suyo, o al final, culpa suya.

—La culpa de las mujeres... El océano entero.

—Muchos años después, antes de decidir si se casaba o no con su novio de ese momento, con mucho miedo de enfrentar el matrimonio de nuevo y siendo víctima de una desconfianza irracional, decidió contar por primera vez lo que le había sucedido. Me tocó a mí. Yo la oí. No le dije grandes cosas. Pero ella se liberó increíblemente al solo dejar que su vivencia brotara en palabras. Como si al verbalizarlo, el pesar se relativizara, y el hecho mismo oprimiera menos. Mi lección de aquello, Ana, fue que no hay nada tan terrible como para no ser dicho. Que al hacer pública esa culpa privada, transformas la culpa en vergüenza y ésa es una emoción bastante más tratable. Esta mujer volvió a casarse y tuvo una relación, como era esperable, perfectamente normal. Tiempo después me dijo que para ella nuestra conversación había sido crucial, que yo la había ayudado tanto, que estaba tan agradecida. Yo reí y con toda humildad, cosa no muy frecuente en mí, le expliqué que yo no había hecho nada por ella. Que su salvación había sido quitarle el carácter tabú a su historia, que yo sólo había actuado de detonador.

María apagó el cigarrillo, aplastándolo tres o cuatro veces contra el cenicero, como era su costumbre. Se levantó a rellenar nuestras tazas mientras seguía hablando.

—Yo he sido depositaria de una gran cantidad de secretos. Será que mi vida parece más abierta que otras, mi moral menos rígida, y allí puede caber cualquier aberración. La gente a mi alrededor sabe que ésta no me dañará, y a la vez, mi reacción no dañará a la otra. Y es cierto. Tengo espacio en el corazón para todo lo marginal e ilegítimo. Ello no me amedrenta. Y lo curioso es lo poco secreta que soy yo; todo lo mío es terriblemente público. Como si con ello le quitara la posible oscuridad a las vivencias. Lo oscuro no me gusta, Ana.

La quedé mirando fijo, en un profundo silencio. Al prolongarse mi mudez, María —que se paseaba por la cocina buscando más café, limpiando la cafetera y hablando sin mirarme— se volvió con cierta brusquedad.

—¿Qué pasa, Ana?

Esa capacidad de ella, enorme, de percibir en el aire una vibración diferente.

No respondí. Creo que debo haber empalidecido porque ella abandonó la cafetera sin llenarla, soltó con descuido la cuchara, y se sentó frente a mí en la mesa.

—¿Qué pasa, Ana? ¿Tienes también tú algún secreto que te tortura?

Asentí.

—¿Quieres hablar de ello?

Silencio mío. Respeto de ella. Puso su mano en mi muñeca y la apretó. Sus ojos me miraban tan involucrados que me soltó el corazón.

—Yo tenía veintiséis años. Llevaba cinco años casada con Juan y habían nacido Sergio y Fernando. Estaba obsesionada con la idea de irme a Estados Unidos a hacer el Master of Arts. Me había ganado una beca y llevaba dos años postergándola por los niños. Sergio tenía tres y Fernando dos años. Si volvía a postergarla, la perdería. Vivíamos muy estrechamente y yo apenas me las arreglaba para trabajar en la universidad y cuidar a los niños. Como no podía pagar una ayuda doméstica, pescaba a mis dos hijos cada mañana, subía al bus con ellos colgando —gracias a Dios entonces era sagrado dar el asiento— y los depositaba donde mi mamá. Ella había enviudado hacía poco y se sentía sola y vacía. Vivía de una modesta pensión que le había dejado mi papá, pero la casa era de ella, de esas buenas casas que se compraban entonces a través de la Caja de Empleados Particulares —no estas cajitas de fósforos que hacen ahora— y sus gastos básicos estaban cubiertos. No trabajaba fuera de la casa. Y por ello se ofreció a cuidar de mis hijos. Sin ella, habría tenido que interrumpir mi carrera y vivir sólo con el sueldo de Juan, lo que no era posible.

Los dejaba entonces donde mi madre y volvía a las cinco en punto a recogerlos. Partía con ellos a casa, sacaba sus pañales sucios de la bolsa que acarreaba —nunca dejé que mi mamá los lavara— y empezaba mi segunda jornada. Hacer todo el aseo, partiendo por las camas de la mañana, lavar los platos del desayuno, lavar ropa —no teníamos lavadora en esa época, te hablo de principios de los sesenta—, planchar, especialmente las camisas de Juan, cocinar la comida que llevarían los niños al día siguiente donde mi mamá —esos hervidos de verduras con posta que quitaban tanto tiempo—, cocinar para todos la comida de la noche, jugar un rato con los niños, bañarlos, darles de comer, acostarlos, hacerlos dormir. En el invierno podía hacer estas tareas temprano, robando tiempo de la casa para mí. No así en verano, pues los niños, por muy chicos que fuesen, no se dejaban acostar mientras hubiese luz. Recién entonces llegaba Juan, agotado, con una jornada laboral más pesada que la mía. Terminaba las clases en la universidad a las seis (no estaba aún con contrato permanente y hacía miles de horas) y luego continuaba haciendo clases en un vespertino hasta las ocho y media. Durante esos años, Juan nunca llegó a casa antes de las nueve de la noche. Comíamos con los niños ya dormidos, él lavaba los platos, yo secaba y guardaba. Y entonces venía nuestra hora de trabajo en casa: preparar clases, corregir trabajos y pruebas, poner notas. Yo hacía clases de Literatura. Juan, de Filosofía. Debíamos prepararlas día a día, pues nos rebelábamos a repetir mecánicamente lo mismo año a año. Además, no siempre nos tocaban las mismas asignaturas de un año a otro y eso era pesado. Recuerdo una vez que, de puro cansancio, confundí la materia de un curso con otro. Entré muy seria al grupo de Poesía Actual Norteamericana y digo, teatralmente: «Hoy nos introduciremos en una de las joyas del barroco inglés y de la literatura universal: Milton y su Paraíso Perdido». Y el curso se largó a reír. Los miré desconcertada. Una niña se levantó. «Señora, me dijo, no estamos en Inglaterra del Setecientos. Eso nos toca este otro año.»

En fin. Eran tiempos arduos.

En ese cuadro, ¿cómo podía yo soñar con mi maestría? ¿Cómo dejaba a Juan y a los niños? Lo conversé una noche con mi madre. Tomábamos una manzanilla después de la comida. Le comenté la frustración que todo esto me producía. Ella, maravillosa como siempre —no te rías, María, sabes que soy de las pocas mujeres que no tienen trancas con su madre— me sugirió partir. Ella me reemplazaría. Podría arrendar su casa por un año y venirse a la mía, ganando un poco de plata con el arriendo. Se haría cargo de los niños y de la casa y trataría de aliviarle la vida a Juan, con quien tuvo desde siempre una buena relación. Esto no fue planteado como un sacrificio que hace la madre por su hija, no. Ella demostró entusiasmo y alegría y nunca me hizo sentir que era un favor. Todos estuvieron de acuerdo. Juan fue muy generoso, para él era duro separarse de mí por tanto tiempo. No teníamos dinero para acortar los plazos viajando a vernos. El compromiso fue que trabajaría duro y sacaría la maestría en un año.

Así, partí. Ansiosa de estudiar, de dejarme estimular sin restricciones, me instalé en Nueva York. Arrendé una pequeña pieza en el Village, que aún no se ponía TAN de moda. Tenía baño común pero a mí me parecía una maravilla. En esa pieza cabía todo: mi máquina de escribir, mis libros, la poca ropa que llevaba y las fotografías de Juan y los niños. Pensaba mucho en ellos. A veces la pena amenazaba hacer fracasar mi proyecto. Decidí armarme de una enorme coraza, juré no permitirme la nostalgia, no dejar espacio para sentir nada. Tú sabes que en alguna medida resulta. Una comienza fingiendo frialdad y termina por sentirla. Estudié como nunca lo había hecho y eso ayudó. Sólo flaqueaba los domingos de sol cuando salía a caminar por Brooklyn Heights y veía niños de la edad de los míos. Recuerdo un día un par de zapatos botados en un parque. Eran del tamaño de los pies de Sergito. Los miré en el pasto, el gesto más triste y solitario: los zapatos vacíos de un niño. (En las noches, cuando iba a revisar que estuviesen tapados, siempre me conmovían esos zapatos tirados en el suelo, sus hormas revelando todo lo que ellos eran. Es la huella más elocuente de la presencia —o ausencia— de un niño. Siempre le dije a Juan que si una desgracia les sucediese a los míos, no me dejara ver sus zapatos.) Algo se me quebró adentro y me senté en un banco a llorar.

Lloré de una vez toda la cuota de ese tiempo.

Nos escribíamos mucho con Juan. Las cartas que guardo de ese tiempo son aún mi tesoro. Mi cuerpo parecía haber congelado toda idea de goce. Echaba de menos a Juan pero recordaba básicamente nuestras conversaciones, nuestras risas. Nunca el sexo. Era mi única defensa. Comprendí una cantidad de cosas sobre el deseo de las mujeres. Cuán educado estaba para ir unido al sentimiento; cuánto se podía reprimir sin mayores costos aparentes, cuán poco autónomo era.

Todo funcionó bien hasta el día en que se trasladó a vivir a la pieza del lado un estudiante brasileño. ¡Era un hombre tan bello, con tanta gracia! Estaba becado como yo y hacía su maestría. La diferencia entre ambos era que él no había debido dejar una familia atrás. No tenía esa carga sobre sus hombros. Pero sí estaba solo, como todos los latinoamericanos de esa ciudad. Nos hicimos amigos. A veces me convidaba a su pieza a tomar buen café. Se creó una relación moldeada por mí, totalmente acotada. Seríamos amigos, no más. Esto no me resultaba un gran esfuerzo ya que mi estructura era esencialmente monógama y estaba acostumbrada a establecer relaciones fraternales. Tampoco era yo una Mata Hari que encendiera a los hombres a mi paso. Y estaba acostumbrada a tener, desde los dieciocho años, a Juan a mi lado. Su sola presencia me convertía en una mujer sin deseos para otro. Yo le expliqué esto a Helio, así se llamaba mi brasileño, y él decidió seguir adelante, sin expectativas eróticas.

Un día, veníamos de comer una pizza por un dólar en el boliche de la esquina de nuestra casa, me tomó por el hombro con fuerza y me apretó contra él. Sentí algo eléctrico, algo ya olvidado. Me separé de él, ante su sorpresa frente a mi rigidez. Fue entonces que empecé a sentirme vulnerable. Sólo un brazo en mi hombro, Dios mío. Me sentí como una monja o una vieja solterona, que reacciona con desmesura frente a un estímulo mínimo en su propio desierto de sensaciones. Lo dejé pasar. Pero cuando, a la semana siguiente, a la vuelta del teatro —le habían regalado unas entradas para ver un musical en Broadway, y veníamos ligeros y alegres— me abrazó en la puerta (un abrazo como puede ser el de un hombre joven, sano y apasionado), comprendí que estaba perdida. Esto me hizo mal. Pasé malas noches, mi coraza flaqueaba. Tuve sueños eróticos, por primera vez desde que había llegado a ese país. La masturbación, a la cual no había necesitado recurrir hasta entonces, tampoco me calmó.

Entonces dejé de verlo. Creo que ya me había enamorado de él. Me sentía injusta con Juan. Había sido tan generoso con mi partida. Y su único ruego había sido ése: que no me enredara con otro. Era lo único capaz de quebrarle el corazón. De verdad, él no estaba seguro de poder perdonarme si lo hacía. Se reconocía poco civilizado sobre el tema, pero era superior a sí mismo. Yo conocía bien a Juan. Sabía que como buen hombre —sudamericano más encima— la fidelidad era el pilar del matrimonio. No es que Juan temiese que yo amara a otro, lo único que temía era el sexo con otro. ¡El sexo, el sexo! El símbolo absoluto de propiedad. Ancestral, irracional. Y como yo tenía bastante culpa por solo estar en Nueva York, decidí retribuirle con esa moneda: le sería fiel.

Por tanto, corté mi relación con Helio por un tiempo. A veces nos encontrábamos en la escalera y nos hacíamos un saludo amistoso. Pero nada más. Cuando ello ya pudo ser sin que se me humedeciera la entrepierna, lo retomé. Me hacía falta. Era una gran compañía para mí y estuve sola y triste ese tiempo sin verlo. Seguimos comiendo pizzas, tomando buen café en su pieza, comentando nuestros estudios, ayudándonos con el laundry. Trabajé con más ahínco que nunca. Me puse la meta de terminar los estudios en nueve meses y no en un año. Y la cumplí. Sabía que mi voluntad estaba debilitada y dudaba de mí misma en una permanencia más larga.

Así llegó el final de mi estadía en el Village y de Helio. Había llegado a ser una historia lindísima, una relación platónica llena de amor y entendimiento. La noche anterior a mi partida, él me hizo una despedida. Cocinó para mí en esos minúsculos espacios y compró mucho vino, del bueno. Yo tomaba el avión a la mañana siguiente y me sentía relajada. Bebí una botella entera de vino, hábito que yo no tenía, y éste se me fue a la cabeza. Bueno, para resumir, terminamos en la cama. Explotamos, como el agua cuando se abren las compuertas. Muertos de placer y de pena de separarnos, vivimos una noche loca, triste y maravillosa a la vez. Sentí inútil mi sacrificio y me maldije por haberme privado tanto tiempo. De sus brazos y de su cama, me fui al avión.

Llegué a Chile. Juan me esperaba dichoso. Los niños, sus caritas, sus cuerpos, todo estaba bien. ¡Todos habíamos sobrevivido! La noche que llegué, a pesar del cansancio y de las emociones, hicimos el amor con Juan largamente. Mi aproximación a él fue ambigua: lo había esperado tanto, pero tenía el cuerpo de Helio en mi piel.

Bueno, al mes siguiente no tuve menstruación. La sola idea de embarazarme me horrorizaba pues había comprendido que mi fecha de regreso había coincidido con mi periodo de fertilidad. Tú dirás, María, que fue una irresponsabilidad no haber tomado precauciones. Pero llevaba nueve meses sin pensar siquiera en mis ciclos, no existía como tema ni como preocupación para mí. Tampoco tenía un condón o un diafragma a mano, no se me habría ocurrido. Además todo eso lo pensé después. Si no fuese así, no se explicaría la cantidad de embarazos no deseados que ocurren cada día en el planeta.

El día catorce del ciclo, Helio; el día quince, Juan. ¿Cómo saber de quién me había embarazado? Dejé pasar un tiempo, con la esperanza de que fuera puramente neurótico, como a veces sucede. O que se debiera al cambio de país, de clima, de alimentación, cualquier cosa. Pero nada. Partí escondida a hacerme el examen. Positivo. Me volví loca. Pensé en abortar clandestinamente. No conté con que Juan, siempre atento a mí, también se había dado cuenta.

En el avión no había pensado más que en cómo encararía con mi marido el tema de Helio. Le di largas vueltas. No sabía qué traicionaría más su confianza: Helio o la mentira. En mi caso habría sido la mentira. Pero luego de calibrar a Juan con todos sus pros y sus contras, opté por el total silencio. Era casi una mentira piadosa: quería cuidar al macho que había en él, protegerlo. Además, me arriesgaba seriamente a perderlo.

Entonces fue que, tomando mis pechos en sus manos, me dijo reconocer los síntomas. Esa hinchazón era inconfundible. Además no había visto una gota de sangre, estaba claro. Me convidó a «hacernos el examen». ¿Cómo negarme? ¿Cómo decirle que ya lo sabía y no lo había hablado con él? Fuimos. Y el resultado lo hizo saltar de alegría. En ese contexto, ¿cómo pensar siquiera en deshacerme de la guagua?

Él notó que a pesar de mis esfuerzos por disimular, yo no irradiaba la dicha que se esperaba de la futura madre. Le hablé de nuestra pobreza, de nuestras carreras, de las dificultades de un nuevo niño cuando atender a los dos que teníamos nos costaba tanto. Me recordó que había sido recientemente contratado como profesor de jornada completa en la universidad. Que ya podría dejar el vespertino. Que durante mi ausencia él había aprendido a ser papá, que comprendía lo agotador que había sido para mí el tiempo anterior, que esto sería reparado, que era injusto que la crianza recayera tan unidimensionalmente sobre las madres. Que contrataríamos una nana para que mi trabajo no se alterara tanto. Ésa sería la primera vez, luego de seis años de matrimonio, que pude salir a trabajar dejando los niños en casa.

Hablé con mi ginecólogo. Le expliqué mi situación, buscando en él alguna solución mágica, alguna certeza.

—No hay cómo saberlo. Es imposible, Ana.

—Pero yo no puedo vivir con esta duda. —Mi angustia iba creciendo.

—¿Cómo era él, el otro? Descríbemelo.

—Moreno, de ojos oscuros, pelo liso y café. Flaco. No muy alto, normal.

—Descríbeme ahora a tu marido.

A pesar mío, sonreí. La descripción, si de eso se trataba, era la misma.

—No es tan grave, entonces. Difícilmente habrá sospechas.

—Pero no es eso lo que me preocupa. Soy YO la que quiere saber.

—Mira, Ana, esto pasa todos los días. No sabes cuán corriente es. Lo que importa es que los tipos físicos de los posibles padres no difieran tanto. Lo demás, olvídalo. Esta guagua nacerá como hija de Juan y será su hija de verdad, no importa cuáles genes tenga. Será SU hija y punto. Así lo vivirá él y la futura guagua. Y con el tiempo, también tú. No pienses más en ello.

Me fui enojada, sintiendo toda la conversación como una gran frivolidad. Decidí cambiar de ginecólogo y empecé a ir donde una obstetra, una mujer, a quien nunca mencioné este tema. Y de paso, podía hablar de mi cuerpo con la total certeza de ser comprendida. Cuando Juan preguntó desconcertado por qué este cambio, aduje a teorías en boga en Nueva York sobre la importancia de que las mujeres fuesen tratadas por mujeres en este rubro. Pero en el fondo, yo sabía por qué había hecho este cambio: porque no quería ver nunca más a la única persona en el mundo que sabía mi secreto.

Y así nació ella: María Alicia. Salió igual a mí, como si no hubiese existido intervención paterna. La niña de mis ojos.

Y yo cargo mi cruz. La he cargado cada día de estos veintiséis años y cada uno de esos mismos días, he esperado que algo en ella me diera la respuesta. Pero, no me la ha dado. Ahora acudo a Sam Shepard: «Rezo pidiendo que se suspenda todo pensar».

19

Es día domingo en el lago. Atardece, y siguiendo nuestro ceremonial diario, nos hemos instalado las cuatro en el corredor, con esa magnífica vista y nuestras sillas mecedoras. Isabel ha preparado el quesillo con el vino blanco, María trae el hielo y el whisky. Hemos ido de paseo por el día y no tenemos energías sino para estar tiradas, meciéndonos frente al lago.

—Es domingo y no estoy triste —acotó de la nada María, como sorprendida consigo misma.

—No es raro —le respondí—, hemos tenido un día lindo y estamos las cuatro juntas, ¿por qué habríamos de estar tristes?

—Cuando yo era adolescente me entristecían los domingos. Ya no —dijo Sara.

—Es cierto —admitió Isabel—. Es un sentimiento típico de la adolescencia. A mí se me quitó cuando tuve a Hernán Pablo.

—Será que aún soy adolescente —rió María—, pero nunca he logrado deshacerme de él. Como si todos los malos recuerdos estuviesen asociados a este día.

—¿Por qué? —pregunté.

—A Ignacio yo le contaba...

María prendió un cigarrillo, tragó un buen poco de vino y ante la atenta mirada de nosotras, se sumió en la lejanía.

Son las cuatro de la tarde de un día domingo. Han hecho el amor.

Él ve el partido de fútbol en la televisión; ella duda si dormir la siesta o retomar ese maravilloso libro de Irving, *The Hotel New Hampshire*.

—Siempre que te veo con un libro en la mano, es de un autor norteamericano.

—Es lo único que leo.

—¿Por qué?

—Porque allí está el vigor de la literatura. Como si toda la savia y la vitalidad estuvieran concentradas en los yankees. Ya casi no soporto el ritmo de los europeos, fuera de contadas excepciones.

—¿Y los franceses?

—¿Los franceses? ¡Los odio! Cuando terminé el último de la Duras, juré no volver a leerlos. Son alambicados, egocéntricos, con un tipo de racionalidad intolerable. No tienen derecho, cuando estamos a punto de pasar al siglo veintiuno, a detenerse durante diez páginas explicando cómo miró ella el pétalo de una flor y lo que sintió. ¡No resisto la visión de mundo que tienen! Son tan decadentes. Mira tú el cine. ¿Hace cuánto tiempo que no hacen algo decente? No tienen la frescura y la vitalidad de los americanos.

—Eres una exagerada, María.

—Y tanto, que no me habría enamorado de ti si no hubieses sido adicto a la cultura de los Estados Unidos como yo.

Él vuelve al fútbol, ella le busca las piernas por debajo de las sábanas, se enreda en ellas y se aprieta contra él. Juega con sus pelos del pecho, le encanta a María enroscarlos y tirárselos suavemente.

—¿Sabes, Ignacio? Creo que tú eres lo mejor que me ha pasado en la vida.

El partido de fútbol está condenado a la interrupción. Él se da vuelta, la mira y la besa. Se besan largamente y todo vuelve a empezar.

La luz inunda el departamento de María. Se lo ha comprado hace poco, ella le llama «su última locura». Es que de verdad es un departamento espectacular —enorme, enorme—. Sobran metros cuadrados, sobra seguridad, sobran maderas nativas, hasta en la cocina. Las terrazas y balcones parecen jardines. Es un lujo y ella lo goza sin pudores. Soy bastante rica, dice con candor, ¿por qué no aprovecharlo? Entre las ganancias de la productora, la herencia de don Joaquín —que ha optado por entregarla en vida— y su propio sueldo del Instituto sumado a permanentes entregas de trabajos escritos, nuestra amiga, efectivamente, se había vuelto rica. Es lo que siempre debiste ser, le dice la señora Marita en forma casual.

—Ya que no tengo hijos ni marido como ustedes, por lo menos tengo plata —nos dice a nosotras, casi disculpándose.

Entonces recuerdo una conversación que tuve con ella hace como ocho años atrás...

—¿Te has fijado en los edificios de las poblaciones? Esos bloques grises, enormes, con pequeños ventanales, casi sin balcones, casi sin árboles. Uno al lado del otro, departamentos horrorosamente iguales entre sí, puestos en cualquier lugar, como si nadie se hubiese preocupado de buscarles un contexto. Pueden edificarse en un baldío, o frente a la línea del tren, o a la carretera: ninguna humanidad logística. Yo les llamo «los modelitos suicida». Si viviese en uno de ellos, me suicidaría de todos modos. Cuando los veo, juego a adivinar cuánto tiempo duraría en cada uno, según su emplazamiento. O sea, en aquél duro una semana antes de pegarme un tiro; en aquel otro, quince días, y en algunos lo haría al día siguiente. Lo que pasa, Ana, es que aparte del espanto que me producen las cosas hechas en serie, lo igual o lo ordinario, mi estructura interna es tan, TAN débil, TAN frágil, que el hábitat me la determina por completo. Soy según el espacio donde vivo. Por eso, el día que sea rica, tomaré todas las medidas para evitar la depresión y me compraré un departamento de lujo en el último piso de un edificio rodeado de verde en el barrio alto, de Providencia hacia el sur oriente, y tendré nocheros que me cuiden, porteros que me bajen los paquetes, alfombras donde me hunda hasta las rodillas, calefacción para pasearme en pelota en pleno invierno, y desde lo alto tendré luz a raudales, verde y más verde será mi vista... en el total silencio de la altura.

María no ha hecho más que cumplir con su palabra.

El día que se lo entregaron, fue con Ignacio y una botella de Casillero del Diablo —el vino de ellos dos— a recibirlo. En cuanto se retiró el corredor de propiedades, cerraron la puerta, se desvistieron, abrieron el vino en ese potrero que era el living vacío e hicieron el amor en el suelo, sobre la alfombra, sin un solo mueble de testigo. Así lo inauguraron. Las casas de María y sus amores terminan siendo para ella la misma cosa. Dejó la casa de Bellavista que ella adoraba porque le apenaba el fantasma de Rodolfo. Dejó aquel simpático departamento de Providencia porque no resistía los recuerdos de Rafael. ¿Tendré que vender esta preciosura si tú te vas?, le pregunta a Ignacio.

No viven juntos. Ignacio tiene su propio departamento, no muy lejos de ella. Se visitan. Ella jura que no volverá a vivir con un hombre. A él le es indiferente mientras la tenga cerca.

—¿Y si algún día tenemos un hijo? ¿Vivirá contigo o conmigo?

Esta fue la conversación el día que María firmó los papeles para el nuevo departamento.

—No, no hables de eso. Estamos tan bien así.

—El tema no es eterno, mi amor. ¿Cuánto te falta para los cuarenta?

—Cuatro años, todavía cuatro benditos años.

—¿Y cuándo bajarás la cortina y dejarás de coquetear con la idea que «aún puedes»?

—Hasta que aún pueda. La Ursula Andress tuvo su primera guagua pasados los cuarenta.

—Más vale que lo pienses pronto, por ti. Yo ya tuve hijos, no los necesito. Eres tú quien puede arrepentirse. Y si te decides, María, tendrás que convencerme a mí. No es que yo muera de ganas.

—Entonces, ¿para qué lo mencionas?

Volvamos a la luz del departamento de María. Esa luz blanquecina de los domingos. Son las cuatro de la tarde y no importa si es invierno o verano. Es domingo y éstos parecieran homologarse entre sí.

Los domingos me producen temor, Ignacio. Si has de abandonarme, no lo hagas en domingo, no lo resistiría. Incluso la luz es distinta, siempre tiene algo mortecino. Si alguna vez he lamentado no tener hijos, ha sido en un día domingo. Cuando era chica les tenía horror. Todos los miedos cósmicos, esos de la infancia que uno apenas comprende, se me juntaban ese día. Sería también la entrada a clases los lunes. Sí, yo odiaba estudiar. En las tardes dominicales les pedía a mis amigas que me llamaran varias veces por teléfono para no sentir el abandono. Más adelante, en los pololeos, esas tardes pasaron a ser el momento de separación —en casa había permiso para pololear sólo los fines de semana. Recuerdo especialmente algunas relaciones —las más neuróticas— en que me asustaba cortar el nexo que se producía de viernes a domingo, como si en ese lapso yo lograra encantar y temiera que la vida real del lunes rompiera ese encantamiento y ellos pudiesen liberarse de mí. ¡Tanta ansiedad concentrada en el atardecer de ese día! También fue en domingo, con la caída de la tarde, que llegó la noticia de que habían matado a Jaime. A mi cuñado, a ese Jaime maravilloso de ojos celestes, al marido de mi pobre Soledad.

Eran días extraños aquéllos. Sólo el miedo y el dolor quebraban el gris. Todos cesantes, con tanto tiempo para temer, con tan pocas horas de aire libre, con tanto toque de queda. El encierro obligado de esas largas tardes nos descompensaban hasta el metabolismo. Dábamos vueltas como en círculos, inventándonos qué hacer. No en vano el activismo y la urgencia duraron tres años. No sabíamos cómo vivir tanto silencio. Y no era exactamente el silencio de la paz.

Todo estaba revuelto.

José Miguel, perseguido y asilado desde el primer día, había obtenido su salvoconducto y estaba ya en París. Magda había volado recién a encontrarse con él, dejando a la pequeña Paula en Chile hasta encontrar un lugar adecuado para vivir. En realidad, fue mi mamá quien la convenció que hiciera las cosas así, que se instalaran con José Miguel, que organizaran sus actividades y estuvieran un tiempo solos. Ella iría luego a dejar a la criatura. Tantos años sin ir a París, luego de haberlo visitado casi todos los inviernos cuando nosotras éramos chicas. Además, llevaría maletas y cosas que Magda había dejado atrás y le ayudaría a sistematizar su nueva vida. Por ahora, nuestros amigos franceses les habían prestado la misma pieza donde habíamos vivido Magda y yo, en pleno Quartier Latin, solidarizando y aliviándoles con ello el comienzo del exilio. La más fuerte preocupación de Magda al partir, más que dejar a su país, pues no tuvo —ni nadie tenía— la perspectiva para imaginar que sería por diez años, era su cuñado Jaime, preso en el norte.

—Es una medida administrativa —la había consolado la propia Soledad—. Ándate tranquila, te avisaremos en cuanto lo liberen.

Lo paradojal era que, estando su marido preso, fue Soledad la nominada por Magda para hacerse cargo de Paula. Hoy me pregunto cuál sería el grado de confianza de mis hermanas en mí, que siendo la única soltera de la familia, nadie me delegase responsabilidades. Yo estaba viviendo sola con mis padres y tenía todo el tiempo del mundo. Magda había dejado la casa de El Golf dos años atrás, al casarse con José Miguel, y un año más tarde lo había hecho Soledad, sorprendiéndonos a todos con su matrimonio a tan temprana edad. Fue la confianza generalizada en Jaime la que aminoró las objeciones y se les veía tan bien que todos pensaron en un matrimonio para toda la vida. El once de septiembre de 1973, Soledad tenía sólo veinte años. Y es raro, Ignacio, que el golpe y el exilio, al sacar de nosotros mismos los sentimientos más recónditos, hizo que mi corazón estuviera más cerca que nunca de

Magda. Ella siempre ha creído que mi cariño por Soledad ha sido privilegiado. Sin embargo, en esos momentos límites, la quise a ella más que a nadie.

¿Te acuerdas, Magda, el día en que Jaime y Soledad se
conocieron? Había una fiesta en casa. ¿Recuerdas el
azul de esos ojos?

—Estudia Servicio Social. Un camino apenas
menos drástico que las Carmelitas Descalzas o a las
Hermanas de la Caridad.

Jaime la miró divertido ante mi presentación.

—¿Pensaste irte de monja?

—Sí —Soledad se disculpaba—. No imagina-
ba mejor manera de servir a la comunidad.

—¿Y has resuelto permanecer en el mundo?

—Sí —ella muy seria—. Serviré a través de mi
carrera.

Habíamos discutido tanto entre nosotras aquello de las vocaciones y profesiones a seguir. Durante
esos veranos, el sesenta y nueve y el setenta, aquellos de
las postulaciones a la universidad, no hablábamos de
otra cosa. La beatería inundaba las dilucidaciones. Por
de pronto, todas elegíamos —a ojos cerrados— la Universidad Católica como la única posible. La Técnica no
existía para nosotras, y a la Chile le temíamos por su iz-
quierdismo, su ateísmo y su pluriclasismo.

Tú, Madga, siempre fuiste clara. Siempre quisiste estudiar Historia.

—Licenciatura. ¡Jamás pedagogía!

Tus palabras ofendían a nuestra prima Piedad.
Ella defendía la pedagogía como la más alta forma de

entrega al prójimo. El idioma inglés le era tan familiar, tan propio. Su opción fue fácil, como todas las de Piedad: cercanas, conocidas, seguras. Yo pensaba en Periodismo, pero nadie le daba tanta importancia a qué carrera seguiría. Había algo tácito en el ambiente: las carreras serias eran para las inteligentes: tú y Soledad. Se lamentó que la última desperdiciara su talento en Servicio Social pudiendo ser abogado o economista. Y frente a tu opción, se contaba con que serías buena en ella, tan buena como para investigar en serio y publicar, tal como lo has hecho. De mí, nadie parecía esperar gran cosa en ese aspecto. Creo que papá y mamá ya se dieron con una piedra en el pecho de que tuviera puntaje para entrar a la universidad, y nadie reparó mucho en lo bueno que fue mi puntaje al final.

Alrededor de los dieciséis años, Soledad renunció a la idea del convento. Comprendió que su vocación era más intelectual que espiritual. Entonces, Magda, surgían las discrepancias contigo.

—No puedes elegir una carrera sólo por estar cerca de los pobres. Estudia los mecanismos que permiten la existencia de ellos. Si quieres cambiar el mundo debes entender el mundo. Quizás la Sociología, algo en Ciencias Sociales. Ello sería más adecuado como disciplina.

—No, Magda. Sigues sin entender. Mi compromiso es con los que sufren. Busco una forma a mi alcance para procurarles algún alivio. Mis objetivos son modestos.

—¡Nunca los objetivos debieran ser modestos, Soledad!

—Déjame terminar la idea. Debo trabajar cerca de ellos con humildad. Que las Ciencias Sociales queden para los políticos. Mi llamado, Magda, viene de la fe, desde allí estoy eligiendo. Bien sabes que la política es un cuento distinto y nunca me ha interesado como tal.

—Aunque te pese, Soledad, es ineludible. Tarde o temprano pasarás por ahí.

Y efectivamente, más temprano que tarde, Soledad lo comprendió. Si alguien hubiese podido prever el curso de la historia... Cuánto dolor nos habríamos ahorrado como familia. Si alguien hubiese detenido a Soledad... si se hubiese ido al convento... Mamá se agarraba la cabeza a dos manos.

—¿Qué he hecho para merecer esto? ¿Qué hice mal como madre? ¿Por qué me salieron tres hijas izquierdistas? ¿Dónde fallé en la educación que les di? ¿Qué tiene esto que ver con mis sueños sobre ellas?

Años más tarde, cuando las opciones se hubieron decantado, tú y yo, Magda, éramos un lujo de hijas al lado de Soledad. La primera vez que declaró estar a favor de la lucha armada frente a mi madre, ésta, en lo más profundo de sí misma, puso fin a su maternidad. Siguió jugando el rol, la protegió, acogió a Esperanza. Todo eso lo hizo. Pero en su corazón, el tema se cerró. Soledad ya no era su hija. Y así lo demostró papá cuando nos dio a ti y a mí la herencia y no a Soledad.

—No entregaré el esfuerzo de mi vida a una criatura enajenada. Si lo hiciera, yo sería responsable de que con mi propio dinero se estuviesen comprando armas. Eso es lo que Soledad haría con la plata, no les quepa duda.

Entrando a la universidad, se unió a los grupos cristianos de acción social. Siempre leal con la verdad, o con sus verdades, supo que el compromiso político era, como bien lo decías tú, ineludible. Y lentamente fue abarcándolo. Al inicio de nuestra vida universitaria se armó un nuevo partido político, un movimiento más bien, integrado básicamente por cristianos, jóvenes e intelectuales. Allí participaron muchos de sus compañeros de las comunidades cristianas. Entusiasmada con sus nuevos hallazgos, extendió su entusiasmo a nosotras. Nos invitó a algunas reuniones. Unas más reacias que otras, todas asistimos. Era la firme adhesión a la fe cristiana la que nos unía y fueron los primeros retiros —aquellos de ejercicios espirituales— los que nos mantuvieron la ilusión de cohesión. Pero la conclusión de estos retiros era inevitable en aquellos años: la unión del compromiso cristiano con el compromiso social.

Piedad fue la primera en dudar. Se sentía traicionándose a sí misma. Soledad se esforzó y trabajó con ella arduamente. Estudiaban juntas el Evangelio, buscaban las diferencias de interpretación entre los evangelistas. Discutían. Si Mateo lo había enfocado de este modo, Juan lo había hecho de otro. Todo lo exageraban. A veces un solo versículo daba para una o dos horas de discusión. El resultado de estas sesiones era siempre el mismo.

—De acuerdo, Soledad. Es cierto, en algunos aspectos tú tienes razón. Pero Cristo nunca dijo que ese fuera el único modo de servirlo.

—En el fondo, Piedad, no te atreves a asumir este compromiso. Tu temes traicionar a tu familia y a tu clase y una verdadera cristiana no teme. Piensa en los primeros cristianos. Piensa en sus riesgos. Ellos sí lo abandonaron todo, ellos no temieron, arremetieron

contra toda·una cultura y un sistema social instalado.
Fueron perseguidos, incluso entregaron la vida. Y tú,
con temores tan pequeños.

Recuerdo con espanto esas discusiones. Los
ojos de Piedad brillaban siempre al borde del llanto. Yo
sospechaba que el poder de Soledad radicaba en ven-
cer más que en convencer. Pero entonces yo estaba de
acuerdo con su discurso y nada hacía por proteger a
Piedad de lo que no le era propio. No la ayudé en sus
pataleos por mantener su identidad maltratada.

Cuando los argumentos se agotaron, Soledad
acudió a mí.

—La única forma de retener a Piedad es a través del amor. Eso SÍ la influye. Como tú eres la monopo-
lizadora de ese rubro, debes buscar entre tus amigos alguien adecuado para ella. Debe ser buenmozo, de colegio particular, ojalá de familia conocida, pero con las
ideas bien claras. El deberá demostrarle a ella que nuestro origen no es obstáculo para nuestro compromiso.

Buscar a alguien con esas características en la
Universidad Católica de entonces no fue tarea ardua. El
elegido se llamaba Julio Marín y era estudiante de Periodismo, como yo. Montamos con Soledad una verdadera
operación a espaldas de Piedad. Resultó. Y cuando ella
llegó a contarnos de este nuevo romance, con ingenuidad le vaticinó a Soledad cuánto lo aprobaría ella. Así, tuvimos de nuevo a Piedad en las peñas, los desfiles, los re-
citales, las actividades estudiantiles. Soledad respiró tranquila, de nuevo éramos las cuatro, todas por «el buen
camino». Pero no duró. Llegó diciembre. Piedad no quiso ir a los trabajos de verano que organizábamos ya que
Julio Marín no podría participar. Nosotras sí fuimos y ella
partió a Zapallar. Cuando en el mes de febrero nos jun-
tamos en Las Mellizas, Piedad apareció con otra cara.

—Me he enamorado —anunció solemne.

Nosotras tres la miramos con sorpresa.

—¿Y Julio Marín?

Nada quedaba de él. Daniel había tomado su lugar. A Daniel lo conocíamos desde siempre. Era un niño de éxito cuando éramos adolescentes. Era buenmozo, se dedicaba al rugby y tenía mucho mundo, supliendo su falta de luces con el dinero de su papá. El representaba la negación de todas nuestras vivencias en nuestros primeros años como universitarias.

El desprecio de Soledad agrió las vacaciones. Tú y yo, Magda, guardamos silencio. Piedad volvió a Santiago y recuperó su vida anterior. Se arrimó a su verdad y nunca más intentó traicionarse. Un año más tarde se casó con Daniel. Un año más tarde expropiaron Las Mellizas. Y nuestros largos veranos pasaron a ser parte de nuestra historia. Nunca más. Nosotras no sabíamos ese verano que sería el último, de campo y de nosotras cuatro, como si ese verano, sin saberlo, cerrara la primera etapa de la vida, aquella donde aún no han entrado los dolores. No sabíamos de qué manera perder Las Mellizas fue también perdernos nosotras mismas. No sospechamos, Magda, el carácter simbólico de aquella pérdida. Tratamos de entenderlo como una ganancia para los trabajadores, una ganancia para ellos quebrándonos el alma. Pero no lloramos ese quiebre. A pesar que mis pies, nuestros pies, Magda, se abstuvieron para siempre de pisar la tierra que les era propia, la tierra que los sostenía... el estoicismo fue la consigna.

Piedad se casó, y con ello renunció definitivamente a cualquier sueño de cambiar la vida. Vendría después tu renuncia, Magda, con un carácter diferente, lento, sin estruendo, así... como si el matrimonio y la maternidad te hubiesen hecho mirar en menos tu

activismo. Y sostenías aquello con esas frases tuyas,
siempre irónicas e inteligentes, en que veladamente
nos acusabas a nosotras de «infantiles». Si no es por el
exilio, habrías vuelto a ser lo que juntas habíamos despreciado. Y quizás hoy día Paula repitiera tu historia,
estudiando en los colegios que tú estudiaste, y pare-
ciéndose más a una hija de Piedad que a una hija tuya.

Y sólo quedamos Soledad y yo.

También yo renuncié. No a los sueños. Sí al
partido. Y la espada quedó sola.

Fue en ese contexto de universidades reformadas, de
estudiantes que sentíamos tan propia la Revolución
de Mayo como la Cubana, en un país convulsionado
que hacía antesala al socialismo, que Jaime y Soledad
se conocieron.

¡Cómo se quisieron!

Fue una historia sencilla. Una simple historia
de amor, sin aristas. Mientras yo me debatía en tantos
amores conflictivos y paralelos, ellos se casaron. Fue en
plena Unidad Popular. Recuerdo el día aquel, después
de la sencilla ceremonia —tan distinta a la tuya, Magda—, que apreté fuerte a Jaime y le dije que por algo
Dios no me había dado un hermano, que había guardado ese hueco para él. Y que su llegada parecía venir
del cielo, como si un ángel, además de prestarle esos
ojos, lo hubiera traído para nosotras. Y fue entonces
que el partido lo destinó al norte. Se hizo cargo de una
empresa del gobierno en Iquique.

¡Cuánto lamentaríamos más tarde ese nombramiento!

Magda. La Rue du Dragon, el 6º arrondisment, la luz de París. Por fin estás en brazos de José Miguel. Pero en aquella pequeña chambre de bonne en ese séptimo piso sin ascensor entrará la prensa cada mañana —o al menos los días domingo— y la luz de esa ciudad embrujada se enturbiará y el silencio de tu pequeña pieza se volverá asfixiante. Y tu pasaporte será sospechoso. Ya nunca más podrás decir tu nacionalidad con inocencia. Nunca más podrás hablar de tu país sin dar explicaciones. La era del horror ha comenzado. Y no hablo del horror abstracto frente a una colectividad abstracta. Hablo de nosotras, las niñas felices de Las Mellizas. La vida nos ha hecho la primera marca, ya no somos las mismas. Y si tú allá en París, encerrada en tus textos y en esas salas húmedas de la Sorbonne, si tú crees que puedes ser la misma, pues aquí estoy para contarte que ya no. No puedes. La vida no te dejará. Y si a ella tú te le escapas, estoy yo. Yo no te lo permitiré. Nos han enterrado un cuchillo, debemos desangrarnos.

¿Te acuerdas, Magda, de ese París que tan gozosas compartimos? Pues, ya no será el mismo. Se acabó la alegría de los gruesos Bordeaux a las siete de la tarde, de los paseos por la Mouffetard, de las omelettes Chez François en la Place D'Italie, de los camembert y los brie en el mercado de St. Michel, del sol que tomábamos en la Place des Vosges, aquella de la arquitectura perfecta, de los dulces árabes pegajosos y almibarados, de las noches en la Maspero leyendo con la urgencia de los que no compran. Ese París nutritivo se acabó. Han matado a Jaime.

¡Lo han matado, Magda!

Y el desgarro de Soledad es el tuyo y es el mío. Tres muertes en vida frente a una, única, absoluta, total muerte real.

Soledad duerme en la cama del lado. Le hemos suministrado un calmante. Ojalá el sueño le dure. Ojalá el sueño la mime, la cuide, la cure por un rato. Anoche desperté con sus gritos. Creo que hoy el sueño la vencerá. Su expresión es dulce en su rostro dormido. Quisiera que no despertase, que no vaya a tantear esa cama para sentirla vacías, que no pase frío para que no busque en ese otro cuerpo el calor. Que no despierte para encontrar que Jaime ya no está.

Soledad vive la muerte de Jaime como el comienzo de su propia muerte. Y yo tengo miedo que se enamore de la muerte misma.

Me siento abandonada por ti, Magda. ¿Por qué mierda estás tan lejos? ¿Quieres que yo contenga sola todo este dolor?

Fue un domingo, Ignacio. Volvíamos del cine con Vicente. Llegamos a casa de mis padres, donde yo vivía todavía porque Vicente no quería vivir conmigo. Era un día de fines de octubre. Hacía frío. Subimos a la pieza de mi madre. Entonces aún había escasez de parafina. En las tardes se prendía una sola estufa y ésta estaba siempre en la pieza grande de mamá, junto con la televisión y la mesa del té. Debe haber sido un octubre helado, aquel del setenta y tres, pues en plena primavera la estufa estaba prendida. Y mi madre pálida, alba a su lado. También mi padre estaba ahí. No recuerdo qué nos dijeron. Sólo recuerdo haber caído en la cama ancha. Me golpeaba contra el colchón, volvía a caer y a caer. Luego me cerré el corazón pues recordé que el corazón de Soledad estaba primero. Ella estaba en Peñaflor, había prometido llevar a la pequeña Paula de visita donde la abuela de José Miguel. Me dijo que era domingo, que ese día era inútil para los efectos de sus trámites, que pasearía a la niña, que estuviera yo atenta al teléfono por si llamaban de Iquique. Estaba optimista y partió tranquila a Peñaflor. «Pasaré la noche allá, María, el toque de queda es tan temprano que no vale la pena volver. Dormiré con mi Paulita, casi no la he visto desde que Jaime está preso. Entre mis idas y vueltas de Iquique y todos los trámites... Quizás las últimas gestiones resultaron. ¿Te imaginas que lo soltaran esta misma noche? En ese caso, María, apenas aclare, en el momento mismo en que levanten el toque, anda corriendo a buscarme. Está bien, no debo hacerme tantas ilusiones. Vuelvo mañana.»

El llamado a casa de mis padres era del norte, pero no habían soltado a Jaime. Comprendí quién debería darle la noticia a Soledad. Miré a Vicente.

—¿Cuánto falta para el toque de queda?

—Cincuenta minutos.

—Tenemos menos de una hora para llegar a Peñaflor. Vamos.

Mamá intervino, que llamáramos primero. No había teléfono donde la abuelita de José Miguel.

—Es peligroso, niños. Los caminos están repletos de patrullas. Quizás no alcancen a llegar...

—Tenemos que ir. No sabemos qué piensa hacer Soledad mañana en la mañana. Debemos evitarle... ya, Vicente, ¡volemos!

Así lo hicimos.

Manejamos rápido y en silencio. De ese viaje sólo recuerdo mi ira frente a la ausencia de Magda, mi corazón anestesiado y la luz de esa tarde. Blanca, fría. La luz de los domingos.

La casa de Peñaflor y las tías viejas nos recibieron en el momento mismo que caía el vacío sobre el país. Entramos por los oscuros pasillos de casa antigua de provincia. De lejos divisamos el patio interior y a Soledad sentada en el suelo de baldosas. La sillita de Paula a su lado y la abuela al otro. Jugaban con unos cascabeles. Soledad reía. Me detuve y apreté la mano de mi compañero. No, no sabe nada, somos los primeros en llegar. Dios mío, ¡no tengo fuerzas!

Soledad levantó la cabeza y nos vio. Su reacción primaria fue la alegria y una sonrisa cálida. Luego, su ubicación en el tiempo y el espacio. Miró automáticamente el reloj y supo que el toque de queda ya había comenzado. Achicó los ojos.

—¿Qué hacen ustedes aquí, a esta hora? O soltaron a Jaime y vienen a avisarme o pasó algo muy malo.

—No han soltado a Jaime —la cara de Vicente lo decía todo.

Se levantó del suelo con dificultad, como si los músculos se le hubiesen adormecido. Caminó hacia el pasillo mirándonos, lentamente. Yo avancé por ese mismo pasillo, largo como en las casas de provincia, mirándola a ella. Nuestros ojos se encontraron fijos. Y sin un sonido ellos me preguntaron y los míos le contestaron que sí.

—¿Es Jaime?

Yo había enmudecido, como si la garganta se me hubiese secado para siempre. Sólo pude abrir los brazos. Rota entera yo, Soledad cayó en ellos. Y sólo cuando sentí su abandono, también me abandoné. Pero lo que oí no fue llanto; eran gemidos, no articulados entre sí. Las manos de Vicente tomaron los hombros de Soledad. Esa capacidad de los hombres de ser precisos cuando es necesario, esa sobriedad. Y él fue quien lo dijo. Él dijo las palabras que yo no podía pronunciar.

Los ojos de mi hermana nos recorrieron, las pupilas dilatadas, la incredulidad en ellos. Se separó de nosotros y caminó por el patio interior. Ya empezaba a oscurecer en Peñaflor. Pasaron cinco eternos minutos hasta que ella reaccionó. Entonces me miró con la cara transformada, como si durante esos minutos hubiese hecho un recorrido fantasmal, muy lejos de allí. Entonces se tiró a mis brazos y gritó.

Junto a los ojos de la pequeña Paula que miraban interrogantes hacia nosotros, con el cascabel en la mano, ese grito se clavó en mi alma. Y la idea insistente que, por desgracia, la espada siempre termina en forma de cruz.

—¡Ay, Ignacio! Era domingo en la tarde.

20

—¿Y por qué te separaste?

—Porque mi marido no le hizo visita de pésame a mi cuñado cuando murió su papá.

Eran ocho mujeres en el pequeño living del departamento de Sara, compañeras todas en el infatigable trabajo con otras mujeres (al cual Sara se dedicaba cada vez más), casi todas sentadas en el suelo, inundando las voces con humo y la infaltable calidez. Ya habían comido las pizzas compradas en la esquina y la mesa de centro —brillante madera de eucaliptus— resistía los muchos ceniceros tan pequeños, que parecían adornos de porcelana, y todos los portavasos de corcho que Sara introducía tratando de cuidar su mesa de tanta cerveza y vino. Las paredes, bastante desnudas, con uno que otro cuadro pequeño colgado al azar, parecían no retener todas esas voces. En el ángulo derecho del living, sobre el vidrio redondo que hacía de cubierta de la mesa de comedor de coligüe con sus cuatro sillas iguales, esperaban más botellas cerradas al lado de la hielera, augurando una noche larga.

—No te preocupes, mamá. Juana y yo te ayudaremos a limpiar —le había dicho Roberta en la tarde—. Nunca invitas gente, si las casas no son para mantenerlas limpias.

El departamento de Sara estaba siempre muy ordenado y los pisos brillaban de la cera pasada continuamente. Las colchas y las cortinas eran regularmente

lavadas y todo relucía. Tenía pocos muebles, todos nuevos y cada uno prestaba una utilidad determinada.
¿Nunca se te ha ocurrido tener algo sólo porque es bonito?, le había preguntado María extrañada. Hasta las
hojas del gomero y el filodendro que daban al balcón
eran víctimas del trapero, nunca con polvo en sus su-
perficies. Había paños, de esos redondos blancos teji-
dos a crochet que adora la clase medía chilena, bajo cada adorno de la casa, incluido uno —infaltable— sobre el televisor y otro en la mesa del teléfono. La pieza
de Roberta —todo su mobiliario era comprado en
CIC— era el único lugar donde Sara aceptaba un cierto desorden. Juana, la empleada, tenía su pieza contigua a la de Roberta pues el departamento no tenía pieza de servicio. Juana era como parte de la pequeña familia y compartía el baño con Roberta, pues tampoco
había baño de servicio. (Sara tenía el suyo propio.) Parecían de la misma edad con la niña y se avenían mara-
villosamente, compartiendo su amor por Camilo Sexto
y las telenovelas.
    —No entiendo por qué las empleadas de Sara
no usan delantales —había comentado Magda una
vez—, ¿se supone que ello es signo de progresismo?
Llama a equívocos, más aún cuando son jóvenes.
    En verdad, Juana se vestía casi mejor que Sara,
gracias al famoso nuevo modelo económico que había
democratizado las importaciones y sólo una diferencia
de marcas y no de artículos las diferenciaba. Tenía el
pie sólo unos milímetros más grande que Sara y ésta le
pasaba sus zapatos nuevos por unas semanas para que
la otra se los ablandara.
    —¡Qué promiscuo! —volvía a opinar Magda.
    Por cierto, Juana tomaba los últimos gritos de
la moda al pie de la letra, le quedasen bien o no.

—Lo que más me ha sorprendido como cambio en mi vuelta a Chile —había observado Magda— es que los pobres ya no se visten mal. Estamos casi uniformados. Se nos fueron al agua los códigos de antes, cuando un chiquillo de bluyins era siempre un estudiante o cuando las zapatillas de gimnasia significaban deportes. Ahora da vergüenza regalarles a las empleadas la ropa vieja, si en el Mercado Persa se compran todo nuevo, taiwanés o chino, por tan poca plata.

Así, Juana les servía de parámetro, como decía María, para saber CUÁNDO debían abandonar una moda porque ya se había popularizado irremediablemente. En todo caso Juana era un ángel y aunque no usara delantales y tuviera más días libres que nadie, cuidaba de Roberta como de sí misma. Y esa noche, desde la pequeñísima cocina del departamento, Juana escuchaba atenta las conversaciones. No quería perderse detalle pues esperaba que los cuentos de las amigas de la señora —todas viejas, eso sí, a sus ojos— le darían algunas pistas. Siguió las voces que venían del living.

—¿Por eso te separaste?

—Sí. Cuando ya el papá de mi cuñado llevaba una semana muerto y Rodrigo no hacía nada al respecto, empecé a dudar seriamente de su sentido común, para qué hablar de su inquietud por el dolor ajeno. Empecé a analizarlo con una frialdad que me espantó. Y mi hermana, la nuera del difunto, se enojó y me comentó la falta de solidaridad de Rodrigo. Ella consideraba que esto era el comienzo de una decadencia. Y así fue. Lo que pasó es que me di permiso para odiar a mi marido por unos días con una razón justificada. Y ante mi asombro, el odio no se me pasó. Hasta ahí llegamos.

—Es que el matrimonio no tiene destino —comentó Sara.

—Entonces, no hay que casarse.

—No exageremos —acotó una tercera—, hay que saber transar.

Una del grupo pidió la palabra. Era Ximena, una sicóloga de unos cuarenta años, con orgullo de mujer asumida que no se tiñe las canas por principio y con modales un poco estudiados.

—Chiquillas, debemos poner un mínimo marco teórico a esta conversación. Estamos muy desordenadas. Partamos por el inicio. Un elemento común a nuestra generación ha sido la profunda e inconsciente desconfianza al afecto. Nuestros padres no nos planificaron, no fuimos necesariamente elegidas por ellos. Entonces no existían ni píldoras ni diafragmas y ya en ese momento horroroso del parto, al salir de las aguas tibias, tuvimos la conciencia paranoica de no haber sido queridas. Por lo tanto, si nos remitimos al principio, creo que podemos hablar de una generación entera con dificultades afectivas, con enormes incapacidades de conexión con el sentimiento. En resumen, una generación que ha sospechado en forma casi sicótica del amor.

—A juzgar por los resultados, pareciera que Ximena tiene razón.

—Que Ximena no se ponga densa. El problema no es generacional ni afectivo; el problema son los hombres —dictaminó una rubia bonita que, desde un cojín en la esquina del living, hacía posiciones de yoga.

—Carla, estás simplificando.

Entonces esta Carla, antropóloga de treinta y tantos, se puso seria.

—El rollo de la mujer me obsesiona. Trato de entender a mi género a través de mí misma, y trato de entenderme a mí misma a través de mi género. Y no avanzo, me bloqueo. Leo, estudio, converso. Me enchufo con el feminismo primero, con el postfeminismo después, y me surgen mil dudas. ¿Cuál es el camino? No habiendo camino individual que haga historia, ¿cuál debiera ser el camino colectivo? Y me angustio por nosotras. ¿Qué mode los tenemos para colgarnos de ellos?

—Muy pocos —le contesta Ximena pensativa—, las que han roto han pagado muchos costos.

—A mí no me importaría pagar costos si supiera que con ello voy a ser feliz.

—¿Y quién te lo puede asegurar por adelantado?

Todas parecen meditativas. Vuelve Carla a la carga.

—Claro... El libertinaje femenino paga costos mientras el masculino cobra méritos. La mujer sin hombre puede ser considerada la mujer de todos los hombres. Y además, se supone que su poder —o sea, el nuestro— radica solamente en la seducción.

—A ver, Carla, detente ahí. Si eso fuese así, no habría vejez posible para nosotras.

—¿Y quién dijo que la hay?

—Veamos: el TIEMPO según eso, sería sólo del hombre. Si su poder reside en lo público, este poder dura lo que dura su vida. ¿Y el nuestro? Se desbarataría junto con las arrugas y la menopausia.

—¡Por eso me niego a aceptarlo! Si todo nuestro poder emanara de la capacidad de seducir y de fecundar... ¿dónde estaría situado, entonces, el poder del afecto? O sea, díganme, el AFECTO como tal, ¿qué papel juega?

—¡Ay, Dios! —suspira una morena sexy, más joven que el resto—. ¿En quién me convertiré yo el día que ese poder me sea quitado?

—Por ahí leí —interrumpe Sara— que LA MUJER únicamente es capaz de convertirse en una persona adulta, por el hecho de que tiene que vivir más tiempo entre el final de su época de plenitud y el momento de su muerte.

—A ese lapso habría que saber sacarle partido. Quizás se pueden adelantar pasos hoy para evitar la destrucción que el tiempo nos infligiría.

—¿Como cuáles, por favor? —pregunta atenta la morena.

—No sé. —Sara prende un cigarrillo pensativa y antes que le quiten la palabra, agrega—. No centrar la seguridad en lo sexual ni en lo externo. O sea, en nada que se termine con la edad.

—Eso es de perogrullo, Sara.

—Lo será, pero ya tendríamos que disciplinarnos en goces que se mantengan en el tiempo. No podemos siempre dejarlo para mañana.

Ximena, la sicóloga, se apresura.

—Integrar las experiencias y asimilarlas. Es un buen paso para asomarse a la sabiduría.

La del marido que no hizo la visita de pésame salta.

—¡Asegurarse la autonomía económica!

—Sí. No nos pasemos películas; para tener una vejez digna se deben cumplir tres condiciones: ser sabia, ser rica y ser flaca.

—¿Flaca?

—Sí, las viejas gordas no son dignas. Si ya no seremos buenasmozas, al menos conservemos la elegancia.

—Insisto que lo más importante es solidificar los cariños, los no eróticos —continúa Sara—, y además debemos ejercitar la inteligencia en forma permanente para que ÉSTA no envejezca. ¡Y ése sí que es ejercicio!

Rieron. Entonces tomó la palabra Julia, seguramente entre los treinta y siete y los cuarenta, abogado, más elegante y buenamoza que el promedio y con una cierta seguridad emanando de su cuerpo.

—Yo, primero viví el mundo de los hombres, mirando en menos todo lo relacionado con «lo femenino». Luego vino la etapa, imprescindible a mi modo de ver, del feminismo y de la rabia. Eso me amplió la visión de mundo y de mi misma. Hoy, creo estar haciendo exitosamente la síntesis. Recién ahora puedo gozar serenamente de hacer una mermelada de damascos.

—Sabio —aceptó Carla mirándola—, pero, ¿has resuelto el problema del amor?

—No aún. Pero he meditado y creo que en el largo plazo seguiré el ejemplo de mi amiga Eugenia.

—¿Qué hizo tu amiga Eugenia?

—Ella es artista y una mujer muy sensible. Es bastante mayor que yo. Tuvo un novio durante doce años, se veían sólo los fines de semana. No interrumpió el desarrollo de sus dos hijos introduciendo cambios drásticos, como por ejemplo, un padrastro. Ellos crecieron bastante mal criados, pero seguros. Nunca se sintieron amenazados por la existencia de este hombre y gozaron plenamente de tener una madre no compartida. Cuando ya hubieron dejado la casa materna —digamos, justo cuando las mamás empiezan a ser un cacho—, exactamente al día siguiente del matrimonio de su segunda hija, puso en venta su casa de Las Condes y se compró un gran departamento en el Parque Forestal. Lo arregló con dos ambientes y convidó a su novio a vivir con ella. Y me dijo al hacerlo: no pasaré la vejez sola, es el peor momento para la soledad. Lo que en la juventud es símbolo de autonomía y de desenfado, en la vejez se vuelve indigno. Yo fui esa desenfadada de joven, ahora seré digna de vieja, sólo por saber cambiar las pautas a tiempo.

—Bueno, si de buscar soluciones se trata, yo conozco otro caso —añade Ximena—: una pareja de amigos míos, luego de dos años de pololeo, con matrimonios e hijos anteriores, compraron una casa grande y antigua de dos pisos. Dividieron la casa en dos, con entrada, cocina, timbres y hasta teléfonos separados, y cada uno vive en un piso. Abajo, ella tiene la galería, los corredores, los patios nostálgicos, los niños y las nanas. Arriba, él tiene un «loft», sin una pared divisoria, totalmente moderno, un verdadero piso de solteros. Hay una escalera interna al fondo de la casa, casi escondida, que comunica los dos pisos. Se visitan y se invitan a dormir cuando tienen ganas y de verdad han conservado el espíritu del pololeo.

—Eso es inteligente. Yo terminé casándome con Armando por culpa del invierno y del toque de queda. Mantuvimos en el pololeo dos departamentos a una cuadra de distancia por un par de años, cada uno en el suyo, con sus propios hijos, sin ninguna promiscuidad. Pero el invierno nos venció. Nos daba tanto frío levantarnos para partir de vuelta cada uno a su casa, y esto debía ser a la hora que el toque nos imponía, que terminamos quedándonos en una sola. Si hubiese tenido el sistema de esa pareja, me habría salvado.

—¡Qué raras son ustedes! ¿Cómo pueden preferir dormir solas? Aparte de lo rico que es sentir un cuerpo que te acompaña en la noche, ¿cómo no se mueren de susto? Yo ni muerta haría sistemas originales. Imagínense si cae un allanamiento, o cualquiera de las cosas exóticas que pasan en este país de noche... No. Yo, con mi marido bien cerca.

—Claro, bien cerca si es que te ve —acota la recién separada—. Para Rodrigo yo era invisible en la cama. El deseo de él era cada vez menor. Si le llegaba a surgir, ahí estaba yo, la idiota, siempre dispuesta. Nunca se preguntó siquiera por el deseo mío. ¡Qué miopía la suya! Y todavia anda preguntándose por qué lo dejé.

—Es que si empezamos con eso, no paramos más. A mí me borran como a la mancha de un vidrio, así, con un huaipe, en un instante —rie Julia.

—No, no hablemos de nuestra condición de invisibles, por favor. ¡Me niego!

—Me quedé pensando en que el sistema de esa pareja de las dos casas que dice Ximena no es justo —interrumpe Ivonne—. Aparte de requerir un cierto ingreso per cápita, o sea, de ser un proyecto más bien elitista, ¿por qué ella tiene las nanas y los niños y él no? Él vive como un soltero gracias a que ella se hace cargo de los hijos. Y te apuesto que la mujer paga también las cuentas. Eso es injusto.

—Puede ser, pero lo pasan regio —le contesta Ximena—, y cuando tuvieron juntos una guagua, que él prácticamente «le regaló» pues no quería y ella sí, la guagua fue instalada en la casa de abajo.

—Las paternidades como regalos de los hombres —interviene Sara ácidamente—, nada nuevo. Claro que es injusto el caso que cuenta Ximena, es partir de la base que las mujeres y los hijos son la misma cosa, una suma indisoluble. Recuerdo cuando Francisco no quería que tuviésemos hijos. Las pildoras me hacían mal y ningún sistema me resultaba. Entonces le rogué que —si era él quien se negaba a los hijos y no yo— se hiciera la vasectomía. Su no fue rotundo y me pidió A MÍ que me ligara las trompas. Cuando al fin pude acorralarlo para que me diera la verdadera razón, me confesó que sicológicamente quería sentirse siempre fértil, que lo otro podía dañar su masculinidad, y que por último, si nuestra relación fracasaba y se arrepentía de viejo de no haber tenido hijos, podría tenerlos con una mujer más joven. O sea, la fertilidad de él privilegiada sobre la mía. Y podrán suponer que todo el problema de la contracepción era MI problema. Yo lo vivía en total soledad, probando diferentes sistemas sin que él se enterase siquiera. Al fin decidí que la única precaución posible era sencillamente no tener relaciones en las fechas indicadas, porque él se negaba a usar condón, por principio. Yo debía llevar las cuentas con exactitud; si llegaba a equivocarme, él se indignaba y me acusaba de descuidada. Sólo preguntaba «¿Se puede o no?» Ésa era TODA su intervención en el problema.

Todas se indignaron, pensando en el Francisco que cada una llevaba al lado. La morena joven y sexy, madre de una niñita de tres años, contó que venía llegando del sur, luego de haber pasado unos días con su marido y su hija en Osorno.

—Enrique, para entretenerse supongo, compitió todo el camino con cada auto que se nos cruzó. ¡Qué cargantes son los hombres en las carreteras! Competía hasta consigo mismo porque había decidido hacer el viaje en doce horas, no en trece o catorce. No teníamos ningún apuro, nadie nos esperaba. Y cada auto en la carretera era su enemigo. Entonces mi pobre Macarena empezó a vomitar en el asiento de atrás. Le grité a Enrique que parara, se demoró casi un kilómetro en hacerlo porque un auto quería pasarlo, mientras la niña se deshacía en vómitos. Al fin paró, me bajé con ella, corría yo buscando algo para limpiar, agitada, refregándola a ella, al asiento, y consolándola porque lloraba mucho. En el manubrio, Enrique no se movió. No se bajó del auto. Macarena siguió vomitando, él miraba para adelante, totalmente ajeno, sin mover un dedo. Dejo constancia que también es SU hija. Al fin se arregló la situación, volví con Macarena al auto, decaída y humillada por su vómito. Él partió aceleradísimo, cuando yo aún no había cerrado la puerta y se indignó CONMIGO porque la niña lo había hecho perder tiempo. Cuando le hice un comentario agrio sobre su cooperación, me dio por toda explicación que le daban asco los vómitos. ¿Qué pasaría si a nosotras nos ocurriera lo mismo? Debo agregar que en el camino de ida, a la altura de Los Ángeles, o sea, sin haber molestado en todo el camino, Macarena quiso hacer caca. Le pedí a Enrique que parara y se negó. Le dije que no fuera loco, que la niña necesitaba parar, que no era un capricho. Paró, refunfuñando sobre el tiempo que estaba perdiendo. Me bajé yo —por supuesto— y la ayudé a hacer caca al lado del camino, mientras él, desde su sagrado puesto al volante, nos esperaba. Cuando nos subimos de vuelta me dijo muy serio, con cara de enojo, que no volvería a detener el auto, pasase lo que pasase. Que la caca de la niña le había quitado el ritmo de los kilómetros por hora de camino. ¿De quién creen ustedes que era la culpa de que la niña quisiese cagar? Mi conclusión del viaje a Osorno es una de dos: o no tiene derecho a que Macarena le diga «papá», o es un sicópata.

—¡Qué horror!

—Hablando de sicópatas. Déjenme contarles el cuento de una amiga mia. No me lo van a creer, pero es rigurosamente cierto —interviene Julia—. Ella se separó hace diez años y nunca nos quedó claro por qué. Hace un par de meses, dado que está en terapia y anda en la onda de enfrentarlo todo, conversó conmigo y me lo contó. Resulta que durante los siete años que estuvo casada, cada vez que hacía el amor con su marido, él se ponía en cuatro patas en el suelo y le rogaba a su mujer que le introdujese por el culo... ¿saben qué? ¡Un palitroque! Sólo si ella lo hacía, él podía gozar. La casa se fue llenando de estos objetos de distintos tipos y colores. Mi amiga decidió dejarlo el día que se enteró que se había hecho elegir Presidente del Club de Palitroques.

La carcajada es general. Carla se para, y entre las risas, pide la palabra.

—Eso me recuerda el cuento del ex cura y la monja cuáquera. La nana de mis hijos trabajó en aquella casa y me lo contó. Él era un señor súper respetable, de pelo blanco, trajes oscuros y muy buenos modales. Cuando dejó el sacerdocio, se casó con una gringa que era monja cuáquera. La casa era grande y oscura, estaba llena de crucifijos y solían dar de comer a los mendigos que tocaban el timbre. Pero en las noches, la nana sentía ruidos raros en el ropero grande del escritorio. Muchas veces fue a mirar y no vio nada, la puerta del ropero estaba siempre cerrada. Pero como éste se movía, la nana pensó que penaban. Una mañana, haciendo el aseo, encontró un látigo botado en el suelo, al lado del famoso ropero. Creyó que el díablo lo había puesto ahí y ese mismo día dejó la casa. Hasta hoy, y por eso lo cuenta con tanta ingenuidad, cree que la casa estaba embrujada.

En ese momento las risas fueron interrumpidas por un golpe en la puerta. Todas miraron a Sara, preguntándose a quién esperaría. Sara abrió la puerta y ahí estaba su vecino.

—Perdón, no sabía que estabas con visitas...

—No importa nada. Dime...

—Quería pedirte prestado el teléfono, el mío se echó a perder.

—Adelante, pasa.

Mientras el vecino entraba, hacía un saludo general y tomaba el teléfono en una esquina del living,

Sara notó algo en la atmósfera, como un cambio de corrientes. Julia buscó su imagen en el vidrio del ventanal y su gesto de arreglarse el pelo fue espontáneo. Ivonne cambió la postura de sus piernas y puso una muy arriba de otra, mostrando sus bellas pantorrillas. La del marido y la visita de pésame se arregló el cuello de la blusa y pronunció su escote. Se hizo un semisilencio, con voces a medías.

Cuando el vecino se hubo ido, Sara se paró en el medio del living con las manos en las caderas y las miró.

—Me he pasado la tarde oyéndolas quejarse contra los hombres, como si realmente los detestaran. Y entra un solo representante de ese sexo, y casi todas ustedes son otras personas. ¿En qué quedamos?

Mientras escucha la voz de su patrona, Juana, desde la cocina, hace un recuento. Se pregunta a sí misma si no habría una, al menos una, que fuese feliz. Concluyó que era mejor ser hombre que mujer hoy en día. Y como aquello no tenía remedio, resolvió abandonar su puesto de espionaje e ir con Roberta a ver en la tele la película de la noche.

21

Era el cumpleaños de Hernán. Isabel quería hacerle un buen regalo ese año. Había oído varias veces a su marido alabar las cualidades acústicas de los nuevos compact discs. Su difusión en el país era reciente y todavía no se encontraban en cualquier casa de la gente amiga. —¡Es otra música, Isabel! Debemos comprarnos uno—. Pero aún no lo había hecho. Era un regalo caro, por cierto. Pero valdría la pena por lo contento que se pondría.

Isabel decidió hacer las cosas bien. Habló con Claudio, sonidista que a veces hacía trabajos para nuestra oficina. Se hizo asesorar por él, incluso llevándolo a su casa para que viese el equipo de Hernán y revisar si el compact podría anexarse a ese mismo equipo. Luego fueron juntos —poniéndose de acuerdo varias veces para coincidir en los horarios— a una «picada» que tenía Claudio, donde remataban artículos electrónicos de buena calidad. Estuvieron allí casi toda una tarde, mientras Claudio leía acuciosamente los catálogos. Le fueron prohibidas varias marcas —fanatismos de especialistas— hasta que se decidieron por un Sanyo. Segura de haber hecho una buena compra, partió contenta con el gran paquete en las manos, asegurándose de llegar a casa a una hora en que Hernán no la viera. Luego, al día siguiente, se arrancó de la oficina en plena mañana y se fue a una disquería. Compró cinco pequeños compact discs, cada uno a nombre de uno de

sus hijos, para que al abrir el paquete el día determinado, Hernán no se quedase con las ganas de probarlo
inmediatamente. Se demoró en elegir los títulos, desde
Bach hasta los Beatles. Incluyó algunos que estaban en
liquidación. Todo esto lo hizo con la debida anticipación, sintiendo que hacerlo a última hora le quitaba
parte del amor con que estaba regalando.

Dos días antes, luego que su hija Francisca insis-
tiera en envolver cada disco en frondosos paquetes de
papel plateado, entró Hernán a la pieza y recogió —muy
meticuloso él— una boleta del suelo. Isabel se lavaba las
manos en el baño contiguo y él le gritó a través de la
puerta.

—Sé que me compraste un compact de regalo.

Desconcertada, Isabel, que había acarreado el
paquete en el más estricto secreto y lo había escondido
en el closet de Francisca —lugar que él jamás miraba—
sintió que se helaba en el baño con la toalla en la mano. Preguntó cuidadosamente:

—¿Por qué lo dices?

—Porque compraste cinco discos compact.
Uno de ellos, el de los Beatles, te costó seis mil pesos.
Dos de ellos los compraste en liquidación, o sea, te costaron dos mil pesos cada uno. Los otros dos te costaron
tres mil quinientos y son de música clásica.

Isabel enrojeció. Se sintió extrañamente veja-
da, como si le hubiesen sacado la ropa en público. La
exactitud de los datos la golpeó. Salió del baño, casi a
punto de llorar.

—No habiendo un compact en la casa, es obvio que hiciste estas compras porque me tienes uno de
regalo de cumpleaños.

Como ella no respondió, pues seguía pensan-
do en lo humillante que resultaba el cuento de los precios,

especialmente lo feo que había sonado aquello de la liquidación, él rió.

—Si te importa tanto, no andes dejando las boletas tiradas en el suelo.

En sus manos la inconfundible boleta rosada de la Feria del Disco.

—Tiene que haber sido Francisca que la tiró. O más bien, se le ha resbalado de la bolsa mientras los envolvía.

Dejó la habitación con la disculpa de llamar a Francisca, que de paso recibió un reto.

—¡Qué descuidada eres!

—Mamá, no me di cuenta... sabes que no lo hice intencionalmente.

—Podrías haberte fijado...

—¡Qué enojada estás, mamá!

Es que ella no podía dejar de pensar en cuál habría sido su reacción si ella hubiese encontrado la boleta. Su certeza de haber guardado silencio y no estropearle la sorpresa a su marido era total. Tal falta de finura no habría sido posible en ella. Pero acto seguido se sintió mal por pensar así, tomó la mano de Francisca y decidió olvidar el asunto.

Dos días más tarde fue el cumpleaños. Cayó en un día jueves y Hernán no quería celebraciones. Quizás el domingo llamamos a algunos amigos y usamos el barbecue, ahora que mejora el tiempo, le había dicho. Comieron esa noche todos juntos, y los niños apenas llegaron despiertos a la hora de comida. Isabel puso la mesa elegante, como decía ella cuando sacaba el mantel blanco bordado y las copas de cristal. Cocinó una corvina con salsa Margarita, uno de los platos favoritos de Hernán. Los niños cantaron con la torta y todos parecían contentos. Cuando pasaron al living, los niños se fueron a acostar. Al lado de la chimenea estaban los paquetes.

—¿No vas a abrir los regalos? —preguntó Isabel mientras tomaban el café, casi con timidez luego del episodio de la boleta.

Hernán tomó los cinco paquetes chicos y comenzó a abrirlos, comentando algo sobre cuál habría sido la selección hecha.

—No habrás comprado una sinfonía de Beethoven, supongo. Ésas se encuentran en oferta, en la medida que uno las compre todas juntas.

—No, Hernán. Lo pensé, por eso elegí esa sonata.

—Hum, Bach. No se te habrá ocurrido comprar los Brandenburgueses por separado.

—No, Hernán. Es un concierto para flauta.

—Haendel. ¿No encontraste La Música del Agua?

—No, Hernán. De ser así, te la habría traído.

—Qué lástima. A mí me gusta tanto La Música del Agua.

Isabel guardó silencio. Cuando terminó con los discos, dio por terminada la sesión y se levantó al bar a servirse un bajativo.

—Queda poco Amaretto, Isabel. Tienes que recordarme para el próximo viaje a Buenos Aires. ¿Sabes la diferencia de precio entre el duty free de Buenos Aires y una botillería chilena, en caso de que tenga Amaretto?

Isabel lo interrumpió.

—¿Y no vas a abrir el paquete grande?

—¿Para qué? Si sé que es un compact.

—Pero... no sé. ¿No te dan ganas de ver cómo es?

—No. Sé que es un Sony, y supongo que será plateado, como todo mi equipo.

—Hernán, te estoy haciendo un regalo y creo que al menos merece ser abierto.

—Ay, Isabel, ¡qué complicada eres! —su aire era del todo despreocupado—. Tú sabes que yo no sirvo para andar agradeciendo ni decir frases bonitas. Tú sabes cómo soy, después de tantos años.

Isabel se sentía ofendida.

—No pongas esa cara, mujer. No te quedes en la forma —frunció el ceño, molesto—. Ésa es la lata con las mujeres, siempre quedándose en lo formal. Siempre se les escapa la esencia. Ya, no te pongas difícil. Mañana voy a instalar el compact. Vendré especialmente a almorzar a la casa y lo instalaré. Eso es lo que debiera importarte. ¿Con qué objeto lo voy a abrir antes?

—No es un Sony ni es plateado —espetó ella.

Él se desconcertó.

—¿Cómo? ¿No es un Sony? Pero, ¿por qué?

—Porque Sony no es la única marca del mundo. Pero me hice asesorar y sé que éste es bueno. ¿Ves que siempre hay algún elemento de sorpresa, aunque sepas lo que el regalo es?

—Este «elemento de sorpresa» en los regalos es una estupidez. Es más, no me gustan las sorpresas. Acuérdate de tu cumpleaños. Tú querías un horno microonda. Fuimos juntos a comprarlo. TÚ lo elegiste. TÚ decidiste el tipo, la marca, el color. Recuerdo que elegiste uno manual y yo te habría comprado uno digital si hubiese ido solo. Llegaste feliz con tu horno, ¿te acuerdas? A eso yo le llamo regalar.

—Yo no le llamo regalar a que el otro compre y una solamente pague. Para mí, un regalo —en todo el sentido de la palabra— es evitarle el trabajo al otro. O sea, pegarse la lata, ¿entiendes, Hernán? El que ese día del microonda tú me llevaras por allá lejos, me obligaras a salir con ese frío, tarde y apurados porque iban a cerrar, el día mismo del cumpleaños, no me parece una galantería. Yo me moví con este regalo; te evité el trabajo de hacer la más mínima averiguación. YO traje al sonidista a esta casa para ver si funcionaba con tu amplificador. Yo vi los catálogos para ver cuál era el mejor. YO fui a comprarlo, yo acarrié el paquete y le puse papel de regalo para que la noche de tu cumpleaños lo tuvieses aquí sin mover un dedo. Ése es MI concepto de regalo, es una forma más de querer a otro.

—¿Qué tiene que ver el amor con esto? Creo que estás perdiendo la perspectiva. Insisto en que lo único que te importa a TI es que te agradezcan. Exiges añuñús a cambio de tu regalo. ¡Qué típico de las mujeres! Siempre necesitando añuñús. Y siempre ofendiéndose porque no obtienen los suficientes. Por eso digo yo que se quedan en lo externo, siempre en las formas.

—Pues bien, si dar las gracias es formal, amo las formas. Al menos tienen calidez.

Se hizo un silencio. Hernán no demoró en quebrarlo.

—Tú sabes, Isabel, que en mi familia nunca hubo el hábito del regalo. Supongo que no tengo repertorio para eso.

—Eso ya no es disculpa válida, Hernán. Ha pasado suficiente tiempo desde que abandonaste tu núcleo familiar. Has tenido tiempo de sobra para aprender cómo funciona la gente NORMAL, la que no salió de ese núcleo particular. Podrías haber hecho un pequeño esfuerzo. Dios mío, ¡si todos nos quedásemos petrificados en lo que vivimos en las respectivas familias! ¡Mira a quién se lo dices!

—Me parece que esta conversación es aburrida

e inconducente. ¿Quieres que abra el famoso regalo para que quedes contenta?

En ese momento sonó el timbre.

—Es mi mamá. Quedó de pasar a esta hora. Yo le abro.

Madre e hijo conversaron alegremente. Isabel se unió a ellos, cansada ya de discutir. Aparte de la rigidez con que se sentó en la punta del sillón, nada más la delataba. Más tarde se fueron a acostar, agotados como siempre luego de las respectivas jornadas. No tuvieron contacto alguno, cada uno en su parte de la cama. Pero eso no era necesariamente un mal signo.

Al día siguiente, cuando Isabel llegó de la oficina, vio que efectivamente Hernán había ido a almorzar. Se oía música en su escritorio. Salió a recibirla.

—¿Sientes la música? No tiene nada de especial el sonido del compact. Creo que se escucha mucho mejor en mi antiguo tocadisco.

Ah, no, pensó Isabel, no irá a seguir...

—Supongo que los discos que trajiste, como eran de liquidación, no fueron grabados en el sistema digital. Es un simple traslado de grabaciones anteriores. Es como cuando a Gardel lo pasaron a stéreo. Nunca fue GRABADO en stéreo, por eso nunca se escuchará como si lo hubiesen grabado directamente a stéreo. ¿Entiendes? Además, no puedo dejar conectado el compact con la toca-cassette y el tocadisco al mismo tiempo. Como tú podrás imaginar, no voy a dejar de escuchar toda mi música por tener conectado sólo el compact.

—Pero si no has encendido ni el tocadisco ni el tocacasette hace años...

—Es que he decidido recuperar mi música. Total, dejaré desconectado el compact. A no ser que te averiguaras con tu sonidista si tengo otra alternativa.

Siguió caminando hacia la cocina, con total despreocupación. Isabel llamó por teléfono a su amigo Claudio, y disculpándose mucho por todo lo que ya había molestado, le pidió que pasara por su casa cuando tuviera el tiempo para ver esto de las conexiones.

El día domingo hicieron un pequeño asado a la parrilla, con dos parejas amigas. Mientras tomaban el aperitivo, alguien le preguntó a Hernán cómo le había ido con los regalos. Él manipulaba el carbón, tratando de calentarlo, y con alegría respondió, con aire de no darles importancia a sus palabras:

—El regalo de Isabel estuvo estupendo. Fíjense que me ha regalado un compact disc. Ella sabe que todo mi equipo es Sony, pero ella decidió regalarme un Sanyo. Ella sabe que todo mi equipo es plateado, pero ella ha decidido innovar y compró uno negro. ¿Se imaginan el Sanyo negro inserto en los Sony plateados? Y más encima, tiene algo raro en las conexiones y no puedo tener todas las piezas del equipo instaladas al mismo tiempo. Y ya para rematarlas, los discos que lo acompañaban no están grabados en DDD. ¿Cómo lo hallan? Sí es fantástica para hacer regalos, mi Isabelita —terminó con risa.

Todos rieron, alguien incluso soltó una carcajada. Les pareció muy divertido.

22

Lo que vi fue lo siguiente.

Banderas, arco iris, esperanzas, unidad. Todos los colores del mundo en torno a una alegría por venir.

Era el cinco de octubre de mil novecientos ochenta y ocho, el día más hermoso en los últimos quince de la historia de Chile...

Este capítulo corresponde a Sara y a su intento de quebrar esta soltería autoimpuesta. Su intento se mezcló con el plebiscito y en ella quedaron ligados como una misma historia.

Todo partió cuando corrió el tiempo y el país se encontró con una fecha X, puesta ocho años atrás en la Constitución por nuestro gran dictador como un mero trámite. Ésta se hizo real y nos encontramos con la posibilidad —loca al principio— de derrotarlo en su propia legalidad. ¡Qué paradoja! Tanto luchar a partir de las protestas para exigir la renuncia de Pinochet e impedir este plebiscito, y encontrarnos luego de 1986 con que no teníamos otro camino que asumirlo como desafío y sacarlo adelante.

La oposición se organizó y empezó uno de los trabajos más difíciles y apasionantes: convencer a la gente que podíamos ganar. La lucha fue contra aquellas voluntades anquilosadas, desconfiadas, escépticas, resultado de esta dictadura que sin duda caló muy hondo. Pero algo de esa esperanza logró esparcirse. Y el trabajo comenzó.

Desde el primer día, nosotros tuvimos conciencia de la trascendencia de este evento.

—¡Debemos jugárnosla con todo! Aunque después nos maten. *It's now or never!* —ésa era María.

—Ana, tú eres la jefa ahora. Danos un permiso especial hasta octubre. Trabajemos medio día aquí en el Instituto y ofrezcamos el resto del tiempo al Comando del NO.

Así lo hizo Sara. Y fue allí que conoció a Cristián. Ingeniero como ella, de su misma edad, también obsesivo con el trabajo y generoso en su dedicación, tuvieron muchos puntos en común. Él se había separado hacía unos meses.

—¿Lleva todavía la ropa a lavar a casa de su ex? Te lo pregunto para entender si realmente se separó o no —le pregunta María.

—Vive de tránsito con la mamá —contesta Sara—. A diferencia de las mujeres que echan raíces y arman hogar en torno a ellas, los hombres pueden vivir años «de paso». ¡Qué capacidad la de ellos! En todo caso lo que me disgusta de él no es su mamá ni su ex. ¡Es que es tan ortodoxo!

—Pero los ortodoxos son todos buenos para la cama, Sara. Lo digo por experiencia. Supongo que se debe a que sólo allí se descuadran.

—Veremos —rió Sara, quien aún no llegaba a esos grados de intimidad.

Pero ésta no tardó en llegar. Una noche vuelven juntos de trabajar, exhaustos, a la casa de Sara. Juana informa que Francisco se ha llevado a Roberta por la noche y les sirve una comida ligera, desapareciendo luego discretamente. Descansan, conversan y escuchan un poco de música. Cuando Cristián repara en la hora, la ciudad está oscura. Ha habido un apagón.

—Salir en estas condiciones es como meterse a la boca de un lobo.

—Puedes dormir aquí, la pieza de Roberta está desocupada.

A él le parece una buena idea. La luz de las velas relaja el ambiente y Sara prepara los tragos. Siempre tiene una botella de whisky a medias en la despensa, aunque ella casi no toma y recibe aún menos en su casa. Ya más descansados, se sientan cerca en el sillón y a la media hora están dirigiéndose al dormitorio.

—La goma, ¿la tienes? —pregunta él desde su respiración entrecortada.

—¿Qué goma? —Sara se desconcierta.

—Condón, Sara. ¿Tienes un condón?

Nada más lejos que un condón en las preocupaciones de Sara. Se separa un poco de él.

—No, Cristián, no tengo.

—Pero, entonces, ¿cómo lo haces?

—Es que no hago nada.

(Debes tener telas de arañas, se reía de ella María.)

Cristián la mira, ahora el desconcertado es él.

—Promiscua no soy, si ése es tu temor.

—Es que yo me separé ya con el Sida dando vueltas —se justifica.

—Entonces, el promiscuo eres tú. Yo no hago el amor con un hombre por más tiempo que el que demora el virus en incubarse.

—No tengo por qué creerte —fue su respuesta.

—Entonces, no te metas conmigo —Sara se

levanta, lo lleva amablemente a la pieza de su hija y le da las buenas noches.

Dios mío, piensa ya en la cama, años sin sentirme disponible para un cuento de esta naturaleza, y me encuentro con un paranoico.

Pero al día siguiente, María apoya a Cristián.

—Sara, tú no has pensado en el drama que fue la aparición del Sida para los que estábamos en el mercado. Ana e Isabel son de verdad afortunadas, es el momento de la vida para ser monógamas. Tanto es así, que Ignacio y yo hemos optado por la fidelidad básicamente por eso. ¡Como si el Vaticano mismo hubiese inventado el virus! Por eso Cristián no es un loco, es solamente responsable.

El corazón de Sara se ablanda y lo perdona. Pero avanza con cautela.

—Me estoy poniendo igual a mi mamá. Me pillo a mí misma desconfiando de los hombres como lo ha hecho ella la vida entera.

—Ése es nuestro sino. Estamos condenadas a parecernos a nuestras madres y lo que más odiamos en ellas, será probablemente lo que repetiremos con más ahínco —contesta Isabel', que ha pensado mucho sobre el tema.

—Qué terror —exagera María—. ¡Ya bastante fea es la vejez per se, para además reproducir a nuestras madres!

Sara le pregunta a la suya por teléfono.

—¿Nunca te dieron ganas de volver a casarte?

—No, mijita. TODOS los hombres son malos. Y los que no lo son, se mueren. ¿No has pensado, hija, que la viudez es una condición netamente femenina?

Y entre la euforia política, Sara vacila. Han comprado condones y han hecho el amor. El romance ya ha comenzado. Pero no está segura de dejarlo ser. ¿Valdrá la pena? La pregunta no es si vale la pena Cristián; es si vale la pena perder la serenidad.

Entonces yo le recuerdo todos los diálogos que le he oído a María y a ella

Durante el tiempo transcurrido entre Rafael e Ignacio, María juraba nunca más vivir con un hombre. De hecho, hoy no vive con Ignacio. Sara juraba lo mismo, pero su *nunca más* era más rotundo y verosímil. En él incluía al sexo masculino completo. María dejaba espacio para amantes. Y racionalizaba. Empezaba por discursos sutiles y poéticos, y le dirigía una oración a la Woolf.

—Oh, Virginia, donde quiera que estés, en el cielo o en el infierno, o si decidiste permanecer en el océano helado, ¡escucha mi plegaria de gratitud! A ti te debemos muchas cosas, pero la que más: la habitación propia.

Luego olvidaba la literatura y las metáforas y se lanzaba con pasión hacia lo cotidiano y prosaico.

—Nunca más el mismo dormitorio con un hombre. ¡Sí tener una cama propia es lo mínimo como aspiración! Son al menos ocho horas diarias contra mi cuerpo, es el objeto con el cual más me contacto durante la vida. ¿Cómo no poder al menos decir «este lugar, este rectángulo inocente, es MÍO?».

Y Sara agregaba, como Hugo, Paco y Luis.

—Una cama no puede SER de dos personas. Se puede compartía a veces, preferentemente en invierno. Pero la mínima dignidad para un ser humano es ser dueño de su cama. Y no hablemos de una cama compartida luego de una pelea. Dormir al lado de un hombre que uno odia es parecido a la violación.

Sigue María.

—¿Y que me dicen de los hábitos de cada uno frente al dormitorio? Uno fuma, el otro no. Se discute, se transa. No más de un cigarrillo en la cama. El que lo fuma, lo hace con culpa, quitándole todo el goce mientras el otro espera para abrir la ventana. Luego viene el problema de la luz. Siempre hay uno desvelado dentro de la pareja, y con justo derecho, quiere ocupar su desvelo productivamente. Pero si se queda leyendo, el otro no puede dormir. Empiezan las peleas,: el que no se desvela probablemente quiere leer temprano en la mañana, despertando así al desvelado. De este modo se anulan ambas lecturas y empieza la trama de resentimientos. Porque ustedes han de creerme que existen hombres que alcanzan su productividad máxima a las seis de la mañana. Sí, aunque parezca mentira, existen. Entonces, a veces quieren compartirla, como si la pobre que yace al lado pudiese ser persona a esa hora. Y él le echa en cara su falta de solidaridad, que ella se pierde sus mejores horas de lucidez. Ella se enfurece porque las seis de la mañana es una hora para dormir y si quiere compartir con ella, ¿por qué se duerme tan temprano, sabiendo lo que le cuesta a ella conciliar el sueño? Y la televisión, factor insoslayable. Ella se desvela porque si está prendida, no puede sacar sus ojos del aparato. Él la necesita para dormir. Y si ella decide no verla y saca un libro, el sonido —¿se han fijado que las voces de la tele son sistemáticamente idiotas?— la desconcentra. Mira al marido que empieza ya sus primeros ronquidos y lo odia. Entonces, la apaga. Y él, al no sentir más esa especie de arrullo de útero materno, despierta. Y empieza la pelea. Y no nos metamos en el tema de los ronquidos porque es un lugar común.

—Lugar común o no, ¡puchas que molestan!

María continúa.

—Y resulta que la vida diaria de un noventa
por ciento de la población es más bien dura en su salida cotidiana hacia el mundo. Vuelven cansados, no
quieren un estímulo más. Entonces, la paz del dormitorio es la ilusión básica, no la fantasía de lujo. Y no la tienen. Esa línea entre el estar despierto y el sueño —¿la
vigilia, se llama?— es la base para tranquilizar el alma,
para que las terminaciones nerviosas se distiendan.
Son LOS momentos para estar solos: al dormirse y al
despertar. Todo lo demás es romanticismo barato.
¡Cuántas peleas menos tendríamos en la vida si fuése-
mos capaces de vivir esos momentos solos! ¿Nunca les
ha pasado de saber que tal rabia de las ocho de la mañana no habría sido la misma a las doce del día?

Le faltaban todavía dos piezas claves: el baño y
la cocina.

—¿El baño? ¿Llegar a ducharse y encontrar
pelos en la tina? Y la toalla húmeda... Y soportar otros
olores. ¿Tiene derecho un ser humano a exigirle a otro
que opte por soportar sus olores? ¿Y qué sucede con las
parejas que se levantan a la misma hora? No quiero un
espejo lleno de vapor donde uno no se ve, ni ventanas
abiertas para que éste se vaya, dejando el baño congelado. ¿Y si tu pareja no usa piso de baño? Me tocó uno
que sistemáticamente mojaba el piso y luego dejaba las
toallas en el suelo. Entonces, lo inmaculado que tiene
el baño en las mañanas para que uno lo goce, ya ha sido violado por otro. Y no mencionemos el uso del ex-
cusado. Regular tus horarios con el otro para ver quién
caga primero... ¡Indigno! No. Los baños son sagrados.
NO pueden ser compartidos.

Y con Sara asintiendo, María sigue con la cocina.

—El concepto de comida de los hombres es altamente distinto al de las mujeres. Hagan una encuesta

entre todas las que viven solas. Pregúntenles. Punto
uno: ¿cuánto gastan en supermercados? Punto dos:
¿cuánto tiempo pierden ahí adentro? Punto tres:
¿cuántas cosas ensucian para cada almuerzo, y por tanto, cuántos platos lavan después? Luego pregúntenles
a las casadas. De partida, a los hombres les gusta comer
instalados. Sentados y con mesa puesta. Ojalá con ensa-
ladas decoradas, todo lo más preparado posible. Luego, cada comida debe tener la respectiva consistencia.
Un budín de verduras es inconsistente, sienten que no
han comido. La carne no es prescindible para los hombres. Como ese amigo mío a quien convidé a comer
una noche, en plan romántico. Cociné yo, le hice una
entrada de champignones deliciosa, con harta mantequilla y ajo y luego unos spaguettis «a la carbonara».
Todo un esfuerzo. Y el muy estúpido me preguntó,
«*And where is the beef*?». El problema entre mujeres y
hombres en la cocina radica allí: *the beef.* Sólo las solte-
ras gozan de comer apio y queso. Las casadas son víctimas del arroz y de las papas. Me da pena ver esas mujeres en el supermercado, con los carros repletos, donde
no encuentras un solo producto elegido por ellas para
ellas. Y no hablemos de los hombres cocineros, que para hacer una sopa ensucian dos ollas, tres cucharones y
cuatro platos. Y claro, como ellos hicieron la gracia de
cocinar, vamos nosotras lavando su desmesura. NO, ¡no
se puede compartir la cocina con un hombre!

Y Sara estaba de acuerdo en todo.

También recuerdo mil novecientos ochenta y
cinco. Fue en Brasil, en la playa de Bertioga, en un encuentro de mujeres latinoamericanas. Allá partieron
Sara y María, volviendo repletas de cuentos y vivencias.
Éste es el relato que me hizo María al volver.

La última noche tuvimos una gran fiesta de despedida. Nos arreglamos, nos llenamos de disfraces y brillos. Además nos pintamos el pelo. Yo elegí un rosado. Sara un plateado. Fue una mezcla de circo y orgía. Todas se entregaron al goce del oído y del movimiento y me dio la impresión que el motor de tanta energía, en muchas, era básicamente el deseo. Una bella mulata trató de creármelo, bailando casi desnuda frente a mí, mirándome a los ojos. Imagino que cada lesbiana que iniciaba a una no lesbiana en el tema, se apuntaba un logro importante para la evaluación final. Yo seguí de espectadora. Pensaba en Rafael y en que lo echaba de menos. Vi a Sara de lejos, confundida entre la multitud, saltando, dejándose tomar por estas zambas, salsas y merengues. Estaba desatada. Recordé nuestra conversación, horas antes en la cabaña.

—Qué horror volver mañana al mundo real, ¿existirá todavía? ¡Vivir una semana entre palmeras y pasto, sin un ruido de civilización y con esta intensidad de vivencias, convierte todo lo que no tiene espacio aquí en elementos de otra galaxia!

—¡No te muevas, Sara, o te quedará la cara plateada! —yo trataba de pintarle el pelo.

—Lo peor, María, es que mi veredicto sobre los hombres queda del todo reforzado. Si alguna vez dudé de haber desahuciado una posible vida con ellos, ya no. Ahora tengo la certeza: no los quiero ni los necesito.

Suavizó la voz, me apretó el brazo y me miró con sus ojos honestos.

—Tú no puedes sin ellos. No sabes cuánto te compadezco, María.

Y esa noche, cuando vi que la música lo había enloquecido todo y que del baile muchas se deslizaban en parejas a amarse bajo las palmeras, me retiré a la cabaña, un poco sola, con las palabras de Sara dándome vueltas. Lo que sí pensaba obsesivamente es que si los hombres entendieran nuestro cuento de la igualdad, ganarían también ellos. ¡Pobres! Al fin y al cabo, ¡el machismo les exige tanto!

Hice la maleta, calladamente, en esa cabaña vacía. Por intuición, hice también la de Sara. Partíamos a primera hora al día siguiente, mejor dejar todo listo. Después de eso, me tiré a dormir todas las emociones. Desperté sobresaltada cuando la luna debe haber estado muy alta. La cama vecina estaba vacía. Sonreí y seguí durmiendo. Cuando ya aclaraba, me despertó la propia Sara. Irradiaba cosas buenas. No sé cuáles, pero sin duda buenas. Y con picardía, me dijo al oído.

—Hice el amor con una mujer.

—Pero, Sara... ¿cómo? —me desperté del todo con tal noticia.

—Tal cual. No es nada del otro mundo. Pero salí del empacho. Una alternativa menos en la vida...

Cristián parecía genuinamente entusiasmado con ella.

—No intelectualices, Sara, vivamos cada momento. Total, no te estoy pidiendo matrimonio.

—Es que si me llego a enamorar de ti y después sufro...

—No pienses en eso, con semejante criterio no enfrentarás ningún riesgo.

—¡Riesgos! Es exactamente lo que evito.

—Sara, ¡tú no eres ninguna perita en dulce!

Sara reflexionaba en la noche, al volver de mi casa donde había compartido la comida con Juan y conmigo. Ella se ha acostado ya, en la cama matrimonial de su dormitorio de mujer sola, y fuma el último cigarrillo mientras Roberta y la ciudad duermen y también el Comando del NO se ha desocupado para el reposo nocturno.

—¿Sabes, Ana? A pesar de la inmensa verdad que hay detrás de aquello que nosotras las mujeres estamos condenadas a repetir a nuestras madres, creo que frente al asunto del RIESGO existe, entre la mía y yo, una importante diferencia. Mi mamá ha evitado todo riesgo, de cualquier modo posible, aunque sus consecuencias fuesen vegetar.

—¿Y tú?

—Yo ocupo mi freno anti-riesgo sólo frente al sexo opuesto. Ya he sufrido lo suficiente y no creo en la posibilidad, ni remota, de amar a un hombre sin una cantidad considerable de dolor. Pero no importa tanto, ya que no es por allí que pasa mi existencia, no es la línea que la cruza. No es ÉSA mi columna vertebral.

—Claro que no, Sara, eso es evidente.

—A eso voy, Ana. Cuando aún dudo si embarcarme o no en esta historia con Cristián, pienso en todos mis logros profesionales y personales. Los pongo en una balanza con mis presuntas ganas de tener una pareja, y es ése el lado que se lleva todo el peso. No quisiera arriesgar un minuto de mi tranquilidad, ¡la necesito tanto para trabajar bien!, por un romance.

Juan come en silencio, acostumbrado siempre a escucharnos. Detiene el tenedor que se lleva a la boca y mira a Sara concentradamente.

—No te ofendas, Sara, pero tú eres casi masculina en ese terreno.

—¡Cómo va a ser ésa una ofensa! Es un piropo lo que me dices. ¿Sabes lo privilegiada que me siento por ocupar mi lado masculino?

—Y dime, ¿en qué se ha ido transformando para ti la Ingeniería?

Como todo humanista-hombre, Juan se embelesa con ese aspecto de matemática-mujer de Sara.

—Es la disciplina que me enseña a pensar, a razonar y a ejecutar. Y gracias a ella me gano la vida.

—¿Nada más?

—Si me preguntas si haré puentes o construiré diseños computacionales, no. No va por ahí. Mi verdadera profesión, Juan, aunque parezca divertido para ti, son las mujeres. Mis mejores energías están puestas en el trabajo con ellas. A medida que pasa el tiempo, me resulta cada día más nítido. Ése será mi camino. Supongo que gracias a la formación que me dio la Ingeniería, he logrado manejar bien cada proyecto de mujeres que ha estado en mis manos.

—Así me gusta, Sara, ¡nada de falsas modestias!

—No en este terreno —dulcifica la mirada—, es el único que siento realmente mío, donde me siento de verdad segura.

Juan nos mira dudoso.

—Raro trabajo el de ustedes en el Instituto. Cada una ejerce allí su profesión real, sin embargo, lo que realmente les interesa está afuera.

—¿Cómo así?

—Sara es ingeniero pero su especialidad son las mujeres. Tú eres profesora y tu tema real es la literatura.

Trato de contradecirlo.

—Isabel es experta en educación fuera y dentro

de la oficina. Ésa es su vocación, su profesión y ahí están concentrados todos sus intereses, ya sea en el Instituto o en la universidad. Y te consta, Juan, cuán preparada es Isabel en su especialidad.

—De acuerdo, ésa es Isabel —accede Juan—, pero, ¿ustedes dirían que a María se le va la vida en el periodismo?

Sara y yo nos miramos. Como ninguna responde de inmediato, mi marido continúa.

—¿Es que a María se le va la vida en algo que no sean sus vivencias amorosas?

—Claro, si te pones a comparar, de acuerdo. Es el opuesto de Sara.

—Más allá del Instituto, a María le importa la política, le importa el tema de la mujer, le importa su productora de medios audiovisuales.

Sara hace el listado preparándose para defenderla.

—Sí —Juan nos da una mirada escéptica— todo ello le importa, pero no es experta en nada.

—¿Y por qué habría de serlo? —mi tono es levemente hostil—, ¿cuántas mujeres en este país son «expertas» en algo?

—Aunque suene pretencioso, Juan —interviene Sara— somos nosotras tres la excepción con respecto al común de las mujeres. Y ésa es una de las razones que me han llevado a dedicarme casi con obsesión a esto. Y retomo mi tema anterior: es porque soy parte de esa excepción que no quisiera distraerme en cosas del corazón. Para las mujeres normales, como Ana, son perfectamente compatibles. Para las anormales como yo —ríe— son casi contradictorias.

Asistían a cuanto acto se hizo en esos días. En uno de ellos el orador central era Francisco. Cristián hizo un verdadero escrutinio de él.

—Pon atención y aplaude. Los políticos son como los actores: si no reciben aplausos se mueren de tristeza.

—¿No estarás pensando en los payasos?

—No me atrevería a ir tan lejos. Pero tú debes saber... tú eres la especialista en el tema...

Cristián se ponía más nervioso que Sara cada vez que se encontraban con Francisco. Pero Sara no lograba imaginarse a la ex de Cristián. Nunca aparecía por ningún lado, sin cooperar con ello a la curiosidad de Sara. Ni una sola visita hacía esta mujer al padre de sus hijos en esos largos e intensos meses de trabajo. A veces, una llamada telefónica, donde los ojos de Sara no lograban atravesarla.

La fecha acercaba el plebiscito, acelerando el ritmo y el ánimo de la gente. Claro que había miedo, mil precauciones se tomaron, aunque todos sabían que llegado el momento no servirían de nada. Hubo enormes actos públicos de masas, verdaderas catarsis colectivas, marchas a lo largo del país, en movimiento la gente del norte, la gente del sur. Como si de un momento a otro, a Chile lo hubiesen dibujado de nuevo, con otra mano. Nadie, de este lado o aquel, pudo posar la mirada indiferente.

Y ese día, el cinco de octubre, la mayoría dijo NO, trazando así el comienzo de una vida nueva. Fueron largas las horas de espera aquella noche, horas inquietas.

¿Se acatarían los resultados? Cuando por los medios de prensa el Comandante en Jefe de la Fuerza Aérea reconoció el triunfo de la oposición, la gente cantó victoria. Entonces a medianoche, Sara y Cristián salieron del local donde trabajaban a la calle, atestada de gente que ya empezaba a celebrar. Caminando por la ancha avenida, Sara vio una luz distinta en los ojos de Cristián. La siguió, hasta dar con el objetivo. Era una mujer muy joven, de cara alegre, irradiando una enorme sencillez en su expresión y aspecto. Miraba hacia ellos. Los ojos de Cristián y de esa mujer se encontraron. Empezaron a caminar uno hacia el otro, con paso ligero. Cuando ya eran pocos los metros que los distanciaban, la prisa tomó cada uno de esos cuerpos y empezaron a correr. Cerraron la carrera en un abrazo, no un abrazo cualquiera de celebrantes, sino un abrazo total. Sara intuyó todo lo que esos brazos traspasaban a los otros brazos. ¿Cuántas vivencias compartidas se depositaban allí, cuántas penas que prometían terminar? Sara lo supo; ella alguna vez también había abrazado así.

Caminó sola hacia la dirección opuesta mezclándose entre la gente, entre la alegría de gritos y desorden callejero que no amedrentaba sino que llamaba a ser parte de él. Fue entonces que divisó a Ignacio y María, que se desprendían de un grupo y corrían hacia ella. También ellos se abrazaron y felicitaron, con la celebración en los labios. Pasados los comentarios, atolondrados, todos hablando al mismo tiempo, todos impresionados, María le preguntó por Cristián. Sara hace un gesto de negación con la cabeza. María la interroga con los ojos.

Sólo una tímida lágrima aparece en los ojos de Sara. Pero la sofoca de inmediato y trata de sonreír.

—Es que no me gustó el amor en tiempos del Sida.

23

—¿Sabían ustedes que la penetración está demodé?

—¡Dios mío!

—¡Ay, Ana, no sufras! Entre los gays.

María viene de un almuerzo con uno de sus múltiples amigos homosexuales e Isabel enrojece. La sola idea de penetración la hace temblar. Es que en el último tiempo, Isabel tiembla y tiembla.

Todo partió aquel día que María salía de su cubículo en la oficina y parado frente al escritorio de nuestra secretaria había un joven preguntando por Isabel. María no pudo dejar de observarlo, hombres así despertaban en ella su lado dormido de Lady Chatterley. Claro, este hombre que en la Inglaterra de comienzos de siglo fuera un fornido jardinero, hoy se le presenta como un rockero, un «thrash» o con algún vestigio de esa marginalidad que se confunde con la marihuana, la música y los bajos fondos, si es que aún existen. Al joven en cuestión no se le ve la cara. La cantidad de pelo —distribuido entre cabellera, bigotes y barbas a lo Sandokán— más los anteojos negros cuyos cristales brillan fosforescentes, lo cubren todo. Una ancha casaca de cuero negro, botas y bluyins ajustadísimos se agregan al dato aparente que viene bajando de una moto, por el casco y los guantes que lleva en las manos. Debe ganarse la vida haciendo comerciales para Wrangler o Levis, pensó María. Es natural que la secretaria esté desconcertada ¿qué hace un hombre así preguntando por Isabel? María no aguanta la curiosidad e interviene. Él explica: es su alumno en la universidad y necesita entregarle un trabajo. Isabel no está y los papeles, arrugados en el bolsillo del motorista quedan en manos de María.

Fue así que supimos de la existencia de Andrés, el alumno de esta rubia y etérea profesora universitaria, que usa trajes de dos piezas y collar de perlas, cuyas blusas se cierran hasta el botón del cuello y que, obligada a representar a alguien, sería una Madonna de Boticelli.

Recordemos que hasta ahora la vida pública de Isabel transcurrre entre aulas universitarias y cubículos de oficinas compartidos con mujeres. Su vida privada se reduce estrictamente a sus cinco hijos, los supermercados, la misa dominical que precede los almuerzos con los suegros, la casa en Las Condes con sus dos empleadas puertas adentro, sus numerosos electrodomésticos y todo su gigantesco quehacer. Lo más osado que ha hecho en su vida —como ya lo relaté— fue arrancarse una vez, la noche de su cumpleaños, a dormir sola a un hotel de la capital, y pagó caro por eso. Pero Hernán también pagó ya que algún efecto surtió en él: ya no está tan seguro de su poder. Aunque nos culpa a nosotras de la mala influencia —lo que es literalmente cierto— siente su fuerza mermada. Cuenta con el enorme sentido común de su esposa, con los cinco hijos y con que su anhelo secreto siga siendo eternamente la seguridad. O sea, no es que tema por la relación en sí. Sólo siente que su poder ha decaído. Y como todo hombre que ejerce tal poder, palpa cuando el temor tiende a disminuir y sabe que el temor es clave para la efectividad de éste.

Existe un episodio que gravitó más de lo que él sospecha en el alma de su mujer.

Isabel ha hecho la primera visita de su adultez a Punta Arenas, la tierra de su madre. La idea le rondaba en la cabeza hacía mucho tiempo. Por una razón o por otra, lo había postergado. Ella se decía en voz alta que no se le había presentado la oportunidad, pero su conciencia le decía en voz baja que no se había atrevido.

Surgió la posibilidad en la oficina. Era María quien cubría los viajes, pero esta vez todas consideramos que debía ir Isabel. Así, quedó sin alternativa y partió.

Sus abuelos habían muerto, pero estaban sus tíos. Les avisó de su viaje y la esperaron con los brazos abiertos. Visitaron con ella la ciudad, la obligaron a alojar en sus casas, le mostraron el lugar donde Neva había nacido y vivido y la escuela donde había estudiado. Isabel trataba de retenerlo todo, con el corazón repleto de nostalgias y ansiedad. Fueron sólo tres días, pero intensos. Debió sumergirse en su historia entera y esto le fue muy difícil. La última noche durmió donde su tío Luis, el menor de los hermanos y el más llano de carácter. Después de la comida permanecieron aún con un bajativo en la mano y sintiendo la lluvia eterna, fueron desentrañando los cuentos de la familia. Hasta que llegaron a la muerte de Neva. Luis habló con toda naturalidad, refiriéndose al «suicidio» de su hermana. Como nos dijo Isabel más tarde, no era necesario entrar en los detalles, apenas si pudo oírlos. A un año de cumplir los cuarenta, recién se entera, en la ciudad más austral del mundo, cómo ha muerto su madre. Fue cierto todo lo que ella vio cuando chica y recordó estos años. Sólo que en el hospital no murió de muerte natural como le informaron a ella: se ahorcó. Y lo hizo porque su marido se había enamorado de otra mujer.

—¡Yo tenía derecho a saberlo! —gime Isabel,

sintiéndo absurdos sus odios tardíos a un padre que a
fin de cuentas, ante sus ojos, lo hizo todo mal.

—¿Qué diferencia hace a estas alturas? —le
pregunta Hernán, con la mejor de las voluntades—.
Todo eso ocurrió hace veintisiete años Isabel. La historia no cambia en nada. La muerte ya estaba en tu madre cuando se alcoholizó.

Isabel lo mira lejana. María le manifiesta, enojada: «Ese huevón podría hacerse el Fisher Hoffman a
ver si entiende algo». Ella no espera comprensión en
esta vuelta. ¿La ha esperado en alguna? Pero algo cambia silenciosamente en ella.

—Las tristezas están mal repartidas —dice Sara.

—Es bueno a veces andar mal, Isabel —la con-
suela María—. Son épocas puente en que se cambia de
órbita.

Y efectivamente Isabel cambió de órbita, en el
aspecto más inesperado. Fue entonces que dejó aparecer a Andrés. Ya había sido su profesora por dos semes-
tres y había reprimido con éxito todas las convulsiona-
das revoluciones internas. Lo que más atajaba sus fantasías era su hijo mayor, Hernán Pablo. También él estaría
en la universidad el próximo año, ya tenía licencia de
conducir y derecho a voto, ¿qué diferenciaba mayormente a este alumno de su hijo? Hasta usaban a veces el
pelo sujeto en una misma cola de caballo. Se sentía in-
cestuosa y pecaminosa, como si los malos pensamientos
que albergaba fuesen con su propio hijo. Entonces, se
ruborizaba en medio de una exposición en clase. Y
cuando giraba el cuerpo para escribir en el pizarrón,
sentía los ojos del alumno en su trasero, los sentía tan
real como si los estuviese viendo. Se abochornaba hasta
el punto que juraba nunca más estar de espaldas en
la sala de clases. La infidelidad era impensable para

Isabel, como lo es para toda mujer que ha permaneci-
do en este estado por tiempo largo, hasta el día en que
sencillamente deja de serlo. Andrés no era avaro con
su lujuria, se la insinuaba cada vez que podía, dejándo-
la a ella muy alterada. En todos estos años, nunca un
alumno suyo había llegado a su oficina. Pues él se daba
esos lujos. Sus modos eran especiales, no era precisamente lo que Isabel entendía por un hombre galante.
Un gruñido podría tener la connotación de una galantería, pero necesitaba cierta interpretación. Su brusquedad desarticulaba a Isabel.

Todo esto hasta el día de las pruebas globales.
Isabel debía entregar los resultados a la mañana siguiente, la había calendarizado mal, estaba atrasada y decidió
quedarse hasta tarde en la sala para corregirlas, con los
niños en la casa no lo lograría. Había oscurecido cuando sintió que la puerta se abría. Ya se había puesto de
acuerdo con el encargado del aseo para la hora de la entrega de la sala, no podía ser él. Y vio entrar a Andrés,
con su pelo negro y sus anteojos negros —no se los saca
de noche, qué raro— y sus cueros negros.

—Y tú... ¿qué haces aquí?

—Vine a acompañarte.

Claro, le dijo al curso que se quedaría corri-
giendo. ¿Acaso él lo había interpretado como un llamado? ¿O lo llamó, efectivamente? A ella le sorprendió
que la tuteara. Los alumnos nunca se ponían de acuerdo y los tú y usted se alternaban en la sala. Pero no Andrés, él siempre la había tratado de usted.

—Pero si estoy trabajando —dijo Isabel confu-
sa. Le daba terror estar a solas con él.

—Por eso mismo, sigue, no quiero interrum-
pirte.

—Y tú, ¿qué harás por mientras?

—Mirarte a mis anchas.

Isabel enrojeció y él no se inmutó, sentándosele al frente. Se sumergió en las pruebas, pero no logró concentrarse, los ojos de él parecían flechas en su cuerpo. Sabía que en ese mismo instante las cosas estaban cambiando: la más mínima verbalización, como la recién hecha por él, podía alterar el giro. Isabel sospecho que estaba temblando, le tiritaba el párpado del ojo izquierdo, signo inequívoco de nervios en ella. Al fin, decidió enfrentarlo. Desde la seguridad de su escritorio de profesora, dirigió su mirada a las butacas.

—Me pones nerviosa, Andrés. No quiero que estés aquí.

Él se levanta y como una catarata a la que por fin le retiran el dique, le responde.

—Profesora, ¡cortemos el hueveo!

Isabel se pone lívida. Él sonríe casi con sorna.

—No sigamos en este juego, los dos sabemos lo que nos pasa.

Isabel no articula palabra, y no alcanza a defenderse cuando se encuentra en brazos del joven. Ella se resiste, él no acepta la resistencia. La lucha dura poco. La lengua de Andrés busca la suya hasta que, como su cuerpo, se ablanda y se abandona. Hicieron el amor encima del escritorio, en la sala de clases, vestidos, con prisa animal.

Ah, el sexo: perspectiva tan saciada como hambrienta.

Y así empieza la historia de Isabel y su alumno: la locura de su biografía. La vida le da vueltas. El Jumbo, las tareas y el pediatra giran entre los hoteles parejeros —que ella nunca había conocido— y los condones y las duchas apuradas. La rubia Isabel está cada día más parecida a Catherine Deneuve, la llamamos «nuestra belle de jour». Ni una huella de desafuero en su rostro perfecto. Camina erguida bajo el sol como si el pecado estuviese en la vereda del frente y a ella no se le atravesara.

—No es que hablen mucho, sólo tiran como locos —resume María.

La segunda vez hacen el amor en un hotel, Isabel cree que si ha de ser infiel, ha de serlo con cierta adultez. Ella lo invita y paga —¡qué seres más pobres los estudiantes!—; él nunca tiene plata. Esta vez se han hecho cariño largamente, se han dado tiempo para gozarse. Él le besó los pechos y lentamente empezó a descender. Al llegar al sexo, ella se retira con brusquedad.

—No, Andrés. ¡No!

Él se desconcierta y no sabe a qué atenerse. Ella ha tenido ya dos orgasmos, quizás está cansada y no quiere otro, la conoce tan poco. Continúa besándola, ahora en el estómago y en las piernas y luego vuelve al sexo. Y otra vez la negativa ahogada.

—¿Qué pasa?

—No quiero.

—¿Es que no te gusta?

—No lo sé —es un quejido más que una respuesta.

—Cómo... ¿nunca te han besado ahí? —pregunta él, incrédulo.

—Nunca lo he aceptado —responde ella en voz muy baja mientras esconde la cara en la almohada.

Él la libera de sus labios, sube por las sábanas y la mira a los ojos intensamente. Su tono es grave cuando le dice:

—Me das mucha pena.

Isabel anda tan desconcertada consigo misma y su nueva situación que tiene miedo a comunicarlo. Conversa con María, le explica sus aprensiones frente a nuestro juicio, especialmente el mío.

—¿Nos temes a nosotras, como grupo? —el desconcierto de María no se disimula. Isabel afirma con la cabeza, los ojos bajos.

—Consuélate, Isabel, ya vas para los cuarenta, puedes hacer lo que te plazca. No necesitas la aprobación de nadie para vivir locuras. Ése es un don que solamente da la edad. A John Lennon, en la última entrevista que dio a la revista Playboy un poco antes de morir, le preguntaron si volvería a formar Los Beatles. Él contesta que eso respondió a sus años mozos, cuando la vida se vivía con el concepto de grupo. Que a punto de cumplir cuarenta, la perspectiva colectiva no le hacía sentido, que se había acabado el tiempo de la pandilla. Según eso, Isabel, ya puedes darte el lujo de funcionar en tu sola dirección, sin temor —paralizante, según lo recuerdo— de la aprobación del grupo. Como dice Lennon, eso vale para los dieciséis. Si sigues pendiente de ellos a los cuarenta, significa que te has quedado mentalmente en los dieciséis.

Lo que María no le dice, ni se lo dirá, es que ha visto a Hernán con otra.

Esto sucedió hace un par de meses. María había acompañado a Rodolfo en busca de locaciones para un comercial. Necesitaban una boite intermedia, no muy «in» pero tampoco de mala muerte. Recorrieron varias, entrando, tomándose un trago y retirándose a la media hora. Todas eran bastante oscuras y María no habría reparado en nadie si, en una de ellas, una mujer no

se tropieza con ella en el baño, enterrándole un taco
aguja en la media. Al volver María a la mesa, se lo cuenta a Rodolfo sobándose aún el pie, bastante adolorida. Y
la busca en esta semioscuridad para mostrársela. Entonces vio quien la acompañaba: Hernán. El propio Hernán. María empalidece. Rodolfo minimiza el asunto.

—No le des importancia.

—¿Cómo no le voy a dar importancia? Él es un
verdadero tirano con Isabel, la controla día y noche, le
prende velas a la fidelidad como a su diosa más precia-
da. La tiene convencida de que es la piedra angular del
matrimonio. ¡Huevón mentiroso!

María está francamente molesta. Rodolfo le sugiere que sigan a la próxima boite; ella antes inspeccio-
na a la mujer para hacerse la idea del tipo de relación.

—No es una bataclana —sugiere Rodolfo.

—Pero tampoco es precisamente distinguida
—agrega María, observando la minifalda, el pelo crespo y oscuro de permanente y los tacos aguja.

—No negarás que tiene buenas pechugas —a
Rodolfo no se le iba ese detalle.

—E Isabel, tan plana...

Ella no sabe si Hernán la vio o no. Quisiera
que así hubieses sido, por si alguna culpa le daba, o algún temor le venía de ser acusado.

—No se lo dirás a Isabel, ¿verdad? —Rodolfo
la miró inquisitivo mientras se subían al auto. En otros
tiempos, él había tenido gran debilidad por Isabel. La
calificaba de luminosa.

—Dime, Rodolfo, si mañana tú ves a Ignacio
en este mismo lugar, con una mujer así, ¿me lo dirías?

—De ninguna manera. Primero, no te causaría
esa pena. Segundo, por principio uno no debe entrometerse en los matrimonios ajenos, no es justo provocar

desequilibrios desde afuera. Puedes terminar causando más daños que ventajas y siempre existe el peligro que la amistad se deteriore a partir del momento en que uno contó. Me lo agradecerías el primer día, luego me odiarías por inmiscuirme en tu intimidad. ¿Te basta como razones?

—Sí —y María no dijo nada.

La información del romance con el alumno se colectiviza entre nosotras y nadie, de más está decirlo, juzga a Isabel. Para relajarla, la tomamos a la broma.

—¿Qué les pasa a las mujeres recatadas de este país? ¿Es que todas se soltaron las trenzas al unísono? —pregunta María que no deja de pensar en su hermana Magda—. Y ahora Isabel. Dios mío, si ELLAS son infieles, entonces, ¿quién no lo es?

Sara le canta, imitando la voz de Chabela Vargas.

—«Ay, niña Isabel, que tiene los ojos de noche cubana. Ay, niña Isabel, que tiene los labios con miel de banana...»

María, supongo que pensando con desaire en la mujer de los tacos de aguja, le echa carbón regalándole pequeños fetiches. El último fue un sostén negro con flores rojas, que ella insiste en mil novecientos ochenta y nueve en llamar «corpiño». ¡Qué lenguaje absurdo éste de la burguesía! Yo, la seria del grupo, le ayudo con las coartadas. Parecemos un lote de adolescentes frente a la primera aventura.

Por cierto María fantasea con las fantasías de Isabel. Y se trata de imaginar el sexo entre ella y este espléndido... ¿Cómo sería realmente Isabel? ¿Cuánto hay en ella que no sospechamos? Ignacio interviene.

—Debe ser reprimida en la cama, no te quepa duda. No me la imagino soltándose del todo, en ninguna situación.

Y María piensa en cuánta fuerza debe tener sofocada, en cuánta pasión guardada. La imagina un volcán que nunca ha botado la lava; un ser entero contenido, ¡cómo sería hermoso que estallara! Sus chispas, doradas como ella, podrían llegar al cielo.

Pero a nuestra madonna su marido y su casa le pesan, le pesan, le pesan. Llegó agotada a casa una tarde. Ambas empleadas la esperaban con una lista de peticiones y el gásfiter —que por fin se decidió a venir— estaba en la puerta. Además se encontró con el pololo de Marianela, la niñera, entrando, y en la cocina tomaba té la hija de Luz, la cocinera. Ella habría querido refugiarse en su pieza. Viene de un motel, necesita desesperadamente estar sola, recogerse y revivir; teme que en el ritmo loco del día a día se le escurran las vivencias y las pierda. Cuando al fin lo logra, llega Hernán.

—Isabel, la Marianela no llevó mi terno a la tintorería —Hernán practicaba ese conocido hábito masculino de no dirigirse nunca directamente al servicio doméstico. Siempre lo hacía en forma delegada a través de su mujer, y ésta se llevaba los retos pertinentes, nunca las empleadas —o las *maids* como las llamaban en la familia de María; de tanto oírlo, empezamos también nosotras a decirlo.

Isabel miró a su marido.

—¿No puedes decirle eso mismo a la Marianela?

—¡Cómo se te ocurre! Eres tú quien da las órdenes en esta casa.

Isabel no respondió. Se levantó sin prisa, fue al living, abrió el bar y se sirvió un trago fuerte. Volvió a la pieza, abrió la cartera y sacó un cigarrillo, ante el horror de Hernán.

—¿Qué haces tú fumando? —como si hubiese visto al diablo mismo.

Es que, aunque nadie lo creería, Isabel fuma a escondidas de su marido. No es que ella sea una cretina; hace muchos, muchos años atrás él se lo prohibió, cuando ella fumaba como cualquier adolescente sin mucha convicción. Ella dejó de hacerlo. Isabel no sufre de tabaquismo, como Sara y María, pero le encantaba fumarse un cigarrillo de vez en cuando. Y al no saber cómo romper esta promesa hecha otrora, lo hacía a sus espaldas. Hoy, por primera vez, ha prendido un cigarrillo en su propia casa.

—Deja, me los regalaron... Fumaré uno.

—Pero si éste es vicio de marginales. ¡De marginales y mujeres!

Isabel no le hace caso y aspira con calma, tratando de no explotar. Y entonces, le lanza EL discurso que llevan sus nervios acumulados.

—Estoy profundamente atacada con la vida doméstica.

—¿Qué dices?

—Siéntate y escúchame, por una vez que sea. ¡No resisto la vida doméstica!

—Creí que te gustaba tu casa.

—Me encanta mi casa, Hernán, y me encanta estar en la casa. Pero ello nunca se traduce en estar yo SOLA. Para ti, llegar a la casa es descansar. Para mí, es andar a patadas con todo lo que no se hizo, con múltiples pendientes, con llamarle la atención veinte veces al día a la Marianela —que aunque es un amor, hace todo mal—, con soportar este sistema de las *maids* con sus cantidades de visitas, que entran por la puerta principal y circulan por mi pasadizo como Pedro por su casa. Me siento invadida. Y tú te conviertes en uno más de los que demandan de mí. Me vienen oleadas de rabia contra ti, por tu absoluta falta de cooperación en

este tema, como si ni la casa ni los niños fuesen tuyos.
Lo que más me indigna son tus pocos esfuerzos por des-
cargarme de esto. Al contrario, me sobrecargas al no di-
rigirte tú al personal, sino pretender hacerlo a través
mío, logrando enardecerme metiéndome más variables
domésticas en el cerebro, ¡cómo si tuviera pocas! No
eres generoso, Hernán, no piensas que manejar esta casa es una verdadera empresa. Es como manejar, no un
buque, sino un transatlántico. No quiero que más cosas
se inclinen sobre mí. Me vas a contestar que tú cooperas yendo a veces al supermercado; eres de los que cre-
en que lo doméstico se reduce al tema de la comida.
Craso error. Llevar una casa, Hernán, ¡es mucho más
que llenar un refrigerador! Son veinte ítems al día, y la
comida es sólo uno de ellos. Desde pagar sueldos e im-
posiciones —¿sabías que se pagan en distintas fechas y
lugares?— hasta el zapatero, las cuentas, la leña, el ba-
lón de gas, el insecticida, la estufa que está mala, la tintorería, la silla en la mueblería, el vidrio que rompió el
niño, la ropa del colegio, los botones que faltan, las colaciones, las circulares a firmar, las reuniones de apoderados, las mil necesidades distintas de cada niño para
no hablar de los acarreos en auto, los zapatos que les
quedaron chicos, los calcetines que faltan, las panties
azules de Francisca, la ropa de invierno, la ropa de verano, el shampoo de camomila para el pelo rubio, la orto-
doncia, el doctor, las recetas médicas, el electricista, el
jardinero, el último drama de Luz, la cañería que se tapó y que inundó la cocina, la filtración de gas, el servicio técnico de la lavadora que tiene un ruido, el excusa-
do que se tapó porque los niños tiraron mucho papel,
las hojas de las canaletas que hay que retirar, etc., etc.,
etc. Ojalá estés mareado con la lista, como me mareo yo
todos los días. Y más encima, tú me reclamas a MÍ por tus

pantalones, por los calzoncillos que no volvieron del lavado, por el recado que no te dieron. Y haces tu inspección por cada rincón de la casa: Isabel, rompieron la antena de la televisión. Isabel, ¿cuándo apareció esta mancha en el sillón? Isabel, ¿quién rayó esta muralla? El tono imperativo sugiere: Isabel, ¿cómo es posible que alguien haya hecho algún daño —como si no vivieran cinco niños en la casa— y tú no hayas reparado inmediatamente el mal? Arremetes sin pensar una sola vez: Esto no es justo para Isabel.

La respuesta fue:

—Es como la ley de la gravedad, querida. La vida ES así.

El romance de Isabel llevaba tres meses de vida cuando Andrés decidió que ya era el momento de pasar una noche entera juntos. A Isabel le complicó esta petición. Ella nunca dormía fuera, no viajaba, no tenía disculpa alguna para no amanecer siempre en su propia cama. Le dio vueltas a la idea, ella también soñaba con abrir los ojos un día y encontrarse con Andrés a su lado, tomar juntos el desayuno, y ojalá ver el amanecer. Pero ¿cómo?

María le dio la solución.

—Ven conmigo al Encuentro de Mendoza. Es suficientemente lejos, y a la vez, suficientemente cerca. Hasta puedes participar en alguna reunión para contarle a Hernán a la vuelta. Traes a Andrés y te pasas los tres días con él. No conocerás a los participantes, la reserva está asegurada. Se pueden ir en auto, para no humillar a Andrés con el cuento de los boletos de avión y el dinero. Gozan el cruce de la cordillera, que es precioso. Hasta puedes dejarle los teléfonos a Hernán.

Así fue. Luego de mucho preparativo y de dejar la casa y niños organizados para tres días, partieron. María se fue en avión primero, Isabel partió en su auto con Andrés. Fueron días lindos, pasearon por esas plazas tan verdes, comieron bife de chorizo y buenas pastas, tomaron mucha cerveza y se encerraron largas horas en el hotel.

Al fin del segundo día, cuando Isabel era una mujer radiante y el párpado no le tiritaba, sucedió lo impredecible. Mientras hacían el amor, hubo golpes en la puerta.

—Isabel, ábreme un minuto, soy yo —María gritaba.

El citófono de la pieza de Isabel estaba descolgado, Hernán había llamado.

—Debes llamarlo inmediatamente, Hernán Pablo tuvo un problema.

Isabel olvidó su placer y se comunicó con su casa al instante.

Hernán Pablo estaba preso. Drogas. Isabel casi se volvió loca. Eran las diez de la noche. No podía partir por tierra, el Paso de los Libertadores estaba cerrado. El próximo avión salía a media mañana del día siguiente. No podía hacer nada sino sumergirse en la desesperación más estéril.

Andrés, seguramente habituado a como aquella, minimizó su gravedad.

—¡Tú nunca has pasado una noche en la cárcel! En este momento estará con delincuentes. ¡Me lo pueden violar! ¿Cómo sale de ello un niño sin perder la sanidad?

Luego se metió en el cuento de las drogas.

—Lo tomaron en la calle... drogarse en la calle, ¿será signo de adicción?

—No seas tonta, Isabel. Yo he fumado marihuana en la calle, Andrés también lo ha hecho. Si habláramos de ciertas pastillas o de los papelillos blancos... pero sólo de marihuana... ¡Tu hijo no es un adicto!

—¿Cómo lo sé, María? He oído tantas historias... y tú sabes que las madres son SIEMPRE las últimas en enterarse.

—Pero, Isabel, si Hernán Pablo estuviese metido en serio con las drogas, tendría otro comportamiento y tú te habrías dado cuenta. Los adictos dejan de rendir en el colegio, los estudios es lo primero que decae y ése es un síntoma concreto. Y no es el caso.

—Pero este año sus notas son peores que el año pasado. Y ya no hace deportes como antes. —Guarda silencio, luego vuelve a la carga—. Todo esto es mi culpa. Yo no lo observé bien. No le he dado el tiempo que él requiere. Y si no me hubiese venido a Mendoza, probablemente esto no habría sucedido.

—Por favor, Isabel, ¡no empieces con la culpa! El niño tiene padre también, no lo olvides —hay cierta aspereza en la voz de María que no puede controlar.

—Tú no tienes hijos, María. No confundas la culpa con la responsabilidad.

Fue una noche tremenda. Isabel volvió a telefonear varias veces a Chile, buscando nuevas informaciones que no existían, dándose vueltas en redondo, sin posibilidad alguna de entrar en acción. Como si torturándose pudiese aliviar en algo a su hijo. No fue una noche de sueño y apenas aclaró tomó el auto, calculando que por tierra llegaría antes. Llevó a Andrés con ella sólo porque él no tenía otro medio para volver, no por otra razón. Estaba molesta con él a su lado, no lo dejó manejar ni hablarle en todo el camino. Sus únicas reflexiones al respecto fueron hechas en silencio.

¿Cómo es posible que este hombre me gustara hace veinticuatro horas atrás? ¿Cómo puede la libido ser así de frágil? ¿Es que es usual que al primer embate desaparezca de este modo? No sólo he dejado de desearlo en tan corto plazo, es que me produce rechazo, o repulsión para ser más exacta. ¡No quisiera que me tocara la punta del dedo, cuando ayer moría por sus manos! Eso no sucede con los maridos. En estos veinte años nunca he sentido repulsión por Hernán. ¡Qué estúpida he sido!

Esa última afirmación fue la mirada permanente que Isabel se dio a sí misma los días que vinieron. Sacaron a Hernán Pablo de la cárcel; no lo violaron. Y aunque las drogas lo entusiasmaban bastante, no era aún un adicto. Isabel tomó hora a varios médicos simultáneos: neurólogos, terapeutas familiares, siquiatras. Y sus dos tragos diarios aumentaron a cuatro. El resto de ese año ochenta y nueve, Isabel no tuvo más vida que sus hijos y su dedicación a Hernán Pablo fue total. Renunció a sus clases en la universidad y estuvo en la casa más tiempo que nunca. De la historia con Andrés, ni hablar. No lo volvió a ver. Recordaba su infidelidad casi con náuseas. Juraba nunca más caer en semejantes trampas. Se apegó mucho a Hernán, que en esta vuelta fue más cariñoso de lo habitual; también él estaba preocupado.

Cuando terminó para Isabel ese ajetreado año, fue su cuñada quien habló con Hernán.

—Isabel está exhausta. Y a punto de convertirse en una alcohólica. Si no se da un respiro, va a enloquecer. Debe descansar absolutamente, sin niños, sin ti.

Fue entonces que se gestaron estas vacaciones

en el lago. Isabel llegó a esta casa del sur con la venia de su marido, incluso ante su propia sugerencia. Él se iría a Algarrobo con los niños, él controlaría los pasos de su hijo mayor. Que su mujer partiese tranquila.

Mientras todo esto sucedía, María empezaba a quebrarse seriamente. Y Chile a encenderse con la campaña electoral. ¡Qué año confuso fue éste recién pasado! Ninguna dábamos abasto. Así fue como la casa del lago pasó a tener un carácter de verdadero sanatorio.

Ya contaré lo de María.

Pero lo de Isabel quedó dando vueltas en nosotras.

—Si un hijo empieza a drogarse, la mamá deja su trabajo en la universidad, y los padres ¿dónde están? ¿A Hernán se le ha pasado por la mente trabajar menos? —Sara se enojaba—. ¿Por qué las mujeres pagan todos los platos rotos?

—Es un problema que tiene que ver con la identidad, Sara —le contesto, tratando a mi vez de comprender—. ¿Por qué a las mujeres no se les da la posibilidad de la identidad global? La identidad de Isabel está desdibujada porque su hijo ha fallado. Es básicamente su «ser madre» lo que la identifica, así como a ti te sucede con el trabajo y a María con el amor. Parcelas, Sara, siempre parcelas.

Sara vuelve a repetir:

—Las tristezas están definitivamente mal repartidas.

—¡Qué mala suerte que lo de Hernán Pablo explotara junto con lo de Andrés! —agrega María.

—Es una lástima que en el corazón de Isabel ambos hechos hayan quedado ligados —corroboro.

—Pobre Isabel, la única vez que se ha atrevido a quererlo todo.

Miro a María.

—No es que Isabel quiera o no tenerlo todo. Es que sencillamente no puede. Creo que su historia la deja sin elección.

24

A Sara y a Isabel ya las he traído, a través de estas páginas, al presente. No así a María. Debo volver una vez
más hacia atrás.

      Fijo los ojos en el agua verde para fijar el mo-
mento, aquel momento exacto en que traspasó las fronteras de sí misma. Hoy, por primera vez en estas vacaciones, al sentir su risa fuerte en la cocina, tuve la ilusión de
recuperar a la María de antes. Pero estas jornadas de sur
no deben engañarme. María no volverá a ser la misma.
Sólo ella sabrá cuán cerca ha llegado del límite. Quizás
no lo sabe tampoco ella. Recordando su historia —enre-
dada en la historia de todas nosotras—, el avance verti-
ginoso hacia el abismo se me dibuja como una línea rec-
ta. Entonces elijo un punto en el agua verde. Ese punto
fija ese momento que busco. Ese momento exacto.

A María le duele el alma. A María la han herido. Le es
difícil respirar, en este momento le es difícil estar viva.
Lo que ha pasado es que a María le han arrancado un
trozo de su corazón.

      Llora en mi hombro. No sé qué hacer con su
cabeza que cuelga indefensa. Son las dos de la madrugada, estamos en su departamento. El enorme living color crema está en silencio y la espesa alfombra pareciera

cubrir el desierto. María camina de pared a pared, no me escucha. Quiere mi compañía y se niega a poner los ojos sobre nada real. Lo único real para ella son el cielo y el infierno.

Se sienta en un rincón oscuro. No sé qué decirle. Quiero tomarla, no me deja. María, mi triste María. No hay cómo liberar esa pena. Ignacio la mira desde el otro rincón. No saca sus ojos de ella. De pie, sujeta un vaso en su mano derecha, el peso de su cuerpo en su pierna izquierda. Miro esas largas piernas que María quiere. («Esas piernas, Ana, tan duras y fuertes, ¡las adoro!») También los ojos de Ignacio están nublados.

Han descolgado el teléfono. No abren al timbre.

María quisiera a ratos esconderse en la oscuridad, Ignacio no la deja, sabe que le tiene miedo. Su amor no la alivia y esto lo desespera. Todo en él, sus ojos claros, la mueca de su boca, la posición de su cuerpo, esas manos al tomar el vaso y al prenderle un cigarrillo, ese silencio, todo él es un gran grito de amor que no la alcanza.

Era un día común y corriente. Un martes cualquiera, de una semana cualquiera del otoño de ese año memorable, el ochenta y ocho.

El día de María también fue un martes común y corriente. Se despertó sola en su cama para dos, la Morelia le llevó el desayuno a la hora de costumbre, las ocho. Tomó un buen café de grano cortado con un poco de leche fría.

—Lo único que siento de este departamento tan grande, Morelia, es que la cocina queda tan lejos de mi pieza y no huelo el aroma de la cafetera al despertar.

Comió una tostada de pan integral con mermelada y no tocó la palta verde y molida. Se levantó con calma, prendió la radio para oír las noticias y se metió a la ducha. Sintió vagamente el teléfono, la Morelia le tomaría el recado. Era Ignacio, no podría llamarla más tarde, estaría inubicable durante el día, que se juntaran a las siete de la tarde en la puerta de la embajada para el cocktail.

María salió del baño, cortó las noticias, puso la cassette de Pablo Milanés en el equipo y caminó un poco por el dormitorio, aún gozando la novedad del espesor casi salvaje de su suelo alfombrado. Abrió las puertas de su enorme closet —por fin uno al estilo hollywoodense, modelo Zsa Zsa Gabor, lo bautizó Sara— y con toda calma eligió la ropa. Acelerarse en las mañanas es un crimen, pensaba mientras retiraba del gancho el traje gris de tweed con su pollera llena de ruedo —la elegancia, María, está en la cantidad de metros de tela, ¡no puede haber coñetería! sentenciaba su diseñador, un verdadero dictador. Sacó la blusa de seda roja y decidió sorprender a Ignacio esa noche con ropa interior negra, ojalá viniera a dormir después de la embajada, tenía ganas de hacer el amor y pegarse a él. «Una de las maravillas de mi nuevo departamento es que podremos dormir desnudos en pleno invierno, Ignacio, como si viviésemos en un país desarrollado, calefacción central noche y día.»

Se maquillaba sentada en su tocador, maravilloso mueble regalado por su madre, cuya mayor preocupación cuando María compró el departamento era cómo lo amoblaría.

—Tenemos que ir a remates. No puedes comprarte algo tan caro y usar muebles ordinarios. Tienen que ser finos, María.

Entonando a Milanés, repasó mentalmente su agenda del día. Estaría toda la mañana en el Instituto, luego almorzaría con Magda.

—No sé qué quiere hablar conmigo. Sabe perfectamente que la pillé. Yo no desearía meterme, es problema de ella los amores que tenga. Lo que me aburre es su cinismo. Todas las infieles pecan de cínicas, lo sé. Pero la forma de Magda es distinta. Lleva años transmitiendo la imagen de la perfección. A todo nivel: la súper profesional, la súper madre, la súper dueña de casa y anfitriona, y además la maravillosa esposa de José Miguel, la del matrimonio perfecto más allá de toda sospecha. ¡Qué lata! Creo que a Magda le aterra cumplir cuarenta. Le vino ahora la angustia de todo lo que no vivió, luego de haber despreciado tanto las vivencias mías. Su preocupación por el físico es excesiva. Entiendo que ser regia de grande, sin haberlo sido de chica, conlleva un cierto nivel de obsesión. Pero tanta gimnasia, tanto masaje, tantas cremas carísimas, tanta ropa, ¡es agotadora! No se puede vivir pendiente de ese tema. ¡Y pesarse todas las mañanas es de locos! Si no tuviera ninguna intención de lucir su cuerpo, sé que se preocuparía menos. Ya está bien como está, más dieta es porque se está desnudando frente a otro que no es José Miguel. Y yo no quiero discutir todo esto con ella, sé que sería un poco dura y no quiero serlo. Más aún si comprendo que su discreción tan total no tiene que ver con herir o no a José Miguel, sé que responde a su imagen, lo que más le importa en la tierra. O sea, la síntesis perfecta: aparecer como el ser más recatado y respetable del mundo, y no vivir sus costos, que por cierto son aburridísimos. Y a la vez, entregarse en secreto al desate, aquel que la ilumina y la impulsa y le da la ilusión de tener aún treinta años. Aquel que nunca ha vivido con José Miguel. No es que esos dos hayan sido los amantes del siglo, ni siquiera en su luna de miel. Creo que a estas alturas son un par de hermanos, o un «matrimonio empresa», una de dos. Pero definitivamente no son la pareja que quieren hacer creer al mundo. Las bajezas que deben vivir los seres comunes y corrientes no son para ellos.

A las cinco tenía reunión con su contador y con Rodolfo en la productora. Luego iría a casa de Sara a buscarla y asistirían juntas a la reunión de mujeres. Pero entonces no alcanzaría a llegar a las siete a la embajada ni a cambiarse de ropa. Bueno, ya vería. Podía entrar y salir de la reunión; lo que le interesaba era retirar un material que le habían preparado para un artículo que debía escribir. ¿A qué hora pasaría a ver a Esperanza? Le había prometido un vestido nuevo y la niña se lo recordó ayer por el teléfono. «Lo siento, Esperanza, no alcancé hoy día, aún tengo que comprártelo. Será mañana.» Su mente se detuvo en la niña mientras elegía qué aros y collares ponerse. Se rió al recordar cuán parecidas eran.

—La suerte de mi hija —decía siempre Soledad—, parecerse a la única tía linda que tiene.

Algo la inquietó frente a este recuerdo. Esperanza no podía seguir así. Tenía siete años ya. Debiera vivir más establemente, en una misma casa, asistiendo a un mismo colegio por más de un año. Soledad no estaba contenta con el rumbo que estaba tomando la vida de su hija y se enojaba frente a su propia impotencia. Había debido instalarla en casa de sus padres y ahora asistía a un colegio particular del barrio alto. Pero, no siendo capaz de hacerse cargo de ella, ¿tenía derecho a imponer su criterio? Además, había debido repetir el primer básico, por culpa de las prolongadas ausencias a clases el año anterior.

Soledad ya no podía tenerla con ella. Dios sabe cuánto esfuerzo hizo la pobre estos años, logrando que —a pesar de la inestabilidad— su hija viviera a su lado. Podía dejarla temporadas con sus abuelos, tíos o amigos, pero el status de Esperanza era la de una hija que, bien o mal, vivía con su madre. Ahora la situación ha cambiado. María no sabe bien cuáles son las actividades reales de su hermana ni quiere saberlas. Pero algo ha sucedido. Hace poco, Soledad conversó con la familia. Explicó que desaparecería por un tiempo, no especificó cuánto. Pero por primera vez accedió a las peticiones de su madre de dejar a la niña por un período prolongado con ella. Aceptó la inscripción en un colegio, trasladó sus cosas y la instaló en la casa grande de El Golf. Han pasado tres meses desde entonces, y no han sabido una palabra de ella, tal como ella lo anunciara. (Dejó a María un teléfono donde se le podría dejar recado, pero sólo en caso de extrema urgencia.)

Ese último día que estuvieron juntas en casa de mamá, antes de retirarse, llevó a María al antiguo escritorio de papá y cerró la puerta. Su cara estaba solemne. Solemne, pero fría. (Como siempre desde que volví a Chile, nunca más se borró la frialdad de las facciones de Soledad, como si la lucha se hubiese llevado todo ese calor, que era grande. Y la frialdad se acentuó luego de esa vez que estuvo presa, aquella única vez en todos estos años. Papá movió cielo y tierra y logró que se la entregaran. Pero ella nunca habló del tema, como sobre la paternidad de Esperanza, ni una palabra. Nadie sabe qué le sucedió allí, el único síntoma del sufrimiento que debió experimentar fue que hubo más frialdad. Nunca más la dulzura de la infancia, ni la bondad de la adolescencia.)

—María, no me hagas preguntas. Quiero pedirte un favor.

—¿Cuál?

—Si algo me ocurriera, ¿podrías tú hacerte cargo de Esperanza?

—Pero, Soledad, ¿de qué hablas? ¿Qué puede ocurrirte?

—Te pedí que no me hicieras preguntas. No dramaticemos. Sólo me pongo en la eventualidad que cualquier mujer se pondría, habiendo tenido una hija sin padre.

—¿Quién es él? Al menos dímelo ahora.

—Murió. Actuábamos juntos. Lo mataron antes que Esperanza naciera. Su familia nunca lo supo. Lo único que ella tiene son ustedes.

—Pero, Soledad, yo no he tenido hijos por mi propia voluntad. No es justo lo que me pides. Además, yo sería la peor madre del mundo.

—Sí, María, sé que es injusto. Pero no confío en Magda. Me aterra la idea de una educación formal y burguesa. Menos confío en mamá. Tú eres mi única alternativa.

María guardó silencio, sintiendo en su interior el tironeo feroz que le daban la culpa, el afecto y la rotunda honestidad con que haría una promesa. Su hermana la interrumpió.

—No me digas nada ahora. Piénsalo. Y la próxima vez que nos veamos estarás en condiciones de responder.

—¿Cuándo será aquello?

—Pronto, María. Será pronto.

Y se despidieron una vez más, tantas como veces que se habían separado.

María aprovechó esta nueva situación de Esperanza y al día siguiente de despedirse de su hermana, pasó a buscar a su sobrina, la subió al auto y la llevó a la juguetería más grande de la ciudad.

—Ahora que vivirás un tiempo con tu abuela creo que ha llegado la hora que tengas una linda muñeca. Tú la elegirás.

Esperanza saltaba de alegría. Nunca había tenido una, por orden expresa de su madre. Antes que ella naciera, en el allanamiento practicado en casa de un compañero, los agentes de seguridad habían cortado las cabezas de todas las muñecas de los niños ante los ojos desorbitados de ellos mismos, que más tarde recordarían eso con más fuerza que la desaparición del padre del hogar.

María salió apurada. Mientras calentaba el motor miró la cantidad de hojas caídas en la noche, rojas y doradas. ¡Cómo amaba el otoño! «Es mi estación —decía siempre—, no sólo porque tengo sus colores, es mía porque yo la elegí».

Hizo todo lo planificado, corrió de un lado para otro, se enfureció con los atochamientos que empezaban a convertir esta ciudad otrora tan amable en una verdadera jungla. Manejar se convertía más y más en un martirio. Se asomó con Sara a la reunión de mujeres, recogió el material para su artículo y se retiró de inmediato. ¿Y si fuese a la embajada con esta misma ropa? Una blusa de seda sirve para todo, pensando en la roja que tenía puesta. Pero, el tweed... No. Todo el mundo estará ahí, y Magda, elegantísima ella, la miraría con horror.

Decidió pasar por el departamento a cambiarse aunque se atrasara un poco. Ni siquiera en el apuro paró, como era su costumbre, a comprar el diario de la tarde. Recordó que Morelia salía los martes cuando vio todo tan oscuro. El teléfono sonaba ya desde el ascensor. No lo contestó, apenas si alcanzaba a sacarse la ropa y buscar el vestido negro, de tarde, ese tan cerrado y ajustado que de verdad le quedaba bien. Por lo menos andaba con medias negras, un trámite menos. El teléfono volvió a sonar. Le echó un par de garabatos mientras buscaba los zapatos de tacón alto y la cartera chica. Ignacio la esperaría en la puerta, había dicho. ¡Y ya eran las siete y veinte! La embajada estaba a diez cuadras de allí. Y de nuevo el teléfono. Mierda, ¡hasta cuándo! Apenas si se retocó el maquillaje, cansado como ella a esta hora, y salió casi corriendo.

Ignacio no estaba en la puerta. ¡Qué raro! Se habría aburrido y la esperaba adentro, supuso. Pero él tenía la tarjeta de la invitación y no podía entrar sin ella. ¿Le habría pasado algo? Recordó ese teléfono sonando sin cesar. Caminó un poco frente a la larga reja de la residencia. Entonces lo vio.

—¡Ignacio! ¡Aquí estoy! —le gritó alegremente, alzando su mano a modo de saludo.

Él se detuvo al verla, no sonreía de vuelta. Caminó hacia ella de una forma rígida, poco usual en él, que además era siempre tan efusivo al encontrarse con ella.

Se acercó y le tendió los brazos. Siendo su expresión tan sombría, María rechazó el abrazo y lo miró preocupada.

—¿Qué ocurre? —se empinó para encontrar sus ojos—. ¿Estás enojado porque te hice esperar?

—No, mi amor... —él la abrazó, apretando su cabeza fuerte contra su pecho.

—Ignacio, dime. ¿Ha pasado algo?

—Sí —respondió con una voz muy callada.

—¿Qué?

—Soledad.

María sintió cómo en un instante el cuerpo entero se le congelaba.

—Ha habido un enfrentamiento.

—¿La tomaron presa? ¿Qué le pasó? ¿O la han herido?

Ignacio la apretó aún más contra sí.

—La han matado.

María no recuerda con precisión. Muchas veces, después, repasaría obsesivamente este día, hora a hora, con todos los detalles. Pero todo recuerdo llega hasta ahí, hasta que se encontró con Ignacio en la reja de la embajada. Sabe que subieron al auto de Ignacio, no al de ella, que se dirigieron al Instituto Médico Legal, que allí estaban Magda y José Miguel y un señor importante, personero del gobierno militar, que había sido compañero de curso de José Miguel. Que todos estaban vestidos de etiqueta, que el vestido de raso de Magda y su collar brillante le sugirió a María que los habían sorprendido en la embajada. Sí recuerda cómo Magda y ella se abrazaron. Y las palabras de la hermana mayor.

—Ya hemos reconocido su cuerpo.

Seguramente preguntó por su mamá. Cree que Magda le pidió a Piedad que le avisara. Y cree también que oyó a José Miguel preguntando a su amigo qué certeza podían tener de la veracidad de la versión de la policía; quizás el enfrentamiento no fue real, los pueden haber tenido en su poder antes y los hicieron aparecer como muertos en acción. Óscar murió con ella. Pero puede todo ello ser fruto de su imaginación. Parece que José Miguel se enteró por el diario de la tarde, aquel que ella no compró por no hacer esperar a Ignacio. Cree que José Miguel está muy enojado, dice que no hay derecho a que la familia deba enterarse por la prensa, que eso es una maldad. Sabe que la mano de

Ignacio no la ha soltado ni un momento. Recuerda, eso sí, que vomitó. Y que Ignacio dijo: «Ella era ya muy amiga de la muerte». Y que entrada la noche llegaron a la casa de El Golf. Que había mucha gente allí. La puerta estaba abierta y Magda comentó que siempre las puertas están abiertas en las casas de los muertos. Esperanza duerme en su bella inocencia. Ni un múscu-lo se mueve en la cara de don Joaquín. «¡Es tan rara la clase alta!» había comentado un compañero. «¿Será la parquedad síntoma de elegancia? ¿O será considerado de mal gusto demostrar que se sufre?.» La señora Mari-ta llora como en un aniversario. Entonces, ¿ya había muerto para ella?

Sara y yo estamos con la Morelia esperándola en el departamento. Hemos ahuyentado a toda la gente que ha venido. Hemos debido atender muchas llamadas tele-fónicas. Llega allí a medianoche. Nos pide que por favor no nos movamos de su lado. Que le da miedo irse a dor-mir, que no desea ni siquiera quedarse sola con Ignacio, que es parecido a quedarse sola consigo misma. Les sirvo a los dos un whisky bien cargado. Ponemos el *Réquiem* de Mozart. Ignacio nos pide un calmante para María. Ella lo rechaza, no quiere adormecer ni un minuto de ira ni de pesar. Se lo debe a ella, a su hermana. Aunque no había cuerpo presente, lo que hacíamos los cuatro en ese espa-cio enorme que nos mostraba todas las luces de la ciudad a través de los ventanales, era velarla. Por eso el *Réquiem*, por eso el silencio, por eso los rincones. En un momento desesperado, María le pide a Ignacio.

—Consuélame tú; tú que eres menos ateo que yo. Los que no creemos en nada no tenemos reperto-rio para la muerte, no tenemos el más mínimo consue-lo. Tú debes tenerlo, búscamelo.

Cuando ya en la madrugada María se duerme

en la alfombra, Ignacio la toma en brazos y la lleva al dormitorio. Tiene razón María cuando dice que se enamoró de él porque era grande. La toma como si fuera una niña. Si ella estuviese consciente sentiría que por fin está protegida. Le ofrezco a Ignacio quedarme yo con María por si despierta para que él duerma un poco en la habitación contigua. Le recuerdo que el próximo día será arduo. Pero rechaza mi oferta.

Sólo sé que a la mañana siguiente Ignacio ha partido muy temprano con José Miguel a hacer trámites. María ha despertado como deben despertar los seres que pasaron la noche en otro mundo, uno que no es éste. Y se encontró con un papel de Ignacio en el velador. Citaba a Mateo: «No llores, María. "La niña no está muerta. Está dormida"».

25

Pasaron algunos meses.

A María le diagnosticaron una depresión.

Cuando ella volvió de El Cuzco, hace casi dos años atrás, habíamos sacado las cartas, yo jugando el papel de bruja, ella de consultante. El as de copas (María y las copas). Mi interpretación la hizo saltar de alegría, entonces.

—La voluntad al servicio de los sentidos. Promesa de amores sólidos y dichosos. Alegría, abundancia, fertilidad. En resumen, María, la PLENITUD, así, con mayúsculas. En algunos casos, la invasión de una pasión más fuerte que la razón y a la cual sucumbirás. Comienzo de un amor.

Hemos sacado las cartas ahora y ha aparecido el mismo as de copas, pero la carta está invertida.

— Cambio. Inestabilidad. Amor no correspondido, falsedad. Obstáculo para el éxito. Esterilidad.

Lee frente al fuego de su bello departamento. Le pregunto qué es la depresión. Me mira con esos nuevos ojos de distancia y responde con voz plana: una modulación diferente, que se ensaya para expresar lo que no logra articularse de otro modo. Yo trato de concentrarme en mi libro, la acompaño en el sillón del frente. Pero mi mente no puede dejar de recorrerla.

Te decía, María, que si quieres cometer fratricidio: dale, hazlo. En ti ahora es tarea necesaria. Quizás busques en el calor de esta pieza, o entre caminos del sur que te traigan la imagen de Soledad, o frente a su tumba —no es tétrico— o en una simple Canal San Carlos, la micro que ella tomaba, ¿no? Y mates sus ojos y apagues su voz con llanto y rabia, para recuperarla lentamente, a una Soledad que más que tu hermana es tu vida misma. Porque en los ojos de esa hermana estaría dibujada la niñita en la cantora de un rincón de la cocina.

Me pareces a ratos infinitamente desamparada. Me viene a la memoria tu figura cuando volviste de Londres. Era la primera vez que conocía a alguien que tenía siquiatra —mejor dicho, que podía pagárselo— y que hablaba de él en público sin pudor. Toda una novedad para un ser de la clase media como yo. Mucho había leído a Freud, Jung, Perls, pero jamás había tenido ni siquiera una sentada en el sillón. Acostumbrabas llegar a la oficina de Dora, nuestro centro de operaciones, e irrumpías: remolino de lilas artesanales con aroma de patchulí, un cigarrillo hábilmente manejado entre los dedos —eternos tus cigarrillos, ¡tanto fumar!— y tus enormes ojos desesperados. ¿En qué momento pasaste a los trajes de gamuza y las blusas de seda? ¿Qué historia corre al lado de ellos? ¿Qué te transformó de las faldas de algodón hindú a estas lanas delicadas de buenos cortes? ¿Es que todas las que fueron hippies entonces terminaron de exitosas ejecutivas, digo todas las de tu clase? Sufrías siempre, casi tanto como ahora y con diez años menos. Eras menor de lo que es hoy día mi hija María Alicia. Llegabas del siquiatra a la oficina de Dora, tu angustia se desparramaba y me dejabas con la extraña sensación de entenderte sin comprender gran parte de tus gestos. Porque a lo largo de estos años, al ir descifrándolos, me he ido enterando de otros códigos muy ajenos a los que manejaba antes. Así como has hecho un enorme aporte en la sofisticación de Sara y en la flexibilidad de Isabel, lo has hecho para mi mundo lingüístico y sociológico. Yo le hablaba a Juan de ti. Te definía como la «mundaneidad lingüística» misma, llena de modismos personalísimos, salidas no temperadas pero chispeantes, garabatos en la clave justa, mi gran envidia sana de tu clase alta: garabatear sin ensuciarse. Tu yo envuelto en lila aromático y humo de cigarro. Le conté a Juan ese primer día que fui a tu casa en Bellavista y vi en tu repisa el mejor surtido de novela negra que alguien a mi alrededor tuviese. Ahí estaban todos, desde Hammet y Chandler hasta la High smith y supe inmediatamente que seríamos amigas. Pero era con curiosidad que yo miraba tu entorno, tu madre y tus cuentos de ella, tus hermanas, tus amores.

Recuerdo con qué detalle relaté a Juan esa conversación contigo en que me contaste de tus dos amores paralelos. Si alguien me preguntara cómo definirte me vería en la obligación de relatar esa historia. Porque tú no debes saber, María, cuántas veces me han preguntado por ti a través de estos años. Muchas personas, mujeres sobre todo, han querido saber por qué yo, una persona aparentemente equilibrada y con buen juicio, era tu amiga. Comprende que a primera vista no es fácil quererte y tú no cooperas en la tarea. Y si yo dijera en público que la definición esencial tuya es la de una niña desamparada, nadie me lo creería. Es que una cierta arrogancia —¡por no decir mucha!— las confunde. Y tu agresividad sí es cierta. ¡Puedes ser tan dura a veces!

Como lo melindroso te resulta sinónimo de mal gusto y las formas directas de cariño te incomodan, sacas a relucir esta dureza. Y la mirada de la mayoría de las mujeres —empañada por la competencia que nos enseñaron tan bien— es menos benévola.

Han pasado los años y me asombra esta mujer frente al fuego, tan plácida y estable. ¿Serás capaz de permanecer así? ¿Cuándo vas a decidir que basta de este amor con Ignacio? ¿Lo destruirás, ante el miedo que se torne tan único que ya no lo puedas controlar? ¿O irás a exigirle más y más, hasta llevarlo al límite que no te satisfaga? Cuando te lo pregunté, me citaste a Lacan: «Más es el nombre propio de esa grieta de donde en el Otro parte la demanda de amor».

Entre mis papeles guardo postales y cartas tuyas del último tiempo, enviadas desde distintos lugares.

Cuando estabas en Madrid: «Es tanto lo que Ignacio me ha amado que vivo la ilusión de ser segura. Juego con esa seguridad a sabiendas que es tan cierta como falsa a la vez. Pero este juego es para mí sagrado. Y creo que el amor gigante de Ignacio —desde el principio y siempre— ha sido clave para jugar. ¿Tú crees, Ana, que esta dosis de cariño y respeto que me estoy sintiendo será del todo ajena a su amor?»

Desde Guatemala: «Por fin he encontrado un hombre que no entiende la sexualidad femenina como la otra cara de la masculina, sino la entiende en SI MISMA. No termino de agradecer lo que vivo. Y como creo que es definitivamente el agradecimiento el que lleva a la alegría, me uno a la Violeta: ¡Gracias a la vida!»

Desde Quito: «Aquí, en la mitad del mundo como dicen en el Ecuador, en una cama simple, hemos abarcado juntos los dos hemisferios de la tierra. Nuestro amor es capaz de eso y mucho más».

Y entonces ese viaje a México.

«...He subido al Palacio Chapultepec, luego de un largo paseo por el parque. A la entrada, el orfeón militar tocaba *Bésame, bésame mucho.* (Eran militares, Ana, ¿es cierto que estoy en otro mundo?) Hay nubes blancas y negras, en este cielo tan azul que la lluvia ha limpiado para mí. Comprendo que sea aquí donde se inventó el añil.

»Miré largamente las piezas de la emperatriz Carlota, la muy fresca, abría las puertas de su dormitorio hacia estas terrazas majestuosas, cegadas por el aire y la luz. Bajo ella, el Parque Chapultepec, que equivale a decir todos los verdes de los verdes de México entero al infinito de sus ojos. Incluso desde su tina de mármol en ese baño con sillones —original decoración— miraba la ciudad. ¡Pobre Carlota! Vivir en los espacios más bellos, tener estos rotundos privilegios, y no haber logrado ser amada por Maximiliano.

»Y aquí yo, tratando de adueñarme de estas latitudes, soy amada en la región mas transparente y soy más feliz que la emperatriz.

»Y toda esta larga carta es para contarte, Ana, que Ignacio me ha pedido que me case con él y que sea su mujer para toda la vida.»

Tú lo escuchaste, coqueteando con la idea, halagada con la idea. Pero vino la tragedia. Mataron a Soledad y no quisiste volver a saber del tema. Decidiste prohibirte cualquier felicidad.

Ésa es tu letra, María, yo no invento nada. Y marcando las páginas de tu libro, el cable de Ignacio desde Buenos Aires, cuando el siquiatra te diagnosticó la depresión: «¡Que nada ni nadie te rompa!»

María deseaba vivir su depresión a fondo y pedía en silencio, pero a gritos, que le dieran licencia para hacerlo. Se tomaba sagradamente sus antidepresivos, tres al día. Contenían fluoxetina, la «nueva medicina de los yuppies» como leyera en alguna revista y ella lo encontró de lo más sofisticado. Cerró las puertas de su concurrido departamento y no atendía las llamadas telefónicas. Despertaba tarde en la mañana, sintiéndose muy mal. ¡Cómo le dolía el cuerpo entero! Abria los ojos, tocaba el timbre de su velador y cuando aparecía la Morelia, le pedía el desayuno. Ya no la puntual bandeja de las ocho de la mañana, que quisiera ella o no, la obligaba a empezar el día. Aunque la pobre Morelia se esforzaba en llevarle verdaderos manjares, María se tomaba el café con leche y apenas si tocaba una delgada tostada. Entonces empezaba su indecisión. ¿Me levanto o no me levanto? ¿Tengo fuerzas? No las tenía. Se arropaba bien en su plumón de plumas de ganso, regalo de Ignacio. «Morelia, ¿hace mucho frío afuera?» «Mucho, mijita, estamos bajo cero.» Se daba vueltas y vueltas en la cama, dudando entre levantarse y robarle energías al frío y a la vida o sencillamente cerrar la compuerta, los ojos y mantenerse debajo de esas sábanas protectoras. Esto podía durar incluso una hora. Los días en que sí se levantaba, llegaba al baño como los heridos de guerra llegan a tierra propia. La ducha dejó de existir, sólo los baños de tina le quitaban el frío. Y éstos duraban horas. Sus movimientos eran inusualmente lentos, se vestía como si tuviese un día entero para esa sola acción. Es raro que en medio de tal aflicción se hubiese preocupado de su aspecto físico. Pero sí lo hizo, como una forma de conservar la dignidad, de no entregarse aparentemente. No le vimos en esa época ninguna falda corta ni piernas al aire. Debe haber sentido ganas grandes de cubrirse lo más posible. Faldas largas y anchas, abrigadores chalecos. Los ojos maquillados eran su máscara. Pueden recortarme», decía.

Llegaba a la oficina en un taxi —no tenía energías para manejar— alrededor del mediodía: ésa era su mejor hora del día. Del espanto del despertar al espanto del atardecer, esas horas se salvaban. Nosotros salíamos de nuestros cubículos al sentirla llegar y le echábamos una ojeada rápida para saber de su estado. Normalmente Isabel le hacía un café en la oficina de ella y Sara y yo nos anexábamos después. Nuestro *break* matinal, que siempre ha sido a las once de la mañana fue postergado hasta el mediodía para incluirla a ella. Conversábamos de cualquier tema, mientras no fuese el trabajo, pues eso la abrumaba. Comentábamos las noticias de la televisión que María veía por primera vez (nunca antes estuvo desocupada a esa hora).

A pesar de sí misma, bromeaba con su ritmo de vida. ¿Saben? Estoy progresando, ayer me acosté a las siete y no a las seis. Estaba Ignacio en la casa y fui capaz de conversar con él sin meterme a la cama.

Sabíamos que tipo diez tomaba la pastilla para dormir luego de haber comido algo rápido, acostada, después de ver las noticias y haber hojeado alguna revista.

Iba de oficina en oficina, miraba lo que sucedía, conversaba un rato con nuestra secretaria, hacía cheques —siempre María parecía estar pagando algo—, luego se los entregaba al junior y se sentaba un rato en su propio escritorio. Prendía la radio —sintonizada permanentemente en música clásica— y miraba por la ventana, fumando. Su inmovilidad podía durar largo rato.

A veces esa inmovilidad parecía concentrada y sus ojos por la ventana, plagados de palabras. Eran tantas las que María trataba de comprender, palabras leídas palabras nuestras, palabras de Ignacio.

Desde lo imaginario, el juego entre el vacío y el lleno acompaña la vida de las mujeres. Tú no has resuelto ese juego. (¿Alguna lo ha hecho?) Tampoco has caído en las tentaciones de lo conocido. Te preguntas seguido ¿esto es lo que tengo que ser? y el cuerpo se te aparece como forma de dar respuesta. El lleno: el embarazo. Como si a partir de la maternidad la mujer se asumiera milagrosamente como tal. Funciona un tiempo, suprime la angustia. La mujer está llena, hasta estallar. Duerme su embarazo. El nacimiento del hijo la despierta, a veces brutalmente. El hijo ya está en el mundo, no lo tiene más y esto amenaza su equilibrio. Quedan los agujeros del cuerpo y allí se sitúa la depresión. De nuevo está sola con su vacío. Y vuelve a abrirse la pregunta, ¿qué es ser mujer? Sólo mediante el vacío se es mujer para así poder imaginariamente llenarse, en la búsqueda eterna de la respuesta.

—María, te llaman de la agencia.

—Por favor, di que no estoy.

—María, es tu mamá al teléfono.

—No, ¡por favor! Dile que estoy en una reunión.

—María, Rafael quiere hablar contigo.

—Dile que le devuelvo la llamada en la noche.

Era incapaz de tomar el teléfono, como si esta fuera una tarea de titanes. Tenía licencia médica y no era su obligación ir a la oficina. Pero ella lo hacía por su voluntad, porque temía que de no hacerlo, se echaría en la cama sin volver a salir de ella. «Recuerden a mis tíos —bromeaba—, se echaron a la cama a los cuarenta y no se levantaron más.» Esas idas a la oficina al mediodía eran sólo para sentir que existia, que las cosas eran reales. Pero no quería contactarse con nada que no le resultara profundamente amigo.

Su aspiración era lograr un status privilegiado, el de inválida —¡por fin!— no apta, atrapada en el goce, sin tener que responder ni responderse por sus deseos.

Y desde comer hasta hacer el amor, se negaba todo goce. Sencillamente no tenía ganas. Se distanciaba de todo, ya nadie podía pedirle, ni reprocharle. Ella poseía el certificado que legalizaba su situación: era «una mujer deprimida». Ignacio fue muy comprensivo, no la presionaba en nada y trataba de entenderlo como fenómeno. Buscaba todo tipo de información sobre la depresión y la leían juntos con María. La activa vida social que llevaban hasta entonces desapareció de la noche a la mañana. María se negaba rotundamente a salir de su cama al comienzo, de su casa más tarde.

—¿Crees que pasará? Vamos, sé que no estaré deprimida para siempre. Pero el mundo me parece definitivamente hostil. No me imagino volviendo a él.

El tiempo pasó y María pudo empezar a levantarse en las mañanas, pudo reincorporarse al trabajo, pero no pudo volver a salir. Ignacio, cada vez que veía alguna mejoría, le recordaba la última invitación que habían recibido por si ella aceptase. Pero ella no aceptaba.

—Por favor, Ignacio, anda tú. No te prives de nada por mi culpa.

—Me aburre ir sin ti.

—Pero si la enferma soy yo, no tú. Por favor hazlo.

—No. No te preocupes, tómate el tiempo que necesites.

A veces efectivamente Ignacio iba solo, cuando eran compromisos ineludibles. Todos le preguntaban por María. Él respondía que estaba enferma, que estaba fuera de Santiago. Pero poco a poco surgieron los rumores.

—María, ¿me creerías que ayer, en una reunión de mujeres, alguien preguntó si era cierto que Ignacio y tú habían roto? —Sara contó esto riendo y María también rió al responder.

—Ya me esperaba algo así.

Luego fue una llamada telefónica de Magda.

—María, estuve en una comida anoche, donde los Barros. Ignacio estuvo en el aperitivo, antes que nosotros llegásemos. Dos personas se le acercaron a José Miguel preguntando por qué ustedes habían terminado. Y una persona me lo preguntó más tarde a mí.

—¿Qué te preguntaron exactamente?

—Con quién estaba Ignacio ahora.

—¡Al carajo con los hombres públicos! ¿Tendré que llenar una solicitud de autorización para deprimirme?

—María, cuidado. No te des muchos lujos. Yo no dejaría a Ignacio tan solo...

—Mira, Magda, si no me puedo dar este lujo tan básico —y tan involuntario—, no vale la pena, entonces, vivir una relación de pareja.

—De acuerdo. Pero te insisto: nada da más cabida a las otras mujeres como la ausencia de la propia.

María cortó enojada. No con Magda específicamente sino con el sentido común representado en ella. Que el restarse del mundo al oscurecer para entrar en el propio, más tibio y rico, significase un riesgo con el hombre amado le pareció banal y sintió cierta impotencia.

Los días transcurrían en mucha paz para ella. Estaba lindísima, ya que no trasnochaba ni tomaba alcohol ni comía mucho. Los huesos de los pómulos sobresalieron más de lo habitual, dándole gracia. Su cotidianeidad era delicada, en cámara lenta. Trabajaba cinco horas al día. Llegaba tipo nueve y media a la oficina y volvía a casa antes de las tres. Almorzaba sola o con una amiga, luego prendía la chimenea y se arrimaba a la ventana en su viejo sillón de cuero y leía. El silencio, el calor y el libro eran la perfecta suma para su cuerpo y su alma. Alrededor de las siete aparecía Ignacio, yendo o viniendo de alguna reunión. Nunca dejó de ir. Cuando sabía que en la tarde no podría verla, pasaba después del almuerzo, a su hora de lectura, y ella se dejaba interrumpir. A veces llegaba tarde en la noche pero María ya dormía. Él se metía en silencio a la cama y la abrazaba. A veces ella despertaba sobresaltada.

—Uno de estos días te voy a quitar la llave si me haces pasar susto.

Pero el contacto con la tibieza de este otro cuerpo le quitaba algo del desamparo y se abandonaba. De cada siete noches, por lo menos cuatro o cinco dormía sola, como era su hábito.

Un día viernes llegó a la oficina y encontró un papel de Sara sobre su escritorio: «Fui ayer a la conferencia de Ignacio, estuvo brillante. Te felicito por tener esa inteligencia a tu disposición. Pero justamente por eso, ¡apúrate en salir de tu depresión! Me voy por el fin de semana, te veo el lunes».

María llegó inmediatamente a mi oficina.

—Ana, ¿viste a Sara hoy?

—Sí, la vi temprano.

—¿Te dijo algo de anoche? ¿De la conferencia de Ignacio?

—Sí. Me comentó lo fascinante que había sido, lo que se entretuvo con la exposición.

—Y... ¿me mencionó?

—Solamente me comentó que había pasado por tu departamento antes de la conferencia, que tú le habías tocado las manos y te habías apartado por lo frías que estaban. Luego, que no te moverías y que no tenías interés en la conferencia.

Yo recordaba a la secretaria preguntándole con candor.

—María, ¿qué es una depresión?

Y ella respondiendo, impertérrita.

—Tener frío.

María volvió pensativa a su escritorio. Al cuarto de hora estaba de nuevo frente a mí.

—¿Te dijo algo más, Sara?

—De paso hizo algún comentario sobre el contraste del interés del público y el tuyo.

—¿Crees, Ana, que Sara vio algo que la alarmara?

—¿De qué estás hablando?

Me pasó el papel de Sara.

—Ignacio ha empezado a abandonarme —se sentó en la silla frente a mi mesa de trabajo, en un silencio casi solemne. No levantaba los ojos. Estuvo un rato así. Luego:

—Si es tan difícil conservarlo, prefiero no tenerlo.

—¿Qué leseras dices, María?

—Lo dejaré antes yo. No tengo fuerzas para pelearlo.

Ante mis protestas, María subió el tono de voz.

—¡Entiende, Ana! No muero por casarme y tú lo sabes bien. Me he ido quedando al lado de Ignacio porque ha sido más fuerte que yo, eso que me hacía sentir. No es la razón la que me ha tenido a su lado. Al contrario, ha sido sólo la locura del enamoramiento, la pérdida del juicio. Si dejo que la razón intervenga en mi relación con él o con cualquier otro, la relación no resiste. El amor parte de abajo del cuerpo y va subiendo al cerebro y allí se instala. Yo le he dicho a Ignacio que me siga queriendo con el sexo, no con el cerebro, pues entonces ya no me sirve. Se quebrará como se han quebrado todas las relaciones. Ha sido este amor el que peleó por Ignacio y por mí, no nosotros por él. Entonces, Ana, si yo no puedo irme a la mierda sin arriesgarlo a él, todo el cuento me parece un contrasentido. Si Ignacio es TAN exitoso, si hay tantas mujeres que quieren tomar mi lugar, si su propio juicio se altera en mi primera caída, a mí no me vale la pena. No quiero vivir en ascuas. Y esto me da, por primera vez frente a él, la posibilidad de elegir. Nada de lo nuestro fue elegido por mí. Ni por él. Nos pasó. Y fue tan fuerte que no pudimos combatirlo. Jamás elegiría —en seco— quedarme con un hombre. Ésa es la esencia, *the heart of the matter*....

No hubo posibilidad de otros razonamientos. La acusé de no entender nada del amor. Terminó diciéndome, con cansancio.

—Ignacio se preguntará ahora a partir de cuándo es peligroso seguir alejándose y sólo se lo ha preguntado cuando ya siente que ha ido muy lejos.

Al lunes siguiente en la oficina, en reunión de comité, aleonada por sí misma, preguntó con cierta aspereza.

—¿Para cuándo está calendarizado el viaje a Nueva York?

Le revisaron los papeles, faltaba un mes.

—He pensado adelantarlo dado que los objetivos se cumplirán igual en esta fecha o en aquélla. Quisiera partir ahora.

Como ella suponía, nadie se opuso. Isabel, Sara y yo sólo la miramos. En el comité había otra gente ajena a esta historia y no habríamos aventurado allí una pregunta personal. Alguien interrogó a María frente al viaje y sus problemas de salud y ella fue tajante en su respuesta, asegurando que estaba perfectamente recuperada. Ahí mismo habló con la secretaria por el citófono, pidiéndole reservas para la primera fecha disponible. Antes de finalizar la reunión, Sara, sentada a su lado, le preguntó en voz baja.

—¿Estás segura que quieres viajar ahora?

—Segura.

Y se levantó antes de que lo hiciéramos nosotras, evitando así cualquier posibilidad de cambios de parecer.

Cuando, a los dos días, ella iba ya en el aire, recordé la chimenea de su departamento y a ella hecha un ovillo al frente.

—El problema, Ana, es que el calor amodorra. El crudo invierno, el de afuera y el del alma, llama desesperadamente a la protección. Y sólo el calor puede proteger. Pero a la vez, te envuelve. Y eso es lo peligroso. Lo cálido envolvedor te arrulla. El alerta cae. Te entregas a ese sueño, a creer que en ese sueño estás bien porque espantaste el riesgo del frío. Y así te vas quedando. ¿Cómo no confundir la serenidad con el asqueroso conformismo? Estoy bien... el fuego y la lana... no abriré nada. No me moveré, que todo pase por el lado. Así puedo seguir vaciándome.

26

María se pone los audífonos. Sólo escuchar a Phillip
Glass con todo el volumen que sus oídos resistan, y sus
sentidos. No quiere molestar a Ricardo que trabaja en
esa elegante suite del Kimberley Hotel, en la calle 50,
entre Lexington y la Tercera. Fuma un cigarrillo tras
otro. La invade la música en ese feroz individualismo
que han terminado por implantar los personal-stéreos.
Ella se estremece con una música que él —a un metro
de ella— no escucha.

Ella ha vuelto de Washington Square, los negros patinaban con sus oídos repletos de música que
ellos elegían. La voz de los otros —aquella de los blancos dominantes— así no tiene cabida. María pensaba
en el alcohol que embriaga. Esos negros, en su total
enajenación, empapados de sonido al que ella no tiene
acceso, marcando el ritmo de sus cuerpos al patinar el
círculo de la plaza, sordos a ella. Ella tampoco escucha.
La diferencia de las sorderas es que ella no está eligiendo la suya. Un sonido determinado los separa, un sonido secreto conocido sólo por ellos. Ni su voz ni su grito
accederían a aquellos tímpanos oscuros. Ellos optaban
por los acordes de la tierra que los sumergería en su
tierra propia, expulsando a María de ella. Ese negro de
Washington Square, enajenado de Nueva York, cons-
truyendo Nueva York con su indiferencia, y ella, exclui-
da de Nueva York, un producto de nuestro Cono Sur,
tan ajena como él que habitaba en la calle 14, inmersos

en la misma sordera. Él tenía música en sus oídos, ella tenía soledad.

Ha caminado largamente por las calles, sorprendida de sí misma y de la ajenidad con que lee las noticias de su patria y de esa campaña electoral —la primera luego de diecinueve años— en la que teóricamente debiera estar inmersa. Pero la distancia es su consigna y con ella recorre la que considera la madre de todas las ciudades.

Se pregunta en qué momento los signos de elasticidad del alma, que crece saludablemente, se confunden con las señales de una personalidad que está perdiendo el control. No se siente cómoda consigo misma. Mira la gente en la calle, los viejos miran al pasado, los jóvenes al futuro. ¿Dónde debe mirar ella? Piensa en los Buendía de García Márquez, quisiera saber cuántas oportunidades tendrá ella sobre la tierra.

Cada mujer que pasea por el Central Park con un niño de la mano le aprieta el corazón. Trata de no advertirlo y piensa que tener hijos en los países desarrollados es un martirio. Cree seriamente que el subdesarrollo es un privilegio para todos los que se sitúan de la clase media para arriba. Los pobres de acá sin duda son privilegiados con respecto a nuestros pobres, pero sólo ellos. Para las mujeres, es toda la diferencia del mundo. Es el servicio doméstico la línea que lo atraviesa todo.

Y siente en sus músculos el cansancio de esa rubia frente a ella en el Central Park, cuando se ha agachado por décima vez a recoger al niño que se ensucia en el pasto. No sabe si compadecer o no a esa mujer por ser desarrollada. Se le cuela en el viento la voz airada de Sara y la hace sonreír.

—¿Que falta poco para que seamos un país desarrollado? ¡No me hagan reír! Es como decir que Kuwait lo es sólo por la cifra del ingreso per cápita. A Chile le falta mucho. ¡Un país que no tiene una ley de divorcio ni una de aborto no tiene derecho a hablar de desarrollo!

Entonces María SÍ envidia a la rubia del parque. La voz de Ignacio en el Cuzco, en una de las primeras conversaciones, atraviesa su concentración.

—Vivir en Estados Unidos fue lo que me hizo comprender la desigualdad entre hombres y mujeres. Ella, Ivi, cuidaba día y noche a nuestro hijo.

—¿Ivi?

—Su nombre es Ivette...

—¡Ah! Con razón usa sobrenombre... ¿entonces?

—Ella hacía las compras, el aseo, cocinaba y lavaba la ropa. Todas sus horas estaban dedicadas a otros: a su hijo y a mí. No olvidaré un día, cualquier día sin aparente importancia, en que, mientras conversábamos en la cocina, ella se paró a tomar agua. En vez de dejar el vaso encima y volver a la conversación, lo lavó, lo secó y lo guardó en el estante. Algo me hizo «click». Esa escena la viví muchas veces de chico con mi nana. Ella era la única persona que lavaba, secaba y guardaba su vaso de inmediato. Pues en mi infancia era ella la única a mi alrededor a quien nadie servía. Nadie lavaría el vaso que ella usara. Y comprendí cuál era el rol que mi mujer había adquirido. Sentí pena y solidaridad. Cuando pasaron los años y por fin le dio más importancia a su vida que a la mía, ya era muy tarde. Yo no tenía mala voluntad y comprendía el problema a nivel intelectual. Pero en los sentimientos, yo ya no sabía vivir sin ser el centro. Las líneas que YO daba eran las directrices. A MI me exiliaron. Yo elegí Estados Unidos, vivimos en California porque MI trabajo estaba allí. Comíamos de MI sueldo, nuestros amigos eran los exiliados chilenos que YO conocía, luego fueron los americanos con que YO trabajaba, en la universidad que a MI me había contratado.

MIS temas eran los que se hablaban. Los de ella se habían reducido inevitablemente al niño y al hogar. Yo crecía y crecía, ella estaba detenida. Perdí el interés. Cuando ella despertó, la distancia era insalvable.

María compadeció a la pobre Ivette (aunque se llamara así), a pesar de sí misma. Parece que a los hombres de esa generación hay que pescarlos en el segundo matrimonio; inevitablemente en el primero se aferraron al más convencional de los libretos. Sólo la madurez y una cierta sofisticación les ha permitido vivir con un guión diferente. Pobres cada una de ellas, las que fueron las primeras mujeres. María extendió su solidaridad a todas las Saras e Ivettes de su país. Entonces agradeció cuánta ayuda había dado el exilio para humanizar a estos hombres. De verdad el exilio transformó a la izquierda en cosmopolita y la sofisticó. Sonrió pensando que la derecha no contaba con ello. Entonces, le costó menos a esta izquierda renovarse. No en las grandes ideas, pensó María, sino en ese fondo subjetivo del día a día. No queda mucho espacio para tanto dogma cuando hablas varios idiomas, pisas todas las capitales y las sientes propias, pruebas en tu paladar los mil sabores de lo extranjero —aquéllos antes tan lejanos—, accedes a personajes de fama mundial, tus ojos se encuentran diariamente con lo legendario en el camino al trabajo, sea éste el Arco de Triunfo, la Basílica de San Pedro, el Capitolio o la Catedral de San Basilio. Tu marginalidad se acostumbra a las vitrinas, al diseño y a estas otras calles. Y ya no puedes ser el mismo. La respuesta de Ignacio, su falta de sorpresa, cuando se encontraron casualmente en La Paz, lo grafica todo.

—A mí no me sorprende tanto. El exilio chileno es cósmico. Nos encontramos permanentemente entre nosotros.

De súbito sintió la voz de Soledad. Debiera darte verguenza, María. ¿Cómo puedes hablar de los privilegios del subdesarrollo? Tu privilegio, desde la profesional con buen sueldo que eres, se basa en explotar a otra mujer para que haga el trabajo sucio por ti. ¿Sabes cómo se llama eso?

María se estremece recordando sus eternas discusiones con Soledad. Cuando ambas se atrincheraban y escupían ideas y más ideas —¡tanta idea, Dios mío!— sin nunca convencerse una a la otra.

(Cuando el feminismo me tenía enfurecida —ahora todo lo relativizo, será la cercanía de los noventa— Soledad y yo éramos como la quintaesencia de los fanatismos.

—La única opresión real es la del pueblo. Ésa es la verdadera marginalidad. Tu feminismo, María, es una sofisticación tramposa. ¿Cuándo dejó de ser en ti la lucha de clases la referencia básica? Primero debemos luchar por cambiar radicalmente el sistema social. Cuando transitemos por la igualdad de las clases, sólo entonces podremos darnos el lujo de pensar en la igualdad de las mujeres. No antes. Definitivamente no existe lo segundo sin lo primero.

Moriremos esperando, pensaba yo. Y si ambas utopías traspasaran su condición de tal y funcionaran, ¡señor! ¿cómo sería esta sociedad?, ¿dónde estaría su diversidad? Una sociedad sin clases ni sexos dominantes... suena terriblemente justo, pero... ¡qué aburrido!

Hoy, sin embargo, aspiro a una relativa igualdad. Nada más.

—¿Entonces, ya no te declaras feminista? —ironizaba Ignacio—. No basta con querer la igualdad. Para ser feminista, necesitas odiar a los hombres.

—Ya, no empecemos...

—Es como el comunismo. No basta querer igualdad de clases, necesitas tener un profundo odio de clases. Necesitas tener suficiente odio para que tu análisis de toda la sociedad esté cruzado —en totalidad— por la contradicción que te obsesiona: la desigualdad de sexos o de las clases.)

Volvía agotada al Kimberley Hotel. Ricardo la recogía, siempre con un vaso de vino blanco, como lo hacía años atrás en su departamento de Providencia. La invitaba a Broadway o a algún lugar que prometiera airearle esa mente cansada. Pero cuando en el intermedio de *Cats* María le pidió que se retirasen, él comprendió que era inútil.

Ricardo estaba enviado por el banco en el que trabajaba en Chile a Nueva York por un período de seis meses. Lo tenían a cuerpo de rey, viviendo en ese apart hotel que costaba cinco mil dólares al mes. Allí acogió a María, su amor de otrora, cuando recibió su llamado. Él la conocía y sabía que este corazón escurridizo estaba en problemas. Ganas no le faltaron de pedirle que se quedara definitivamente con él, y la primera que perdió con la llegada de María fue la argentina con que estaba enredado. Pero en Ricardo primó la generosidad y la acogió sin pedir nada a cambio, y preguntando lo menos posible.

María, a su vez, había logrado el efecto buscado sobre Ignacio cuando él se enteró dónde estaba ella. Hablaron por teléfono.

—La última onda en Nueva York es un nuevo libro de Phillip Roth. Se llama *Deception*. ¿Sabes cuál es el tema?

—¿Cuál?

—El diálogo de dos amantes cuyas conversaciones suceden siempre antes y después de hacer el amor.

—¿Es erótico?

—No. Yo diría que es más bien intelectual, aunque lo marketean como erótico. Pero tiene mucha ternura.

—¿Como nosotros?

—Ellos analizaban menos la relación. Hablaban bastante cada uno de sí mismo, pero poco de ellos como «problema a resolver».

—¡Benditos ellos!

—Entre Roth y las revistas, el adulterio se me aparece por todos lados.

—Veo que ése es tu tema.

—¿Sabes? La monogamia está casi tan en boga como la democracia. Pero yo las siento igualmente vulnerables.

—El Sida y los militares... (risas).

—La monogamia es lo que se usa. Pero cada día hay más mujeres con vidas amorosas paralelas. ¿Lo entiendes?

—¿Y los hombres?

—En ellos el porcentaje ha sido siempre alto. La gracia es que mientras más mujeres trabajan, más adulterios se producen. Va en directa relación.

—¡Imagínate que tú hubieses sido dueña de casa! ¿Y qué pasa con tus adúlteras newyorkinas?

—Tienen algo envidiable: no se enrollan.

—¿O sea?

—La culpa funciona siempre, eso es universal. Pero las siento más libres. Creo que no tienen ese miedo a enamorarse de los amantes.

—Tú nunca lo tuviste.

—Quizás dije mal. No es el miedo a enamorarse, sino a involucrarse

—¿No es lo mismo?

—No.

—Y... ese es tu miedo, ¿verdad?

—Creo que sí.

—María, ¿me estás siendo infiel?

—Sí.

El segundo diálogo:

—Tú me enseñaste una frase clave que habías aprendido, María: *It's the overtrust who kills trust.*

El tercer diálogo:

—Tuve que hacer cálculos contigo, o nuestra historia no habría sido la que ha sido. Como no pude contener cuánto me gustabas —eso habría significado distorsionar la naturaleza misma de la relación, —tuve que poner límites. Y a eso apelo hoy día. Deja ese departamento, toma el avión y ven a mí. Si no lo haces, entenderé que es el final.

Luego, el último:

Ella pregunta.

—¿Me quieres aún?

—Sí.

—¿Y qué piensas hacer con ese amor?

—Matarlo.

—¿Y cómo?

—Me convertiré en asesino a sueldo.

—¿Qué significa?

—Trabajaré fríamente. No seré el melancólico que trata de disparar entre lágrimas y alcohol, embotado de dolor, sin dar en el blanco. Haré mis prácticas con la mente fría, temprano en la mañana, sistemáticamente. Verás con qué agilidad terminaré acertando.

Luego de terminar su trabajo y de asegurarse bien en los brazos de Ricardo, de involucrarse con ese cuerpo como con cada uno que ha tenido, luego de interrumpirle la vida a este hombre y de comprobar que su espacio seguía estando, volvió a Chile.

Ignacio no la esperaba.

Todos estaban en la campaña electoral, el país resucitaba y respiraba con los pulmones llenos. No había mucho lugar para ella.

Fue entonces que encontró al camarógrafo, ese atractivo joven de veintidós años que trabajaba para Rodolfo en la productora.

Eran las ocho cuando se despidieron esa mañana. María volvió al living y buscó las huellas. La botella de whisky estaba vacía. Se estremeció. Avanzó hacia su cama, se desnudó y sintió el paso del tiempo en su cuerpo. La tersura de los veintidós años del camarógrafo estaba aún en su tacto. Habían dormido juntos por primera vez. Ninguno logró conciliar mucho sueño. Despertaban inquietos. Él, inmóvil. Ella dando vueltas entre las sábanas, siempre buscándolo. «Apriétate a mí» y él se había apretado, tibio y hermoso. Había cerrado los ojos y María lo había contemplado, como extasiada. Le llegaba a doler tanta belleza. Entonces intentó recordar todo lo que habían hablado y con angustia comprendió que el whisky se llevaba también el recuerdo. Lagunas, frases sueltas.

Tres semanas habían transcurrido desde que ella volvió de Nueva York y dos desde que habían hecho el amor por primera vez. No ha resultado fácil esta historia con el camarógrafo. Ha costado hacerlo volver. Sólo encuentros discretos en la productora y poco encuentro real. Ella lo ha esperado cada noche. Y por fin ayer han conversado. Y cuando jugaban a acercarse en la alfombra color crema, ella ha osado comentar su ausencia. Ninguna pregunta directa, pobre María, aprendiendo recién a guardar silencio digno frente a un joven de veintidós años. Éste se defiende.

—¿Qué reacción esperabas? ¿Que me volviera loco por haber conseguido este trofeo? No soy tan huevón, no dejaré que eso me pase.

María le besó su obstinación y lo compadeció. También se compadeció a sí misma. ¡Cuánta energía malgastada! ¡Cuánto la dañaba esta obsesión de quince días de vida! Y él hace el amor en silencio y en la oscuridad. María siente que es aburridísimo ser joven y que se pierde la belleza sin la luz para mirar. Pero como la ansiedad ya se ha instalado en ella, teme que su cuerpo, de treinta y siete y no de veinte, sea la razón. Las únicas palabras de él —¿es que ya no hablan a esa edad?— entre ciertas respiraciones de urgencia, fueron: Haz conmigo lo que quieras. Y ella descendió por ese cuerpo magnífico como a los infiernos.

Sólo ahora, a las ocho de la mañana, con las huellas desdibujadas, con los olores añejos y alterados, ella siente un leve dolor en el cuerpo, en las piernas, en la lengua. Ese dolor la reconforta, con él se acompaña cuando la luz se hace en la ciudad.

Pero algo pasó, algo anduvo mal y ella no lo comprende. El camarógrafo de los veintidós años no amó a María. En el sutil tejido del comienzo de una relación, algo pasó y la frialdad tomó su lugar en él. Ella no entiende. Ella lo reclama. Juegan a amarse, pero ella no se engaña. Ha amado a muchos hombres y sabe que él no está ahí. Y se siguen encontrando en la ambigüedad del silencio. Ella no pregunta nada, se duele y se pregunta mil veces ¿qué pasó? Ella no conoce el desamor de un hombre. El deseo estaba en ella, él estiró la mano y lo encontró. Pero no sucumbió.

María está mal. Trabaja mal, duerme mal. La única fuerza que siente en sí misma es su deseo desaforado por el joven camarógrafo que no la desea a ella. ¿Qué pasó?

Entre gran cantidad de whisky, María intuye que los ojos del camarógrafo son solamente espejos. Uno a uno, todos los espejos se rompieron. María no tiene más dónde mirarse. Se ha quedado sin reflejos, como Narciso sin el agua.

Ha faltado a la oficina. Ha mandado a Morelia al sur a descansar. El departamento está hecho un caos. Los ceniceros y los vasos se inundan. A medianoche decide que el camarógrafo no vendrá y toma su agenda de teléfonos, ¿a cuál acudirá? Ya lo ha hecho ayer y antes de ayer, alguien llega y le calma la ansiedad, a estas alturas no importa mucho quien sea mientras sea un hombre. Recuerda a Marilyn Monroe que murió al lado del teléfono descolgado. Toma el libro de Constantino Cavafis y como nadie atiende, lee por décima vez un poema, en su delirio cree que Cavafis lo escribió para ella:

«Recuerda, cuerpo, cuánto te amaron;
no solo las camas que tuviste,
sino también los deseos que brillaron abiertamente
en los ojos que te vieron;
las voces temblorosas que algún obstáculo frustró.
Ahora que todos han pasado,
parece como si en realidad te hubieras
entregado a esos deseos.
Cómo deslumbraron.
Recuerda los ojos que te vieron,
las voces que temblaron por ti.
Recuerda, cuerpo.»

Y a ese mismo delirio llega Soledad. Cuando cayó presa. Cuando nunca habló de ello. Salvo una vez, unas pocas frases, una sola vez.

—Lo que se destruye en la tortura es la cultura, María. Se trata de convertir a una persona —por medio de la humillación y el castigo— en una no persona, provocarle una regresión en la escala animal.

Entonces le contó. En medio de la tortura le pidió al torturador que le pasara una mano para tomarla y apretarla. El hombre lo hizo y ella se calmó. Le explicó a su hermana que para ella la mano era un lugar creador y de afecto y que el tenerla —a pesar de ser la mano del torturador— la acercaba a la dimensión humana de la persona que la torturaba y eso hacía disminuir su temor. Porque aún en situaciones límites de sufrimiento el ser humano siempre busca reconstruir la posibilidad simbólica de su relación con el otro, le explicó. Y con su mano en la de Soledad, el torturador siguió torturándola.

El cuerpo de Soledad y su cuerpo.

Esa noche nadie acude. Los coros de Carmina Burana están en sus oídos y mientras las voces suben gloriosas, ella recoge impresiones, algunas, en el aire. Trata de aprehenderlas y se le escapan. Por movilizar afectos ajenos, olvidó movilizar el propio. Eso se lo repite diez veces a sí misma a ver si se convence. Por generar sentimientos en los demás, olvidó generarlos en sí misma. Por estar atenta al sentir del otro, no se sintió ella. Algo le taladra el corazón al comprender que por mirar a través de otros, no vio. Por encender a los demás, se apagó. Y ahora no sabe qué hacer con tanta desolación.

Como si el desgarro no tuviera fin. Ahí, cada día. Ese dolor callado. Ese que no es espectacular, pero que siempre está. Y al no ser extremo, no se excusa a sí mismo. Ese silencioso, humilde, ese dolor anónimo. El que humedece pero no empapa. El que envenena y no mata. Ese dolor, por la puta, ese de los duelos que llevo. Ese dolor.

¡Ay, Ignacio, cuánto más me queda por llorar!

Cuando Magda ha llamado al teléfono y luego a la puerta por décima vez y nadie ha respondido, el miedo la amenaza. ¿Quién tiene llaves del departamento de su hermana? Acude a Ignacio en mitad de la noche. Él no está solo y ella, en su inmensa dignidad, no le permite acompañarla. No quiere exponer más miserias de su familia. Lo que deba hacer, lo hará en la total discreción.

Ignacio la acompaña a la puerta. Parece dolido.

—Pobrecita, mi María. La sacerdotisa del amor, cuya voluntad y tarea en la vida fue guardar el secreto del templo. Y el templo estaba vacío.

27

Dicen que estoy enferma.

No sé muy bien por qué estoy en esta clínica. Me trajo Magda aquella noche, pensando que había intentado suicidarme. Traté de explicarle al día siguiente que no era mi intención. Magda no entiende que yo sólo estaba cansada. Por eso perdí el conocimiento. Igual podría haberme llevado a un hospital cualquiera. Pero no me creen. Dicen que la mezcla de tranquilizantes y alcohol puede ser letal. Y que yo lo sabía.

Estoy bien aquí. Todo es muy gris y se entona conmigo misma. Las mujeres de las otras piezas —las divisé hoy en la mañana— están peor que yo. Una lloraba, otra vomitaba. Vi brazos y piernas colgando de camas y me pregunté si no estarían muertas. Al menos, las piezas y sábanas están limpias. Por el tipo de vegetación que diviso, sospecho que estamos cerca de la cordillera, en la parte alta de la ciudad. Ni siquiera he preguntado ni me importa. Tuve una sola confrontación con la enfermera: trató de quitarme los cigarrillos. Aquella cajetilla que imploré a Magda, que virtualmente arranqué de su cartera. Eso no se lo acepté y le dije claramente que me iría de inmediato si me la confiscaba. Lo raro es que me hizo caso. Si trata con sicóticos, debe estar habituada a la agresividad. Le puse la misma voz de mando que usaba mi madre con los inquilinos y surtió efecto. No me dejarán sin fumar, es para lo único que me queda voluntad.

He pasado todo el día sola en esta pieza; oscurece y se siente la desolación. Pero me da lo mismo. Quiero tanto descansar. Sería bonito que el médico diagnosticara una cura de sueño. Se lo pediré, quizás acceda. Y podría despertar en Las Mellizas, y decir como Scarlett O'Hara, «Mañana es otro día».

Los diagnósticos son vagos. Histérica, narcisista, autodestructiva. ¿No es así la mitad de la humanidad? Y ¿están ellos encerrados? Ahora quizás me acusen de adicta. No soy alcohólica. Tomo whisky como todo el mundo. A veces los doblo cuando estoy inquieta, eso es todo. No soy drogadicta. Un pito de marihuana para darle color al amor y un toque de coca para que algunas noches no terminen. Punto. Las pastillas de mi velador son las de todas las mujeres que van a cumplir cuarenta y están solas. No hay anfetaminas ni barbitúricos. Sólo las que relajan los nudos del cuerpo y otras para traer el sueño cuando amenaza arrancarse lejos. Nada más.

Sí, dicen que estoy enferma. Que debo «curarme» para entrar de nuevo en las filas de los socialmente aceptados. Dicen cantidades de cosas. Dicen que soy un monstruo de egoísmo, que por eso no he tenido hijos. Dicen que he gastado toda la energía del mundo en ser distinta, en tirar la fuerza encima con arrogancia y agresividad, que eso lo hacen los hombres. Dicen que he sabido mucho de amores fáciles y muy poco de amores reales. Dicen que uno debe tener su propia historia y ser dueña de ella y que yo comprobaré con horror un día que la mía sólo puede ser contada a través de los hombres. Y que será tarde. Que no tengo identidad. Que por eso he conquistado a tanto hombre, porque sólo la mirada de ellos me devuelve una imagen. Dicen que si me quedo sola, me borro. Y no me veo.

También han dicho que soy mala. Que me reafirma que los demás me odien, porque discrimino, porque me aburro, porque no tengo piedad con los seres comunes y corrientes. Porque digo la verdad y eso es una tiranía para los demás. Dicen que soy fría. Que no es normal que no me haya establecido ni formado una familia. Que busco desesperadamente el calor de afuera por si derritiera mi hielo interno. Sin embargo, el frío me da miedo. Dicen que no puedo sentir. Que tengo costras tan gigantes, adheridas a mi alma, que ni el aceite hirviendo las derretiría. Dicen que llegó un príncipe azul. Que trató de salvarme y yo no se lo permití. Dicen que mi gran pecado es que no puedo amar. Que he gastado ya todos los impulsos. Que por eso caí en los brazos grandes de este hombre, que allí quise descansar pero ni eso supe hacer. Dicen que yo era la niña de copas, la niña de la alegría. Que ahora sí debo echarle mano a mis dolores.

Bueno, dicen tantas cosas. No estoy interesada en dar la razón a unos o a otros. Allá ellos, los siquiatras. El resultado de esta larga queja, de este medio decir, depende de que se me dé o no la posibilidad de traducir en palabras mi desorden. Pero ellos dicen saber lo que tengo y no necesitan oír lo que yo tengo que decir. Mi único recurso es desaparecer como hablante y callar. Aunque nadie me escuche, yo tengo mi propio diagnóstico.

Nací con el síndrome del Rey Midas. Todo lo que toqué se convirtió en oro. Me quedé en el brillo lo más que pude, hasta que me helé.

Yo no fui tocada por la gracia de Dios.

28

Y entonces nos vinimos al lago.

María e Isabel estaban cansadas al llegar.

Una saliendo de la clínica.

—Los reptiles no son mis favoritos, Ana, pero, ¡cuánto me gustaría poder cambiar de piel a cada tanto!

La otra de su saga familiar.

—La complacencia me espera en cada esquina, sé que tengo inclinación a ella, como un pecado que siempre estoy propensa a cometer.

Y como cada una lleva a cuestas sus obsesiones, soy yo quién contesta.

—Ojo, Isabel, la complacencia es la antesala del congelamiento. En ella uno puede dejar de crecer, así, sin darse cuenta.

Isabel mueve la cabeza, afirmando, mientras juega con el mechón de su chasquilla.

Sara y yo estábamos llenas de energía y el sur y su naturaleza nos dieron la oportunidad de traspasárselas. Fue esa vida compartida la que nos lo permitió. Fue el pan caliente saliendo temprano del horno a leña cada mañana. Fue el vino, color de las ciruelas, inyectándonos aquello que no corre por las venas de los avaros, como diría la Woolf, que durante años se han privado de vino y de calor. Sí, fue el vino y el calor que nos templaron. Fue el roble rosado de esa mesa que nos reunió en su entorno tres veces al día, ofreciéndonos el alimento. Fue la Cuarta Sinfonía de Brahms que nos despertó tantas mañanas. Fueron las nostalgias cuando el brasero relucía con el carbón al lado de las patas de león mientras esperábamos el turno de la tina. Fueron los espejos grandes de los armarios cuando posábamos de a una, de a dos —asegurándonos que los treinta habían quedado atrás. Fueron los sueños en las sábanas guinda y oliva con un poco de raso. Fueron las tardes en la cocina en que viendo llover, agradecimos la amistad. Fue ese atardecer cuando el lago se puso gris y María abrazó a Isabel por la espalda en la arena, urgiéndola. Vamos, pidámoslo al cielo. Invoquemos a Emily Dickinson: *Bring me the sunset in a cup.*

Es cierto, habían pasado diez años y aquí estábamos, de nuevo las cuatro, siempre las cuatro. Más grandes, más viejas, más heridas, más sabias. Y el lago fue nuestro testigo.

¿De qué?

No lo sé... De todo. De relatos, de discusiones, de tanta lágrima y de tanta risa. De cierre. ¿De etapa?, ¿de década? María me diría:

—Sintetiza, Ana: de afecto.

Epílogo

—Encomiéndense a la virgen de Fátima ahora que está tan de moda con la caída del comunismo —les recomienda María a Isabel y Sara al despedirse en la puerta. Han venido a buscar ropa de tarde prestada, parten a sus nuevos trabajos, en esta aventura de aportar en la democracia que viene.

El día está oscuro y frío, aunque es abril y el invierno aún no ha comenzado. Isabel ríe tranquila y nos besa a María y a mí. (Hernán Pablo ha entrado a la universidad y Hernán está orgulloso del nombramiento de su mujer. El alcohol ha disminuido. Todo parece marchar en la casa de Las Condes.) Mientras Isabel lo hace en educación, Sara trabajará para las mujeres, su gran tema.

—Ojalá no funciones entre puro sexo femenino —la molesta María—. El nuevo gobierno debiera aportarte algún elemento masculino que valga la pena.

—¡No ahora, María, no tengo tiempo! Entre Roberta y este nuevo trabajo, estaré tan absorbida que si pasa por mi lado, puedo no verlo.

Ya han partido y María me mira divertida.

—¡Qué horror! Si yo hubiese sido hombre, ¡habría estado obligada a hacer las cosas en serio!

Entramos a su departamento, el de los cientos de alfombras y metros cuadrados. Ella recién ha rechazado una oferta de trabajo en el extranjero, como agregada de prensa.

—¿Estás segura de la decisión que has tomado?
Me mira muy seria.

—Mira. Acabo de terminar esa novela norteamericana de la cual te hablé en el lago, ¿recuerdas? La
protagonista concluye repleta de honores y de estupendas posibilidades profesionales, pero totalmente
sola. ¿Vale la pena, Ana? Yo no tengo la super carrera
en Harvard de la mujer del libro, ni escribiré esa maravilla de novela que escribió ella. Pero igual, yo no cambiaría el afecto por ningún doctorado ni éxito terre-
nal, como lo hizo ella. Mi conclusión, Ana, es que el
amor importa más que cualquier otra cosa en la tierra.
Por eso no me iré de aquí, por eso rechacé la oferta.

—Entonces, ¿qué harás?
Se ríe.

—Ya comenzaron los noventa, Ana, ¡pongá-
monos a tono! En los dos últimos años el mundo ha
cambiado más que en los últimos veinte. Cayó el muro
de Berlín, se acabaron los socialismos reales, la URSS
quiere la economía de mercado, terminaron las dicta-
duras en América Latina y empezó en Chile nuestra
transición. Por desgracia, también los pobres están totalmente pasados de moda y con ello, los proyectos de
sociedad y las ideologías. O sea, cualquier tipo de visión global o de integrismo quedó «out». ¿No te das
cuenta que soplan los nuevos aires y nos llaman a producir el sueño propio?

—¿Entonces, María? —vuelvo a preguntarle.

—Entonces, Ana, escucha mis actividades del
día de hoy. A primera hora, ginecólogo. Me retiré el
dispositivo intrauterino. De ahí fui donde mi madre, le
dejé bien establecido que el día D para Esperanza es
mañana, por si se ha atrasado en preparar sus cosas.

—¿La adoptarás legalmente?

—Aún no lo he pensado, pero supongo que sí. Mi pequeña Esperanza, ¡por fin asumí que el oro que nos faltaba era ella! Si la vieja Carmela estuviese por aquí, le habría gustado saberlo. De la casa de mi madre partí al colegio en el que la matriculé y avisé que el lunes se integra a clases. Pagué la colegiatura, la cuota de los materiales, el seguro de la clínica, etc. ¡Nada de barato esto de tener hijos! Pero es bueno el colegio, lo elegí luego de pensarlo todo el verano. ¡Nada de colegios pitucos, es lo mínimo que le debo a Soledad! Le compré una cama blanca y rosada, hermosísima. Morelia ha trabajado todo el día arreglándole su pieza y su baño. Mañana termina el pintor algunos detalles, y listo. Ahora —baja la voz— sólo falta Ignacio.

Un corto silencio, se mira las manos, luego a mí.

—¿Crees que vendrá?

—¿Cuándo le mandaste la nota?

—Hace dos días.

—¿Y no has sabido nada?

—Nada —su voz es insegura.

«He bajado hasta el infierno para tomar estas notas de amor. Y he subido estragada y segura. Al carajo el extranjero, el mundo, toda vida que no seas tú. Estos tiempos en la trapa, sin hombre cerca, hacen muy bien y muy mal, amor mío. Estoy bastante loca y sabia. Te amo más allá de todo límite. ¡Vuelve, Ignacio!»

María se levanta, trae la botella de whisky y dos vasos. Los sive, me entrega uno y con el suyo en la mano se sienta en la alfombra frente a la chimenea, pensativa. Aspira el humo de su eterno cigarrillo. Pareciera tener la mente muy lejos.

—Al final, Ana —me dice con voz muy queda—, nuestra tarea, la de nosotras mujeres, es dar a luz y cerrar los ojos de los muertos. Exactamente los dos pasos claves de la humanidad. Como si la historia realmente dependiese de nuestras manos.

Vuelve a levantarse y trae leña. Parada con el canasto en la mano, con su pollera larga y su pelo suelto, en medio del espacio inmenso, miro su frente incierta.

—Ay, Ana, no quiero pensar que he enarbolado todas mis banderas en vano.

Debo irme. La abrazo. No sé qué decirle. Tampoco yo estoy muy segura de nada ni tengo verdades que ofrecerle. Con un nudo en la garganta, camino hacia la salida.

—Cierra bien la puerta, Ana. El mundo puede ser tan frío allá afuera.

Y María prendió el fuego, se arrimó a él y se sentó a esperar.

Nosotras que nos queremos tanto terminó de
imprimirse en mayo de 1997, en Litográfica
Ingramex, S.A. de C.V. Centeno 162,
Col. Granjas Esmeralda, C. P. 09810,
México, D.F.